Stilkunde der Musik

Hansgeorg Mühe

Stilkunde der Musik

VEB Deutscher Verlag für Musik Leipzig

Inhalt

Gefühlsmäßiges Erkennen und objektives Erfassen von Stileigentümlichkeiten in der Musik

Zur Anlage dieses Buches

Es ist wohl ein jeder Musikliebhaber in der Lage, innerhalb seines musikalischen Interessengebietes ihm unbekannte Werke stilistisch richtig einzuordnen. Der Jazzfan z. B. wird eine Interpretation von Louis Armstrong sofort als solche erkennen, ein Liebhaber italienischer Opernmusik ohne weiteres eine ihm unbekannte Arie von Giuseppe Verdi richtig zuordnen können. In den meisten Fällen geschieht dies intuitiv; aber gibt es nicht gewisse Gesetzmäßigkeiten und Regeln, die das Erkennen des Musikstiles ermöglichen, und ist es nicht möglich, sich diese bewußt zu machen?

Diese Überlegungen bildeten den Ausgangspunkt des vorliegenden Buches.

Dabei wiesen in erster Linie Vergleiche mit Stilkundearbeiten auf dem Gebiet der bildenden Kunst und der Literatur (Johansen, Riesel) auf Möglichkeiten einer Objektivierung von Stilmerkmalen auch in der Musik hin. So bietet sich – wie z. B. im sprachlichen Bereich durch das Aufdecken der grammatischen Zusammenhänge und der syntaktischen Formen – auch auf musikalischem Gebiet die Möglichkeit einer Stilbeschreibung durch Bewußtmachen der stilbildenden Wirkung von Harmonik, Melodik, Rhythmik usw. an. Ähnlich wie in der bildenden Kunst ergeben sich Verallgemeinerungen der Stilerkenntnisse durch Übernahme von Ordnungsprinzipien aus der Geschichte (Kulturgeschichte und Sozialgeschichte), der Philosophie und der Ästhetik. Kein einziges dieser Prinzipe würde jedoch in der Musik allein ausreichen, um jedes stilistische Geschehen erkennen und erklären zu können. So wurde also der Versuch unternommen, den Stil in der Musik durch mehrere unterschiedliche Ordnungssysteme zu erfassen: nämlich durch Eingehen auf die Komponenten der Stilbildung (Harmonik, Melodik, Rhythmik), auf die Möglichkeit der objektiven wie auch der subjektiven Widerspiegelung der Welt durch die Musik, auf die ästhetische Funktion der Musik sowie auf die sozial-historisch determinierten verschiedenen Personal-, Regional- und Gebrauchsstile.

Der Vergleich mit stilkundlichen Arbeiten auf sprachlichem

Gebiet weist aber auch auf gewisse Besonderheiten im Musik-
bereich hin. Diese Stilkunden sind nämlich fast ausnahmslos
nicht auf das Kommentieren und Verstehenlernen literarischer
Werke ausgerichtet, sondern daraufhin, dem Schreibenden
Hinweise für den richtigen Gebrauch funktionsbedingter Aus-
drucksweisen zu geben; sie entsprächen in der Musik also den
Kompositionslehren. Eine Musikstilkunde hingegen müßte
eigentlich für drei unterschiedliche Interessengruppen zuge-
schnitten sein: Komponisten, Interpreten und Hörer; und der
Aufbau einer solchen Stilkunde müßte wiederum für jede dieser Gruppen anders ausfallen — eine Zusammenfassung in
einem einzigen Buch wäre wohl kaum möglich.

In der vorliegenden Arbeit werden spezielle Probleme der
Kompositionslehre wie auch der Werkinterpretation ausgeklammert, sie wendet sich also in erster Linie an den Rezipienten, den Musikliebhaber, den Hörer. Dieser wird in den meisten Fällen Noten lesen und vielleicht sogar ein Musikinstru-
ment spielen können, so daß er sich einige der Notenbeispiele
selbst vorzuspielen vermag. Jedoch ist das nicht Bedingung
für das Verstehen dieses Buches, die Notenbeispiele sind
mehr ausschmückende Ergänzung als notwendige Voraussetzung für das Verstehen des Gesagten. Erwartet wird allerdings, daß ein Plattenspieler bzw. ein Tonbandgerät vorhanden ist, so daß man sich die besprochenen Beispiele auf den
in jeder Musikbibliothek ausleihbaren Schallplatten anhören
kann.

In diesem Zusammenhang taucht immer wieder die Frage
auf, ob das geistige Erfassen eines Musikwerkes nicht besser
dem Fachmann überlassen werden und der Zuhörer sich auf
das emotionale Musikerlebnis beschränken sollte, da ihm ja
die wohl notwendigen Sachkenntnisse fehlen. Hier bin ich der
Auffassung, daß jeder Mensch in der Lage ist, Musik sowohl
emotional als auch geistig zu erfassen. Nur wird je nach Vor-
bildung und Veranlagung bei den einzelnen Hörern der Prozeß
der Aneignung eines Kunstwerkes unterschiedlich lange dau-
ern. Auch der musikalisch nicht vorgebildete Hörer muß sich
also, wenn er zu einem vollen Musikerlebnis kommen will, bemühen, die Musik nicht nur zu erfühlen, sondern auch zu verstehen. Auch dann, wenn er nicht über die Fähigkeit verfügt,

eine Analyse mit den nötigen Fachausdrücken verbal auszudrücken, sollte er sich doch unbedingt jedes Musikstück mit
Aufmerksamkeit anhören, sollte er versuchen auf die stilbildenden Parameter von Melodik, Klanglichkeit, Rhythmik und
Form zu achten.

Bisherige Veröffentlichungen zur Stilkunde

Außer einem kurzen Artikel im Musiklexikon des Deutschen
Verlags für Musik (Herausgeber Horst Seeger) über den Stil in
der Musik sowie zahlreiche Bemerkungen über den Stil des jeweiligen Komponisten in den meisten der in den letzten Jahren erschienenen Komponistenbiographien, gibt es bei uns
keine zusammenfassende Arbeit über Fragen des Stils in der
Musik. Jedoch sind in Bibliotheken vielfach noch ältere Arbeiten über musikalische Stilfragen bzw. Arbeiten ausländischer
Autoren wie auch stilkundlicher Bücher über Literatur und bildende Kunst vorhanden (genaue Angaben siehe Literaturver-
zeichnis im Anhang). Zu einigen Arbeiten seien folgende Bemerkungen gemacht:

Assafjews Buch »Die musikalische Form als Prozeß« hat
Maßstäbe für die Methodik einer modernen Werkanalyse gesetzt; die hier gegebenen Formanalysen haben einen hohen
Verallgemeinerungsgrad. So durchgeführte Werkbetrachtun-
gen sind die Voraussetzung für wissenschaftlich fundierte Stilerkenntnisse auf dem Gebiete der Musik.

Die Arbeit von Łobaczewska ist bisher nur in polnischer
Sprache erschienen – ein Resümee in französischer Sprache
steht am Schluß des Werkes. Besonders erwähnenswert: die
ausführliche Zusammenstellung von internationaler Literatur
zum Problem des Stiles in der Musik.

Riesels »Abriß der deutschen Stilistik« ist die umfang-
reichste und gründlichste sprachwissenschaftliche Untersuchung zu Stilfragen, international wohl nur noch übertroffen

14

durch die – leider ebenfalls nur polnisch vorliegende – Arbeit von Kurkowska und Skorupka (»Zarys stylistyka polska«).

Die Bücher zum Stil in der bildenden Kunst von Johansen und von Baier betonen beide in sehr starkem Maße den historischen Aspekt der Stilbetrachtung.

Eine der interessantesten Arbeiten auf dem Gebiet der musikalischen Stilkunde ist Beckings Werk »Der musikalische Rhythmus als Erkenntnisquelle«. Die außerordentlich treffenden Stilbeschreibungen einer Reihe von Komponistenpersönlichkeiten der deutschen Musik sowie Bemerkungen zum deutschen Nationalstil im Vergleich zum französischen und italienischen werden allerdings überschattet durch das Wissen um die profaschistische Gesinnung des Autors. Auch die philosophischen Schlußfolgerungen, die Becking aus seinen Stiluntersuchungen zieht, sind nicht akzeptabel, sie widersprechen den historischen Fakten. Selbst die Methode seiner Untersuchungen erscheint vom heutigen Standpunkt musikwissenschaftlicher Forschung aus fragwürdig. Was von diesem Buche bleibt, sind die klugen und feinsinnigen Beobachtungen zur Rhythmik. Ihretwegen kann eine Stilkunde Beckings Arbeit nicht unberücksichtigt lassen.

Moser bringt in seinem Musiklexikon unter dem Stichwort »Stil« eine sehr gedrängte, recht treffend formulierte, zusammenfassende Definition des Begriffes Stil in der bürgerlichen Musikauffassung. Eine Reihe von Formulierungen kann dabei durchaus als Ausgangspunkt für eine Stilkunde aus heutiger Sicht übernommen werden.

Eine ausführliche Darstellung – in deutscher Sprache seit Adler wohl die umfassendste – findet sich unter dem Stichwort »Stil« in der großen Enzyklopädie »Die Musik in Geschichte und Gegenwart«, ihr Autor ist Edward Lippman.

Der Stilbegriff

Aus den in der angeführten Literatur gegebenen Definitionen zum Begriff Stil in der Kunst läßt sich folgende Verallgemeinerung ableiten, die als Grundlage für die weiteren Ausführungen gelten soll.

Stil ist die Gesamtheit verallgemeinerter charakteristischer Merkmale in der Kunst einer bestimmten Zeitepoche oder im Schaffen eines bestimmten Autors; ist die Gesamtheit der Ausdrucksmittel einer Gruppe von Autoren wie auch bestimmter Formengattungen und Genres.

Darüber hinaus sehen wir diesen Begriff im Kontext zur marxistisch-leninistischen Widerspiegelungstheorie und sagen, daß der Stil eines Kunstwerkes durch die herrschende Gesellschaftsordnung bestimmt wird. Das sind einerseits die ökonomischen, ideologischen und politischen Verhältnisse in der Entstehungszeit des Werkes (als objektiver Faktor) und andererseits die Einstellung des Komponisten dazu (als subjektiver Faktor). Objektive und subjektive Widerspiegelung durchdringen sich dabei in dialektischer Verschränkung und Einheit. Als objektiv bezeichnen wir in der Musik alles, was unabhängig vom Komponisten, Interpreten und Hörer in der Wirklichkeit existiert: nämlich das Musikleben, die Art und Form der Musikverbreitung, der Entwicklungsstand der Musik in bezug auf Melodik, Rhythmik und Harmonik usw., die Instrumentenbautechnik (als Widerspiegelung der Produktionsverhältnisse), Überlieferung, Tradition und Brauchtum wie auch die kunstästhetischen Anschauungen (als Form des ideologischen Überbaues). Die subjektive Seite hingegen kommt in der Wahl des künstlerischen Gegenstandes zum Ausdruck (A. Honegger: »Liturgische Sinfonie« / D. Schostakowitsch: »Leningrader Sinfonie«), durch die Ziel- und Zwecksetzung des geschaffenen Kunstwerkes (C. Ph. E. Bach: Sonaten »für Kenner und Liebhaber« / J. A. P. Schulz: »Lieder im Volkston«), in der Auswahl der in einer Epoche zur Verfügung stehenden verschiedenen künstlerischen Gestaltungsmittel (L. Bernstein: »West Side Story« / L. Nono: »Il canto sospeso«). Dadurch wird die objektive Realität durch die subjektiven Anschauungen, Einstellungen, Überzeugungen des Künstlers gebrochen und umgeformt. Durch die Auswahl spezifischer Mittel versucht der Komponist, ein künstlerisches Abbild der Realität zu schaffen. Aus diesem Verständnis des Begriffes »Stil« ergaben sich – unter Einarbeitung der in den ersten Abschnitten gegebenen Anregungen der Stilbetrachtung in den Schwesterkünsten – Aufbau und Gliederung dieses Buches.

Stilparodien

Dieses erste Kapitel trägt die Gesamtüberschrift »Gefühlsmäßiges Erkennen und objektives Erfassen von Stileigentümlichkeiten in der Musik«.

Besondere Bedeutung wird dabei dem Wörtchen »und« beigemessen. Die Einheit dieser beiden Komponenten ist eine wichtige Voraussetzung für die Aneignung der Musik – ja sogar der Kunst überhaupt. Besonders beim Anhören sogenannter Stilparodien ist diese Verschränkung von emotionalem und intellektuellem Verstehen stark zu bemerken.

Parodien »im Stile von ...« sind eine beliebte Aufgabenstellung in Improvisationskonzerten. Die Beliebtheit solcher Stilparodien bei Fachleuten und Laien weist darauf hin, welches Vergnügen und welches Interesse dem Erfassen von Stileigentümlichkeiten allgemein entgegengebracht werden. Neben derartigen Improvisationen gibt es ausgeschriebene Stilparodien, von denen die beiden bekanntesten wohl Siegfried Ochs' Variationen über das Lied »Kommt ein Vogel geflogen« und Karl Hermann Pillneys »Eskapaden eines Gassenhauers« sind.

Vergleicht man all diese Stilparodien, so fällt auf, daß es eigentlich ein relativ kleiner Kreis von Komponisten ist, der immer wieder nachgeahmt wird. Über die vermutlichen Gründe einer derartigen Auswahl soll an anderer Stelle (Kapitel Personalstil) gesprochen werden. Die angewandten Mittel der Stilparodie sind unterschiedlich bei den einzelnen Komponisten, aber andererseits eigenartig übereinstimmend bei den verschiedenen Parodisten. Einige Komponisten werden z. B. immer durch charakteristische Harmoniewendungen dargestellt, andere wiederum durch typische Rhythmusfiguren; J. S. Bach wird kaum einmal durch charakteristische Melodiewendungen, sondern fast ausschließlich durch Verwendung der Fugenform, Schönberg immer durch Übernahme einer Zwölftonreihe gekennzeichnet. Sehr häufig – und besonders deutlich ist das herauszuhören bei Pillneys »Eskapaden« – werden in die betreffende Stilparodie Ausschnitte aus berühmten Werken des Komponisten eingefügt.

Ehe nun in den folgenden Kapiteln systematisch auf die stilbildenden Faktoren der Musik eingegangen wird, möge sich der geneigte Leser durch häufiges Anhören der beiden erwähnten Werke von Ochs und Pillney zunächst einmal selbst Gedanken machen, woran er denn eigentlich den charakteristischen Stil des parodierten Komponisten erkennt.

Das Vergnügen, welches die Beschäftigung mit solchen Parodien doch offensichtlich gewährt, soll für den Notenkundigen durch eine speziell für diese Arbeit konzipierte Parodienbeispiel-Folge erweitert werden: Die aus der Melodieanalyse der Werke einiger Komponisten gewonnenen stilistischen Parameter wurden als Grundlage von Variationen über ein viertaktiges Volksliedmotiv genommen. Gewählt wurden die ersten Takte des Liedes »Alle Vögel sind schon da«. Um zu einer einheitlichen Vergleichsmöglichkeit zu gelangen, wurden ausschließlich melodische Parodien des Stiles einiger Komponisten versucht. Typische Begleitrhythmen, typische Harmoniewendungen in der Begleitung, typische Instrumentation oder auch das Einflechten von Zitaten aus anderen Werken wurden bewußt unberücksichtigt gelassen. Die Auswahl der Komponisten entspricht der im Kapitel Personalstil, die Begründung dafür wird dort gegeben. Die theoretischen Erläuterungen unter den Beispielen sind zwar in erster Linie für den Fachmann gedacht; die einzelnen Begriffe werden jedoch in den Ausführungen des folgenden Kapitels erläutert. Nach dieser scheinbar etwas spielerischen Beschäftigung mit der Materie wollen wir dann mit der Besprechung der einzelnen in der Musik wirksamen stilbildenden Parameter wie Klanglichkeit – Harmonik, Melodik – Tonalität, Rhythmik-Metrik – Agogik und Form beginnen.

18 Versuche »im Stile von…« über die Anfangstakte des Liedes »Alle Vögel sind schon da«

Die ersten Takte des Volksliedes

Zweitaktiges Motiv der Vorlage wird zur eintaktigen Instrumentalfigur. Melodiebewegung vorwiegend in Sekundschritten, aber charakteristische Sextensprünge und deren Nachahmung in Septimensprüngen. Durchlaufender Fluß der Melodie.

(Johann Sebastian Bach)

Energisches rhythmisches Pulsieren; Synkopen, die wie rhythmische Vorhalte wirken. Wiederholen von Motiven und Teilmotiven.

(Ludwig van Beethoven)

Schwerfälliger, gleichförmiger Melodierhythmus. Bevorzugung der Tonleiter »melodisch Dur« (einer Durtonleiter mit kleiner Sext und kleiner Sept).

(Johannes Brahms)

Zwei- oder viertaktige Motive. Pulsschläge in halben Noten — aber sehr geringe harmonische Dichte (Akkordwechsel aller zwei oder vier Takte. Typische Rhythmusfigur aus zwei Viertelnoten und einer Viertelnotentriole.

(Anton Bruckner)

Ähnliche Motivik wie in der ersten Parodie, aber stärker und regelmäßiger gegliederte Melodik; deutliche Zweitaktgruppierungen.

(Georg Friedrich Händel)

Herzhaft zupackender Rhythmus. Einfache, naiv-derbe Melodik mit deutlicher Zwei- und Viertaktgliederung.
(Joseph Haydn)

Jazzähnliche, gleichmäßig in Vierteln laufende Pulsschläge. Die Melodik erscheint verfremdet durch komplizierte Akkordfolgen, die der Melodie latent zugrunde liegen. Konzeption als in den Anfang zurückführendes Ostinato.
(Paul Hindemith)

Sehr fester und exakter, aber doch auch recht zurückhaltender musikalischer Pulsschlag. Außerordentlich sorgfältige Dynamik-Akzentuierung; detaillierte, fast kleinlich wirkende Phrasierung. Diatonische Melodik, die an Haydn erinnert, aber ohne dessen naive Herzhaftigkeit und Robustheit.
(Gustav Mahler)

Ebenfalls – wie im vorangegangenen Beispiel – sehr präzise und dabei doch sehr zarte rhythmische Pulsschläge ohne größere Schwereabstufungen. Stets vornehme und elegante diatonische Melodik mit einfacher metrischer Gliederung.

(Felix Mendelssohn Bartholdy)

Exakte, schwingende Pulsschläge mit deutlicher Schwereabstufung. Unvorbereitete Vorhaltstöne, die chromatisch nach oben geführt werden; vorbereitete chromatische Vorhalte, die sich nach unten auflösen. Großer Melodiesprung über dem latenten Akkordwechsel von der Subdominante zur Dominante.

(Wolfgang Amadeus Mozart)

Gleichförmigkeit der rhythmischen Bewegung in der Melodie. Regelmäßige Phrasierung und Gliederung. Ausdeutung und Verformung der Melodie durch eine als Begleitung ge-

dachte, jedoch latent auch in der Melodik vorhandene Akkordfolge von großer tonaler Ausschlagweite und großer harmonischer Dichte.
(Max Reger)

Fast klassischer, volksliedhafter Melodierhythmus und regelmäßige Phrasierung. Zwölftönige, chromatische Melodie.
(Arnold Schönberg)

Volkstümliche und dabei sehr elegante Melodik. Fünftaktige
Satzglieder. Der Tonikadreiklang mit Sexte als melodisches
Ausgangsmodell; Vorhalt der großen None zur Oktave und
chromatisch nach oben führende unbetonte Nebentöne.
(Franz Schubert)

Langsame, schwerfällig-melancholische Melodie, die sich immer wieder zu verlieren scheint und ihre rhythmische Prägnanz einbüßt. Nebenstimmen tauchen plötzlich auf und werden vorübergehend zur Hauptstimme. Bei aller Kompliziertheit wird der Anschein des Bäurisch-Volkstümlichen gewahrt.
(Robert Schumann)

Große Geste des Ausgangsmotivs. Großer Tonumfang. Virtuoser Glanz. Diatonische Melodik, die durch chromatische Durchgänge und Umspielungen erweitert wird.
(Richard Strauss)

Vier- und mehrtaktige Melodiemotive. Nachvollzug eines sprachmelodischen Duktus. Chromatische Umspielung auftaktiger Töne, oft mit nachfolgenden emphatischen, großen Intervallsprüngen; in Halbtonschritten abwärtsfallende Figuren.

(Richard Wagner)

Rhythmus »à la polacca«. Pathetischer Schwung der Melodie, die den Anschein erweckt, sich in wirbelnden Sechzehnteln vom Grundrhythmus der Begleitung loszureißen.

(Carl Maria von Weber)

Ähnlichkeit mit der Melodik Gustav Mahlers in der ersten Fassung (a). Unterschiede: deutliche Trennung der einzelnen Motive durch ausgeschriebene Pausen; genau notierte Agogik und dadurch ständiger Taktwechsel. Chromatische, atonale Ausweitung der vorangegangenen Melodie in der zweiten Fassung (b).

Erweiterung des Umfanges der Motive durch Verteilen der einzelnen Töne auf verschiedene Oktavregister in der dritten Fassung (c).

(Anton Webern)

Die Komponenten der Stilbildung

Der Ausdruckscharakter der Musik

Um bestimmte, funktionsbedingte Wirkungen zu erzielen und um Gefühle und Stimmungen zum Ausdruck zu bringen bzw. poetische Bilder und Handlungsabläufe darzustellen, bedient sich der Komponist ausgewählter musikalischer Stilmittel. Diese Parameter des Harmonisch-Klanglichen, des Tonal-Melodischen, des Metrisch-Rhythmischen usw. entsprechen in ihrer Handhabung etwa der Grammatik und Syntax der Sprache. Allerdings sind sie in der Musik nicht in allen Werken in gleicher Weise stilbestimmend. Einmal ist z. B. die Rhythmik der Ausdrucksträger, ein andermal die Harmonik. Besonders für den Interpreten ist es wichtig, die jeweils unterschiedliche Bedeutung der einzelnen Komponenten zu erfassen, um von daher die richtige Konzeption für eine Interpretation zu finden.

Der relativ großen Bedeutung, die einige Faktoren im jeweiligen Werk für die Ausprägung des Stiles besitzen, entspricht andererseits oft auch eine gewisse Unwichtigkeit anderer Komponenten bei der Herausbildung bestimmter Wirkungen. Einige Werke sind z. B. relativ unempfindlich gegenüber einem Vortrag in anderem Tempo. Eine Reihe der zweistimmigen Inventionen oder der dreistimmigen Sinfonien von J. S. Bach lassen sich z. B. in völlig unterschiedlichem Grundzeitmaß vortragen, ohne daß an der Aussage des Stückes sich Wesentliches ändern würde. Hingegen wäre der Schlußteil der Ouvertüre zu »Wilhelm Tell« von Gioacchino Rossini bei einem Vortrag in nicht richtigem Tempo völlig unmöglich. In einem Walzer von Johann Strauß ist neben der Melodie vor allem das Zusammenspiel von Becken, Kontrabaß sowie großer und kleiner Trommel wichtig – fast könnte man einen solchen Walzer nur in einer Besetzung von Rhythmusgruppe und Melodieinstrument interpretieren; bei einem Walzer von Joseph Lanner – Tanzmusik der gleichen Zeit! – erhält die Melodik ihre Vertiefung durch die begleitende Harmonik, durch den Wechsel der Akkorde mit unterschiedlicher innerer Dynamik und nicht durch den Rhythmus. Einen Walzer von Lanner könnte man sogar ohne Rhythmusgruppe, nur von einem Melodieinstrument und einem begleitenden Akkordinstrument vortragen lassen. Bei manchen Komponisten spielt die Klangfarbengestaltung eine große Rolle (z. B. Richard Strauss, Pierre Boulez), eine andere Instrumentierung würde bei ihnen den Charakter des Werkes beinahe völlig zerstören. Die Werke anderer Komponisten (z. B. die von W. A. Mozart) sind hingegen unempfindlicher gegenüber einer Änderung der Klangfarbe, ihre Bearbeitung für andere Instrumente ist unproblematischer.

Daraus folgt, daß in der Musik ein bestimmter Ausdruckscharakter nicht durch ein stilistisches Mittel allein hervorgerufen wird, sondern jeweils durch eine Vielzahl von Stilfaktoren erzielt werden kann.

In den folgenden Abschnitten sollen nun die einzelnen Komponenten der Stilbildung in der Musik besprochen werden.

Harmonik und Klanglichkeit

Harmonik und Klanglichkeit sind vor allem in der europäischen Musik zu einem der wichtigsten Ausdrucksmittel geworden, haben auch besonders in der europäischen Musik ihre stärkste Ausprägung und Differenzierung erhalten. Klangfarbe und Klangfarbengestaltung, der Dissonanzgrad bzw. auch der Aufbau der Akkorde, die Beziehungen der Akkorde untereinander und zum tonalen Zentrum des Stückes, der Tonika, die Schnelligkeit bzw. Langsamkeit des Wechsels im harmonischen Geschehen (harmonische Dichte) wie schließlich auch die Dynamik sind die hauptsächlichsten Aspekte innerhalb dieses Bereiches.

Dem Hörer am stärksten bewußt ist der mehr oder weniger hohe Dissonanzgrad bzw. auch die Klangfarbe der einzelnen Akkorde. Die übliche Einteilung der Akkorde in konsonante und dissonante ist dabei für eine Betrachtung nicht ausreichend; ganz abgesehen von der vielfach doch sehr subjektiven Auslegung der Begriffe konsonant und dissonant. Gehen wir daher zunächst auf die hauptsächlichsten Akkordtypen ein.

Akkordtypen

Wir unterscheiden
- konsonante bzw. reine Akkorde
  Klangbeispiel Orlando di Lasso: Madrigal »Holla, welch gutes Echo«
- Strebeakkorde
  Klangbeispiel Richard Wagner: Anfangstakte des Vorspiels zu »Tristan und Isolde«
- milde Dissonanzen
  Klangbeispiel Paul Hindemith: Vorspiel (Marsch) zum Spiel für Kinder »Wir bauen eine Stadt«
- scharfe Dissonanzen
  Klangbeispiel Arnold Schönberg: Anfang des 2. Satzes aus dem 4. Streichquartett.

Zu diesen vier »klassischen« Akkordtypen (vgl. dazu auch NB 7b, 16b, 16e und 19a) treten in der zeitgenössischen Musik noch folgende hinzu:
- Akkorde mit hohem Geräuschanteil (normal instrumentierte Akkorde werden überlagert durch rhythmische Geräusche, die meist von Schlaginstrumenten hervorgebracht werden)
  Klangbeispiel Georges Bizet: Erster Akkord im ersten Takt des Vorspiels zur Oper »Carmen« (der Beckenschlag übertönt hier den A-Dur-Dreiklang der übrigen Instrumente)
- Geräuschklänge (Knirschklänge, Klirrklänge, Brummklänge), die dadurch entstehen, daß auf den Musikinstrumenten die Töne auf ungewöhnliche Art erzeugt werden (Spielen zwischen Steg und Saitenhalter auf den Streichinstrumenten; Anblasen nur des Mundstücks der Blasinstrumente usw.)
  Klangbeispiel Krzysztof Penderecki: »Tren – den Opfern von Hiroshima«.

Die hier aufgeführten Akkordtypen (nähere Erläuterungen dazu bei Mühe 1986 und Hindemith 1937) zeigen in dieser Reihenfolge eine gewisse Steigerung des Dissonanzgrades. Dieser unterliegt jedoch durch Instrumentation, Akkordlage und Dynamik starken Veränderungen. Spielen z. B. einige Kontrabässe in tiefer Lage und in großer Lautstärke einen konsonanten Dur-Dreiklang, so klingt dieser wesentlich wilder, drohender, »dissonanter« als ein Dissonanzakkord aus drei übereinander geschichteten kleinen Sekunden, der von einigen Violinen im Pianissimo, mit äußerster Zartheit »con sordino« und in sehr hoher Lage gespielt wird. Wichtig ist auch der Zusammenhang, in dem die Akkorde erscheinen. Wenn z. B. konsonante Akkorde so rasch aufeinander folgen, daß sie im einzelnen nicht mehr vom Ohr erfaßt werden können, bewirkt dieses rasche Aufeinanderfolgen, daß die Akkorde sich für unser Ohr überlagern und dadurch ebenfalls recht dissonant erscheinen, z. B. in der 5. der »Mozart-Variationen« von Max Reger.

Andererseits kann – z. B. im langsamen Satz des Streichquartetts op. 16 von Paul Hindemith – eine eingängige Melodie die Aufmerksamkeit des Hörers so auf sich ziehen, daß selbst sehr dissonante Begleitakkorde als solche kaum noch wirksam werden und eher wie Farbtupfer wirken.

Die Plazierung der genannten Akkordgruppen im kontrastierenden Wechsel oder in einer allmählichen, zu- oder abnehmenden Verschärfung des Dissonanzgrades wird seit Hindemith (»Unterweisung im Tonsatz«) harmonisches Gefälle genannt. Dabei kann eine milde Dissonanz innerhalb eines Harmonieverlaufes von vorwiegend konsonanten Akkorden schärfer und aufrüttelnder wirken (vgl. die milden Dissonanzen im Durchführungsteil des ersten Satzes der 3. Sinfonie von Beethoven) als eine Folge von gleichbleibend scharfen Dissonanzen. Eines der großartigsten Beispiele einer stetigen Zunahme des Dissonanzgrades der Akkorde zu einem Höhepunkt hin, der wohl die dissonanteste Stelle in der europäischen Musik überhaupt darstellt, findet sich im dritten Abschnitt des ersten Teils (Rondes pritanières) von Igor Strawinskys »Le sacre du printemps«.

Gern benutzen die Komponisten Akkorde, die zur Zeit noch ungewohnt sind, um tonmalerisch Angst und Schrecken auszudrücken. Durch die häufige Verbindung gewisser Textstellen mit derartigen Akkorden kann es für eine gewisse Zeit zu Assoziationen kommen. Es wäre jedoch verkehrt, diese Assoziationen überzubewerten; denn durch den häufigeren Gebrauch geht die ursprüngliche Schockwirkung schnell verloren, und meist wird der gleiche Akkord schon wenige Jahrzehnte später ohne diese Bedeutung verwendet und kann sogar eine völlig gegenteilige Funktion ausüben.

Akkordfolgen

Die Aufeinanderfolge der Akkorde wird nach dem Grad der Verwandtschaft der Akkorde untereinander, der Beziehung der Akkorde zum tonalen Zentrum, der tonalen harmonischen Ausschlagweite und der harmonischen Dichte bewertet.

Die im Anhang gebrachte Tabelle zeigt die Verwandtschaft der Akkorde untereinander. Die durch Striche miteinander verbundenen Akkorde zeigen die engste Verwandtschaft (= 1 Grad), den nächsten Grad der Verwandtschaft (= 2 Grad) zeigen diejenigen Akkorde, die durch zwei Striche verbunden sind usw.; Dur-Dreiklänge wurden mit großen, Moll-Dreiklänge mit kleinen Buchstaben dargestellt.

Die verschiedenen Arten verwandtschaftlicher Beziehungen der Akkorde können unterschiedlich miteinander gekoppelt sein, z. B. stark dissonierende Akkorde und geringe tonale Ausschlagweite (Aram Chatschaturjan: Säbeltanz aus dem Ballett »Gajaneh«) oder große tonale Ausschlagweite, große harmonische Dichte und konsonante Akkorde (Max Reger: letzte der »Mozart-Variationen«).

Eine Sonderform harmonischer Verläufe stellen die sogenannten Kadenzen dar. Das sind charakteristische Akkordverbindungen, die eine bestimmte Tonart, eine bestimmte Tonalität besonders bekräftigen und dadurch oft auch in harmonischer Hinsicht eine Schlußwirkung hervorbringen.

Manchmal werden in diesen Kadenzen die innerhalb der tonalen Ausschlagweite eines Stückes am weitesten voneinander entfernten Akkorde nebeneinandergestellt und im Tonika-Dreiklang

d / G / C

aufgelöst (so z. B. oft bei Orlando di Lasso, vgl. NB 7b) oder – bei großer Ausschlagweite –

Ces / b / Ges / C / F
(so das Bläserthema im Schlußsatz der 5. Sinfonie von Anton
Bruckner, vgl. NB 16c).

Manchmal ergeben die Töne aller Akkorde einer Kadenz
eine charakteristische Tonleiter; z. B. würde aus der Akkordfolge

E / a / E / D / E

die Tonleiter

e − fis − gis − a − h − c − d − e

entstehen (so oft bei Johannes Brahms; z. B. im Thema des
langsamen Satzes der 4. Sinfonie).

Wieder andere Kadenzen sind charakterisiert durch das
schroffe Aufeinanderfolgen von Akkorden sehr geringen Ver-
wandtschaftsgrades:

C / Des / G / C

(sogenannte »neapolitanische« Kadenz, häufig gebraucht bei
den italienischen Opernkomponisten des 17. Jahrhunderts,
vgl. NB 8b).

Eine allmähliche Verlagerung des tonalen Zentrums in
einem Musikstück, bzw. die harmonische Wandlung von
einem tonalen Zentrum zu einem anderen, nennt man *Modulation*. In der ursprünglich fest umrissenen Ausgangstonart wird
die Verwandtschaft der miteinander verbundenen Akkorde allmählich immer lockerer, bis schließlich die Kadenzierung in
einer neuen Tonart erfolgt. Werden jedoch zwei unterschiedliche Tonarten im Verlauf des Stückes ohne allmähliche Wandlung, ohne Modulation, abrupt hintereinander gebracht, dann
spricht man von *Tonartenrückung*.

Der Ausdruckscharakter der Akkordverbindungen wird zum
einen durch die Unterschiedlichkeit der tonalen Entfernung
der Akkorde vom tonalen Zentrum bestimmt; zum anderen geschieht dies durch den Distanzgrad der Harmonieschritte zwischen den aufeinanderfolgenden Akkorden. Hier hatte im 17.
und 18. Jahrhundert der Gebrauch bestimmter Harmoniewendungen − besonders in den Rezitativen − zu gewissen Assoziationen geführt. Diese waren jedoch zeitgebunden und werden heute nur noch intellektuell, nicht mehr emotional erfaßt.

Eine große tonale Ausschlagweite innerhalb einer Komposition weist − besonders in Verbindung mit starker harmoni-

scher Dichte – immer auf gedankliche Vertiefung hin und findet sich nur bei Musik, die an den Hörer hohe geistige Anforderungen stellen will. Naivität, Kindlichkeit, Einfältigkeit usw. sind bei großem tonalem Ausschlag nie zu finden.

Umgekehrt kann man jedoch nicht sagen, daß geringe Ausschlagweite Gegenteiliges aussagen müßte, solche Musik kann zwar einfach sein, aber bei entsprechender Anlage der anderen musikalischen Parameter (Rhythmik, Melodik usw.) durchaus auch höchste Konzentration des Hörers fordern.

Klangfarbengestaltung

In der zeitgenössischen Musik verlagert sich in zunehmendem Maße das Interesse an den Akkordbeziehungen (in bezug auf Verwandtschaftsgrad bzw. Dissonanzgrad) auf die unterschiedliche Klangfarbe der miteinander verbundenen Akkorde, Akkordgruppen oder ganzer harmonischer Abschnitte.

Bereits in der Spätrenaissance legten die Komponisten sehr großen Wert auf die Klangfarbengestaltung. Seit etwa 1600 wurden dann in zunehmendem Maße die unterschiedlichen Akkordtypen und die Verwandtschaftsbeziehungen zwischen den Akkorden für die kompositorische Gestaltung wichtig; und eigentlich erst von den Wiener Klassikern an erwacht wieder ein Interesse an unterschiedlichen Klangfarben. Dieses Interesse steigerte sich im Laufe des 19. Jahrhunderts immer mehr und wurde schließlich in unserem Jahrhundert sogar zu einer Notwendigkeit, da es nun eigentlich keine »ungewohnten« Akkordverbindungen mehr gab, jede Verbindung möglich war und die Häufung scharfer Dissonanzen zu einem harmonischen Grau-in-Grau führte, das nur durch eine Klangfarbengestaltung belebt werden konnte.

Ein Beispiel für einen guten Klangfarbenaufbau in der Klassik finden wir im ersten Satz der »Jupitersinfonie« von Mozart. Hier stehen sich als Klangfarben gegenüber: volles Orchester (Takte 1 und 2) und Streichorchester (Takte 3 und 4); im weiteren Verlauf dann das Streichorchester mit jeweils einem den Gesamtklang verschieden färbenden Holzblasinstrument.

Ein Beispiel für die Klangfarbengestaltung gegen Ende des

19. Jahrhunderts ist Richard Strauss' sinfonische Dichtung »Till Eulenspiegel«. Im Vergleich zu dem zwei- bzw. viertaktigen Klangfarbenwechsel bei Mozart stehen bei Strauss große Klangfarbenblöcke gegeneinander.

Die stärkste Ausprägung hat die Klangfarbenkomposition jedoch in der Gegenwart, vor allem bei Krzysztof Penderecki, gefunden; hier ist die Klangfarbe sogar zum eigentlichen Träger des gesamten musikalisch-stilistischen Geschehens geworden. Im ersten Teil des Oratoriums »Dies Irae« arbeitet der Komponist mit fünf Klangfarben: Sopransolo / Chor / Blasinstrumente und Harmonium / Schlaginstrumente und Klavier / Violoncelli und Kontrabässe. Bemerkenswert ist, daß die zeitliche Dauer der einzelnen Klangfarbenabschnitte im Gegensatz zu Mozart und Strauss unterschiedlich ist. Wir finden Teile von 2 Sekunden bis zu solchen von 15 Sekunden, also der Länge eines Akkordes in der traditionellen Musik bis hin zur Länge eines Themas der klassischen Musik entsprechend.

Dynamik

Die Dynamik wird als Teil des harmonischen und klanglichen Geschehens verstanden; sie kann sowohl den Dissonanz- bzw. Konsonanzgrad des einzelnen Akkordes beeinflussen als auch harmonische Abläufe verdeutlichen und unterstützen. Schließlich kann die Dynamik formgestaltend größere harmonische Zusammenhänge zusammenfassen bzw. mit anderen harmonischen Abläufen als eine Art Klangfarbe kontrastieren lassen. Man unterscheidet zwischen Terrassendynamik und Entfaltungsdynamik.

Die *Terrassendynamik* (J. S. Bach: 1. Satz des Italienischen Konzerts) schafft zwischen großen Klangflächen, die sich durch ihre Klangfarbe nur gering unterscheiden, Kontraste durch das mehr oder weniger schroffe Gegenüberstellen von lauteren und leiseren Klangflächen.

Die *Entfaltungsdynamik* (Modest Mussorgski: »Bydło« aus »Bilder einer Ausstellung«) bringt Formgestaltung durch allmähliches Anwachsen bzw. Abnehmen der Lautstärke. Oft wird die Gegenüberstellung von verschiedenen Klangfarben oder auch von verschiedenen Akkordtypen und harmonischen Abläufen durch eine ebenfalls kontrastierende Dynamik unterstützt und ebenso werden harmonische Wandlungen (Modulationen) durch Entfaltungsdynamik begleitet.

Daneben muß noch die Akzentdynamik und die Ausdrucksdynamik erwähnt werden.

Akzentdynamik ist die besondere Hervorhebung bestimmter Taktteile in regelmäßigem, oder als hervorgehobene Synkopen in unregelmäßigem Wechsel (Igor Strawinsky: 2. Abschnitt des 1. Teils von »Le sacre du printemps«, »Danses des adolescentes«, vgl. NB 19a).

Ausdrucksdynamik belebt den einzelnen, an sich oft statischen Akkord durch Anwachsen oder Abschwellen der Lautstärke auf kürzestem Zeitraum. Im Chor »Still, wir schreiten zur Rache« aus Giuseppe Verdis Oper »Rigoletto« – ein Musterbeispiel für alle erwähnten Typen der Dynamik – findet sich ein treffendes Beispiel für die Ausfüllung einer melodischen Pause zwischen zwei melodischen Abschnitten durch einen ausdrucksstark-dynamischen, anschwellenden Paukenwirbel.

Die Klangfarbe bestimmter Instrumentalbesetzungen, Instrumente, Stimmlagen und Tonarten

Im Anhang, S. 235 ff., werden einige Übersichten gegeben, die typische Klangfarben als Stilfaktoren ausweisen sollen.

So repräsentieren bestimmte *Besetzungsformen* – bei maximaler Ausnutzung der gegebenen klanglichen Möglichkeit – in erster Linie bestimmte Zeitepochen.

Das sollte recht verstanden werden: Ein Blasorchester z. B. kann durchaus heutige, zeitgenössische, moderne Musik spielen; aber die heutigen Blasorchester unterscheiden sich erstens doch von denen des 19. Jahrhunderts ein wenig (Aufnahme von Saxophonen, Verstärkung des Schlagwerks, Ersatz der Tuba durch den gestrichenen oder gezupften Kontrabaß), zweitens wirken hier moderne Klänge oft wie eine Ersatzlösung – man hat dann das Gefühl, daß der gleiche Effekt von neueren Besetzungen (Tanzmusikformationen, Besetzungen mit elektroakustischen oder elektronischen Instrumenten) einfacher und sogar überzeugender erreicht werden könnte. Schließlich aber – seien wir ehrlich – wirkt ein Marsch aus der Zeit der Jahrhundertwende bei einem Blasorchester immer noch als Höhepunkt.

Es sei nochmals betont: In jeder der angegebenen Besetzungsformen kann Musik aus den unterschiedlichsten Stilepochen gespielt werden, sie wird auch gespielt, und sie soll auch gespielt werden; aber – der optimale klangliche Effekt ist vielfach ein Stilmerkmal einer bestimmten Zeitepoche.

Die *Stimmtypen* der europäischen Sänger und die dem betreffenden Stimmtyp entsprechenden musikalischen Ausdruckscharaktere bildeten sich im Laufe des 18. Jahrhunderts vor allem in der italienischen Opernmusik heraus. In enger Anlehnung an die Figuren der Commedia dell'arte verkörperten Sänger einer Stimmlage auch meist den gleichen Menschentyp. Im Laufe der Entwicklung verschmolz dann allmählich die musikalische Charakterisierung der Personen mit der Klangfarbe der Stimmlage. Die zwölf wichtigsten, in der europäischen Opernmusik der letzten 350 Jahre immer wieder anzutreffenden Stimmtypen werden auf S. 237 mit je einer ihrer Stimmlage entsprechenden Arie vorgestellt.

Problematisch ist es, eine Antwort auf die viel diskutierte Frage nach dem *Charakter der Tonarten* zu finden.

Viele Menschen besitzen die Fähigkeit, einzelne Töne, Akkorde oder Tonfolgen ohne jedes Hilfsmittel hinsichtlich ihrer klanglichen Eigenart und Tonhöhe zu bestimmen; man nennt dies das »absolute Gehör«. Diese Fähigkeit ist beim Menschen schon sehr frühzeitig ausgebildet, weitaus vor dem Zeitpunkt, zu dem er diese Töne mit Namen belegen kann.

So erwacht in ihm unbewußt das Bedürfnis, Töne, die er hinsichtlich Klangfarbe, Klangqualität und Tonhöhe unterscheiden kann, irgendwie auch zu charakterisieren – sei es durch Kopplung mit anderen Sinnesreizen (meist mit bestimmten Farben) oder auch durch das Inbeziehungsetzen mit bestimmten Gefühlseindrücken. Oft setzt er dann auch Stücke einer bestimmten Tonart unbewußt in Beziehung zu anderen, die in der gleichen Tonart stehen. Bei einem Werk in As-Dur z.B. erinnert er sich an andere Werke, die ebenfalls in As-Dur stehen, er sucht nach Gemeinsamkeiten und findet sie; so kommt es dann wohl, daß er schließlich den Tonarten bald auch einen ganz bestimmten Charakter zuerkennt. Hierfür gibt es in der europäischen Musik gewisse Traditionen. Bereits die Griechen hatten einzelnen Tonarten einen bestimmten Gefühlsausdruck zugeschrieben. Beim Übertragen der griechischen Tonleitermodelle auf die ersten europäischen modalen Leitern übertrug man auch diesen Charakter mit, und bei der Wandlung des alten Tonartensystems in unser heutiges am Ausgang des Mittelalters blieben schließlich an den Grundtönen der Dur- und Mollskalen assoziativ die alten Deutungen haften.

Mit der Entwicklung der Instrumentalmusik kamen weitere Elemente hinzu: Auf den Streichinstrumenten klingen bei Verwendung der leeren Saiten die Kreuztonarten heller, kräftiger und freudiger; auf den Tasteninstrumenten war vor Einführung der temperierten Stimmung und in der Vorstellungswelt der Komponisten auch noch lange danach im Quintenzirkelsystem das Modulieren nicht nach allen Seiten hin gleich gut möglich: H-Dur an der oberen Grenze des Systems ließ Modulationen »nach oben« (z. B. nach Dis-Dur) nicht mehr zu; As-Dur an der unteren Grenze ließ wiederum Modulationen »nach unten« (z. B. nach Fes-Dur) nicht zu; dadurch waren dann in einzelnen Tonarten bestimmte harmonische Wendungen häufiger als in anderen anzutreffen. So kam es schließlich, daß in unserer Tradition eine große Anzahl von Stücken einer bestimmten Tonart auch irgendwie einen gemeinsamen Charakter hat.

Im vorigen Jahrhundert führte dieses Unterscheidungsvermögen für Töne und Tonarten zu einer ganzen Reihe von Theorien; trotz ihres durchweg spekulativen Charakters hatten sie doch auch einen gewissen Einfluß auf die Herausbildung bestimmter Vorstellungen über die Eigenart der Tonarten, denn sie wirkten bestätigend oder korrigierend auf das bewußte Empfinden solcher Unterschiede zurück.

Es ist festzustellen, daß die Themenerfindung einer ganzen Reihe von Komponisten von solchen Vorstellungen beeinflußt gewesen ist; ihre Kompositionen klingen transponiert eigenartig verzerrt.

Natürlich ist schon oft der Versuch gemacht worden, die

Tonarten mit Worten zu beschreiben, zu charakterisieren. Hier sollen einmal nicht die Tonarten beschrieben werden, sondern es wurden Themen zusammengestellt, die für die Vorstellung des Charakters der jeweiligen Tonart bei einer Vielzahl von Komponisten und vielleicht auch bei einigen Hörern mitbestimmend gewesen sein mögen.

Raumakustik

Ein nicht unerheblicher Einfluß auf die Ausformung des musikalischen Stils im Bereich der Harmonik geht von der Raumakustik aus. Die meisten Komponisten steller sich bei der Abfassung ihrer Werke nicht nur einen idealen Interpreten ihrer Kompositionen vor, sondern auch einen ganz bestimmten Aufführungsort. Die raumakustischen Verhältnisse der verschiedenen Aufführungsorte zwingen aber zu ganz bestimmten Gestaltungsweisen. Diese betreffen weniger die Dynamik — größere Säle vertragen eine größere Lautstärke und eine größere Besetzung des Orchesters als kleinere — als vielmehr die verschieden großen Nachhallzeiten. Räume mit großem *Nachhall* (z. B. die Thomaskirche in Leipzig) ermöglichen keine Musik mit großer harmonischer Dichte: die schnell wechselnden Akkorde würden durch den Nachhall zu einem einzigen Tonbrei verschmelzen. Säle mit geringem Nachhall verlangen vom Komponisten die Berücksichtigung dieses Faktes (d. h. besondere Hervorhebung des harmonischen Parameters durch ausdrücklich lang ausgehaltene Akkorde), da sonst die Musik in diesen Räumen zu trocken klingen, auseinanderbröckeln würde. Die heutige Mikrophontechnik kann gewissermaßen als Erweiterung des akustischen Raumes aufgefaßt werden; sie ermöglicht den künstlichen Nachhall bzw. — durch Schallschluck — die Reduzierung des Nachhalls. Da auch der Künstler selbst sein Publikum anders ansprechen muß — und dies in der Komposition berücksichtigt —, wenn in einem kleinen Raum nur wenige Personen sitzen, oder er in einem großen Saal einige hundert Hörer mitreißen möchte, hat auch in dieser Hinsicht der Aufführungsort seine Bedeutung für die Ausprägung stilistischer Merkmale.

Rhythmus

Die Stilfaktoren, die den musikalischen Rhythmus bestimmen, sind:
- die unwillkürlichen Bewegungen der menschlichen Atmungs- und Kreislauforgane (Atembewegung, Herz- und Pulsschlag);
- die willkürlichen Bewegungen unserer Gliedmaßen (Gehen, Laufen, Schreiten oder Rennen und im weiteren Sinne dann auch rhythmische Bewegungen bei gemeinsamer Arbeit);
- das Sprechen.

Die Impulse, die von dieser gewissermaßen organischen Rhythmik ausgehen, werden in der Musik durch Ordnungssysteme geformt, die vom Entwicklungsstand des menschlichen Denkens abhängig sind und ihre Bezugspunkte in jeweils unterschiedlichen Traditionslinien haben.

Die genannten Faktoren sind in der Musik derart ineinander verschränkt, daß es meist unmöglich ist, sie gesondert zu betrachten. Selbst im reinen Instrumentalsatz wirken Einflüsse des Sprachlichen mit, und selbst nur von mathematischem Ordnungswillen bestimmte Rhythmen werden – zumindest bei der Rezeption – zum organischen Rhythmus des Pulsschlages in Beziehung gesetzt. Die Proportionen sind allerdings in den einzelnen Stilepochen unterschiedlich, und die jeweilige Lösung des Problems ist für den Stil eines Komponisten sehr charakteristisch.

Zunächst einige Erläuterungen zur Bezogenheit der Musik auf den menschlichen *Pulsschlag.*

In jeder Musik spüren wir – vor allem bei lang ausgehaltenen Tönen – ein gewisses Pulsieren, das meist im Notenbild gar nicht in Erscheinung tritt. Dieser latente, immer vorhandene und gewissermaßen unterschwellige Pulsschlag wird dabei in mancher Musik – z.B. in der Tanzmusik (vor allem beim Beat) und in der Marschmusik – ganz deutlich in den Begleitstimmen hervorgehoben und verstärkt, in anderer Musik wiederum aber weitgehend unterdrückt, sehr häufig jedoch auch in irgendeiner Form stilisiert. Je stärker nun diese unterschwellige Rhythmik hervorgehoben und unterstützt wird, desto größer ist die Einwirkung auf das menschliche Nervensystem. Der musikalische Puls ist zwar nicht identisch mit dem menschlichen Pulsschlag – es fallen meist zwei bis drei Pulsschläge der Musik auf einen des Menschen –, aber der menschliche Organismus stellt sich unwillkürlich auf das Tempo der Musik ein, und je höher die musikalische Bildung eines Menschen ist, um so mehr wird dies auch bei Musik mit mehr oder weniger stilisierten unterschwelligen Rhythmusverläufen der Fall sein.

Besonders stark ist die Einwirkung beim Beschleunigen des Tempos (z. B. in den Strettas vieler Opernszenen, in den Finalis italienischer Ouvertüren, auch bei der Tempozunahme in den einzelnen Strophen slawischer Volkslieder). Starke Erregung wird weiterhin bei häufigem Tempowechsel (wie vor allem in ungarischen Tänzen und Tanzliedern) erreicht. Verlangsamen des Tempos wirkt hingegen nicht so erregend.

Vielfach ist versucht worden, den immanenten musikalischen Pulsschlag auch rational zu erfassen. Eine der Methoden ist z. B. das Mittaktieren der pulsierenden Schläge. Gustav Becking erläutert dies ausführlich in seiner Arbeit (Becking, 1928). Als Ergebnis seiner Untersuchungen bringt er sehr treffende Beschreibungen von Stileigentümlichkeiten einiger Komponisten. Er ging bei seinen Untersuchungen des unterströmigen Rhythmusablaufs so vor, daß er neben dem am Beginn der Takte stehenden Abwärtsschlag auch den Verlauf der nachfolgenden Aufwärtsbewegung betrachtet. Er zeigt, wie man bei den verschiedenen Komponisten die typischen Schlagfiguren ganz persönlich modifizieren muß, und zwar sowohl hinsichtlich Schlagrichtung (gerade abwärts oder mehr schräg; vom Körper weg oder zum Körper hin) als auch Schlaggeschwindigkeit, Schlaghöhe, Schlaggröße, Nachdruck usw.

Eine andere Methode besteht darin, diesen Pulsschlag durch verschiedene Anschlagsnuancen beim Klavierspielen zu erfassen. Drei unterschiedliche Typen des Pulsierens lassen sich dabei erkennen:
– der leichte, präzise Anschlag bei deutlicher Abstufung der verschiedenen metrischen Schwevereverhältnisse

Klangbeispiel Wolfgang Amadeus Mozart: 1. Satz der Sonate C-Dur für Klavier, KV 545
- das Hineinpressen in die Tasten; der Ton scheint nicht sofort zu kommen, und alle Töne haben die gleiche Schwere
innerhalb des Taktes
Klangbeispiel Ludwig van Beethoven: langsamer Satz der
Sonate c-Moll für Klavier, op. 13, »Pathétique«
- der gleichmäßige, präzise Schlag, ohne Abstufung der Takt-
schwerpunkte
Klangbeispiel Johann Sebastian Bach: Fuge c-Moll aus dem
Wohltemperierten Klavier I.

Durch derartige Analysen sollen vor allem Fehlinterpretatio-
nen vermieden werden, die auf einer falschen Wiedergabe
dieses sogenannten unterschwelligen Rhythmus beruhen, und
die dadurch dann oft auch zu einer unrichtigen Beurteilung
der Komposition führen. Man brauchte nur einmal zu versuchen, die typischen Anschlagsnuancierungen in den erwähnten Beispielen (Mozart, Beethoven, Bach) zu vertauschen, sofort würde man merken, wie entstellt die Musik dadurch klingt.
Auch der *Rhythmus der Atembewegung* ist für die musikalische Gestaltung von Bedeutung; und es gibt Völker, in deren
Musik die auf den Atem bezogene Rhythmik sogar strukturbil-
dend ist. Die Mongolen unterscheiden z. B. in ihrer Musik Lieder mit »langem Atem« und Lieder mit »kurzem Atem«. In einigen ihrer Lieder wird die Anzahl der Takte eines Motivs vom
Sänger selbst nach dem Atemvorrat bestimmt; oder es wird
die Länge des Atems mit der Länge der Melodieabschnitte in
Beziehung gesetzt und ganz bewußt gestaltet. Aber auch in
unserer Musik wird – besonders in der Kunstmusik seit Beethoven – die verschiedene Länge der Motive bewußt als kom-
positorisches Mittel eingesetzt. Typisch ist z. B. die Gestaltung
des Finales der 9. Sinfonie von Schostakowitsch, in dem verschiedene Motive des Hauptthemas bei wiederholtem Auftreten immer kürzer werden. Wollte man hier versuchen, entsprechend der Länge der motivischen Abschnitte zu atmen, so
wird man die mit der ständig zunehmenden Verkürzung der
Atemabschnitte einhergehende Erregung deutlich spüren können.

Neben der Stilisierung von sogenannter organischer Rhythmik, d. h. das Inbeziehungsetzen von Atem und Puls zu Formablauf und dem Pulsieren der Musik, die meist unbewußt erfolgt, gibt es auch das bewußte Anwenden von rhythmischen Figuren zum Zwecke der *Tonmalerei* und als *Symbol*.

So werden z. B. die Rhythmusfiguren einer Reihe von Tänzen gern als Symbol einer bestimmten Zeitepoche gebraucht (vgl. S. 240); und Rhythmen von Volkstänzen stehen oft als Symbol eines bestimmten Landes (vgl. Kapitel Regionalstil).

Die Mehrstimmigkeit des rhythmischen Geschehens führte in der europäischen Musik zu folgenden Grundstrukturen:

- Homophonie: zu einer Hauptstimme kommen zwei bis drei Gegenstimmen, welche die Akzente der Melodie verstärken oder auch Gegenakzente zu ihr bringen können.
- Polyphonie: sie tritt auf als kanonische bzw. imitierende rhythmische Mehrstimmigkeit, als antiphones Spiel mit ständigem Wechsel zwischen Haupt- und Nebenstimmen; es können aber auch mehrere selbständige sich gegenseitig antreibende Stimmen vorhanden sein.
- Isorhythmik: alle Stimmen laufen rhythmisch fast gleich (unisono), und nur gelegentlich treten in einzelnen Stimmen Veränderungen als Umspielungen auf.

Eine Sonderform dieser Isorhythmik ist die – nur im Altertum bzw. heute noch außerhalb Europas anzutreffende – Heterophonie; hier spielen alle Instrumente eines Ensembles gleichzeitig die gleiche Melodie, jedoch jedes in einer eigenen rhythmisch-melodischen Variante.

Die stilbildende Wirkung der Rhythmik kommt zum Ausdruck
- in der jeweiligen Proportion von organischer Rhythmik (unbewußte Bewegungen von Atmung und Kreislauf sowie bewußte Bewegungen der Gliedmaßen in bezug auf den Pulsschlag der Musik); durch auf die Musik übertragenen Sprachrhythmus und geistige Ordnungsprinzipien
- in der bewußten und unbewußten Stilisierung des sogenannten unterschwelligen, durchlaufenden musikalischen Pulsschlages
- in der bewußten Verwendung bestimmter Rhythmusfiguren als Symbole oder als Tonmalerei.

Musikalische Form

Die musikalische Formenlehre ist das Kernstück jeder Kompositionslehre. Auch für den Interpreten ist die Formenanalyse eines der wesentlichsten Hilfsmittel für eine stilgerechte Interpretation. In beiden Fällen werden aber musikalische Grundkenntnisse vorausgesetzt (Kenntnisse der Notenlehre, der Musiklehre, der Musiktheorie), über die der Musikfreund nicht unbedingt verfügt. So kann dieses Thema hier nicht in der Ausführlichkeit behandelt werden, wie es die Wichtigkeit eigentlich erfordert. Nur auf einen Aspekt des großen Gebietes der Formenkunde kann an dieser Stelle ausführlicher hingewiesen werden: die Beziehungen der einzelnen Formteile zueinander.

In der sogenannten Hörform entspricht innerhalb eines größeren einsätzigen Musikstückes ein Teil etwa der Dauer von 30 bis 90 Sekunden. Die einzelnen Teile können in sich geschlossen und abgerundet sein — dann spricht man in den meisten Fällen von einem Thema —, sie können aber auch sogenannte Entwicklungs-Formteile sein.

Unproblematisch — d. h. leicht zu verstehen —, oft aber auch ein bißchen simpel und uninteressant ist die Aneinanderreihung von nur geschlossenen Formteilen. Zu viele Entwicklungsteile aneinandergereiht lassen wiederum dem unvorgebildeten Hörer oft nicht mehr den Zusammenhang erkennen, werden für ihn schwer verständlich; er kann kein Motiv behalten — ein eigentliches, abgerundetes Thema kommt nicht vor. Wenn es ein ihm vertrauter Stil ist, schwimmt er dann oft träumend in den Klangwogen, sonst aber wendet er sich uninteressiert ab.

Der geschickte Wechsel hingegen von geschlossenen Formteilen und Entwicklungsteilen bereitet in den meisten Fällen hohen ästhetischen Genuß. Versuchen wir, dies an einem Klangbeispiel zu erleben: an der Ouvertüre zur Oper »Wilhelm Tell« von Gioacchino Rossini.

Diese Ouvertüre enthält acht Teile:
Die Introduktion (1)
ein zweigliedriges lyrisches Thema (2)

einen Komplex von drei Entwicklungsteilen

Steigerung (3)

Ausbruch (4)

Rückführung (5)

eine größere lyrische Episode (6)

ein straffes, kämpferisches Thema (7), das dann unmittelbar in den letzten Teil, die Stretta-Coda (8) übergeht.

Geschlossene Teile (Themen) und Entwicklungsteile wechseln sich ab, aber keines der Themen kehrt wieder, keines wird im weiteren Verlauf verarbeitet oder aufgegriffen; trotzdem ergibt die Ouvertüre einen sehr abgerundeten, befriedigenden Gesamteindruck.

Im folgenden nun einige Erläuterungen zu den verschiedenen Formteilen der Musik.

Das *Thema* hat meist eine geschlossene Form, die durch die Korrespondenz der Motive oder durch bestimmte Tanzrhythmen erreicht wird. Das sogenannte *offene* Thema wird nicht zu Ende geführt, sondern im letzten seiner Abschnitte tritt eine Aufbröselung, eine Auflösung ein. Oft wird auch der Schlußakkord nur hinausgezögert bzw. gar nicht gebracht, oder er ist gleichzeitig der Anfangsakkord des folgenden Teiles. Beethoven z. B. liebte es, schon in den letzen Takten des Themas mit der Verarbeitung der Motive zu beginnen das Thema in einzelne Teilmotive aufzuspalten und dramatisch zu steigern.

Neben dem Thema mit einer geschlossenen, metrisch und meist auch harmonisch klar gegliederten Binnenstruktur gibt es Formteile, die gewissermaßen »offen« sind; Formteile, in denen sich eine Entwicklung vollzieht, sogenannte energetische Formstrukturen.

Diese sind:

- die *Steigerung*, die durch zunehmende Intensität der Rhythmik, der Akzentdichte, der Dynamik, des Tonumfanges der Melodie, der harmonischen Dichte (d. h. der Häufigkeit des Akkordwechsels), durch Verkürzung der Motive und immer dichtere Aneinanderreihung der Teilmotive gekennzeichnet ist.

- die *Zurücknahme*, die eine abnehmende Intensität der Rhythmik, der Akzentdichte, der Dynamik zeigt, auch abnehmende harmonische Dichte sowie Verlängerungen der Motive und Trennung der aufeinanderfolgenden Motive durch immer größer werdende Zwischenpausen.

- der *Ausbruch*, der mit plötzlich zunehmender Intensität aller musikalischen Parameter erscheint, einer Steigerung zu einem Höhepunkt hin folgt sofort wieder ein Abbau der Spannung. Das Ganze geschieht innerhalb eines relativ kurzen Zeitraums, so daß sich Verdichtung und Abspannung nicht als selbständige Formteile herausbilden können.
- die *lyrische Episode*, in der Anfang und Schluß oft miteinander korrespondieren und manchmal auch ähnlich fest gegliedert wie ein Thema erscheinen; zwischen diesen fest gefügten Eckpfeilern stehen Anätze kleinerer Entwicklungsverläufe.
- die *Hinführung*, die oft als Schlußglied einer Überleitung erscheint, aber manchmal auch als selbständige Introduktion. Dies geschieht meist durch den Aufbau einer rhythmischen Spannung, die sich im folgenden Thema entladen kann, oder durch zwei gegensätzliche Motive, die − im ständigen Wechsel − bei jeder Wiederholung verkürzt werden. In harmonischer Hinsicht ist das Einmünden auf den Orgelpunkt des Dominantseptakkordes charakteristisch. Oft erscheinen über dieser Klangfläche dann schon Motive und Figuren des folgenden Themas.

Die *Coda* kann erscheinen
- als Abrundung oder rückschauender Epilog
- als beruhigendes abebbendes Auslaufen
- als pathetisch-hymnische Steigerung
- als dramatisch zugespitzte Stretta.

Diese besteht aus einer Aneinanderreihung und Wiederholung von mehreren Satzgliedern, die in harmonischer Hinsicht kadenzierende Verläufe sind, welche in immer kürzeren Abständen − nach oft überraschenden harmonischen Ausweichungen − zur Tonika zurückkehren.

Formtypen

Im Laufe der tausendjährigen europäischen Musikentwicklung haben sich bestimmte Formtypen herausgebildet. Einige davon sind so lose und locker gefügt und dabei so wenig ausgeprägt, daß der Komponist eigentlich alles damit ausdrücken kann. Andere Formtypen sind wiederum so streng, daß dem Komponisten weniger Spielraum bleibt, seine eigenen Vorstellungen in ihnen zum Ausdruck zu bringen.

Zu diesen Formtypen gehört z. B. die *Fuge*. Bei ihr bleibt nur im harmonischen Bereich die Möglichkeit der individuellen Formung, und stilistische Unterschiede sind nur durch die jeweils zeitbedingte Klanglichkeit möglich. Man vergleiche z. B. die Fuge Nr. 1 aus dem Wohltemperierten Klavier I von J. S. Bach mit der Schlußfuge aus den »Mozart-Variationen« von Max Reger und der dritten Fuge aus dem »Ludus tonalis« von Paul Hindemith. Der Formaufbau ist der gleiche, nur in der den drei Fugen zugrunde liegenden Harmonik finden sich stilistische Unterschiede.

Die Form des *Rondos* ist oft eine Reihung von geschlossenen Themen; nur in relativ wenigen Fällen gibt es Entwicklungsteile darin (so z. B. im letzten Satz der Sinfonie Es-Dur, KV 543 von W. A. Mozart und im Schlußsatz der 9. Sinfonie von Dmitri Schostakowitsch, in beiden Fällen ist das Rondothema dramatisch entwickelt und verarbeitet worden).

Die *Variationsform* schließlich läßt schon durch die Wahl des Themas dem Komponisten die größte Freiheit in der stilistischen Aussage.

Zwei Formen haben in der europäischen Musik grundlegende Bedeutung: die Messe und die Sonatenhauptsatzform.

Die *Messe* ist die älteste europäische Musikform. Tausende von Vertonungen des gleichen Textes haben zu stilistisch so unterschiedlichen Aussagen geführt, daß an der Ausformung — vor allem der ersten drei Teile (Kyrie, Gloria und Credo) — eigentlich schon eine ganze Stilkunde europäischer Vokalmusik abgehandelt werden könnte.

Der Text des Gloria-Teiles ist im Anhang, S. 271 abgedruckt. Der Hörer vergleiche an Hand dieses Textes einmal die folgenden Messen miteinander:

Anton Bruckner:	Messe in f-Moll
Heinrich Isaak:	Missa carminum
Giovanni Pierluigi Palestrina:	Missa brevis
Franz Schubert:	Messe in As
Ludwig van Beethoven:	Missa solemnis
Johannes Weyrauch:	Messe in C
Igor Strawinsky:	Messe

Welch eine Fülle von Möglichkeiten in der Vertonung des doch immer gleichen Prosatextes!

Nicht minder ergiebig ist der Stilvergleich der vielfältigen Ausformungen des Grundschemas der *Sonatenhauptsatzform* (vgl. die Übersicht im Anhang, S. 243).

Klangbeispiele

Johann Sebastian Bach: 2. Satz der Triosonate c-Moll aus dem »Musikalischen Opfer«

Wolfgang Amadeus Mozart: 1. Satz des Klaviertrios B-Dur, KV 502

Muzio Clementi: 1. Satz der Sonatine für Klavier C-Dur, op. 36 Nr. 1

Ludwig van Beethoven: 1. Satz der 8. Sinfonie F-Dur, op. 93

Johannes Brahms: 1. Satz des Klaviertrios H-Dur, op. 8
1. Satz des Klavierquartetts c-Moll, op. 60

Anton Bruckner: 1. Satz der 4. Sinfonie Es-Dur

Franz Schubert: 1. Satz der Sonatine für Violine und Klavier D-Dur

Béla Bartók: 1. Satz der Sonate für 2 Klaviere und Schlagzeug

Bachs Triosonatensatz zeigt – seiner Zeit weit vorauseilend – eine bereits völlig ausgeprägte Sonatenhauptsatzform; alle Teile haben hier übrigens das gleiche Thema, nur die harmonische und rhythmisch-polyphone Verarbeitung des Themas ist jeweils (analog dem im Schema skizzierten Charakter der einzelnen Teile) anders.

Auch Mozart bringt in Exposition und Reprise in jedem Teil das gleiche Thema; anstelle der Durchführung bringt er allerdings – wie in vielen anderen seiner Sonaten – einen Komplex neuer (relativ in sich geschlossener) Themen.

Clementis Sonatine (eine kleine Sonate) fehlt in der Exposition und in der Reprise jeweils der 2. und 4. Teil: die Durchführung besteht nur aus einer kleineren Hinführung.

Bruckners Sinfonie hat demgegenüber eine sehr ausgedehnte Exposition, vor allem ist die Lyrische Episode außerordentlich erweitert — fast möchte man sagen, sie ist selbst schon ein Komplex von Lyrischen Episoden und eingeschalteten Entwicklungsteilen.

Wunderbar ausgeglichen und übersichtlich im Formaufbau sind Beethovens Sinfoniesatz und der Kopfsatz des Brahmsschen Trios.

Der Brahmssche Quartettsatz bringt im Entwicklungsteil der Exposition das Musterbeispiel einer Zurücknahme.

In Schuberts Sonate sind in Exposition und Reprise — wie häufig in seinen Sonatenhauptsatzformen — zwei Lyrische Episoden nacheinander gebracht; die erste Episode enthält die Motive des Hauptthemas, die zweite bringt ein neues Thema.

Bartók baute schließlich seine Sonate (mit Introduktion-Hinführung) ohne harmonisch-tonale Spannungen, nur mit rhythmischen Kontrasten und Entwicklungen.

Melodik

In allen Aussagen über den Stil in der Musik nimmt die Besprechung der Melodik einen sehr breiten Raum ein. Eine Reihe von Begriffen, die dabei immer wieder auftauchen, muß daher erklärt werden, indem auf die Problematik der Gegenüberstellung von Vokal- und Instrumentalmelodik eingegangen und der Einfluß von Harmonik und Rhythmik auf das Melodische aufgezeigt wird; schließlich sollen noch Fragen der Tonalität, die auf dem Tonvorrat der unterschiedlichen Tonleitern beruht, erläutert werden.

Der stilistische Unterschied zwischen vokaler und instrumentaler Melodik wird häufig überbewertet. Auch wird er gern mit der stilistischen Wende vom 16. zum 17. Jahrhundert in

Verbindung gebracht; da die Renaissancemusik vorwiegend noch vokaler Natur war, hingegen die Musik der folgenden Epoche stark vom Instrumentalen geprägt wurde, setzte man quasi Renaissancestil mit Vokalstil und den sogenannten Barockstil mit Instrumentalstil gleich. Es wurde jedoch außer acht gelassen, daß instrumentale und vokale Melodik aller Epochen sich meist völlig durchdringen, daß also auch die Vokalmusik der Renaissance durchaus im instrumentalen Bereich ihre Entsprechungen und Ähnlichkeiten besaß, genauso wie in der folgenden Epoche sich instrumentale und vokale Elemente durchdringen, sich einander angleichen. Ein allgemeiner gesellschaftlicher Wandel, der zu einem Stilumbruch in allen Bereichen der Kunst führt, kann jedoch nicht Kriterium für eine grundsätzlich unterschiedliche stilistische Aussage sein.

Vielleicht könnte man sagen, daß vokale Musik im allgemeinen etwas leichter, eingängiger, weniger kompliziert sei. – Aber das müßte dann auch für die Melodik von Instrumentalmusikstücken, die für die Ausführung von Laien gedacht sind, zutreffen; und gute Sänger sind stets in der Lage gewesen, auch komplizierte Melodien – Melodien, die in ihrer Schwierigkeit in nichts den instrumentalen Melodien der gleichen Epoche nachstehen – auszuführen (man denke z. B. an Ella Fitzgeralds Interpretation von »Lady Be Good to Me« oder an das Sopransolo zu Beginn des Oratoriums »Dies Irae« von Krzysztof Penderecki).

Eine Angleichung beider Melodietypen ist auch dadurch gegeben, daß vielen instrumentalen Melodien bewußt oder auch unbewußt vokale Melodien zugrunde liegen – der Komponist wächst ja in den meisten Fällen mit gesungener Musik auf, und diese Traditionslinie wird er nie verleugnen können.

Vokalmelodik

Die Vokalmelodik erscheint
– als Sprechgesang; der Text wird entweder im musikalischen Rhythmus, aber ohne melodisch fixierte Tonhöhe gesprochen, oder er wird mit angedeuteter Tonhöhe halb gespro-

chen, halb gesungen, d. h. der Komponist gibt nur die ungefähre Tonhöhe in den Noten an.

Klangbeispiel Paul Dessau: Melodram »Lilo Herrmann«
- als Rezitativ; der Text folgt dem Rhythmus der Sprache, die Tonhöhe wird jedoch genau fixiert; manchmal treten auch Ansätze zu einer eigenen kleinen Entfaltung des Melodischen auf; das Ganze hat jedoch meist keine ausgeglichene musikalische Gesamtform.

Klangbeispiel W. A. Mozart: Rezitativ des Figaro »Alles ist richtig«, aus der Oper »Die Hochzeit des Figaro«
- als Vertonung eines Textes im Versmaß; die Musik folgt dem sogenannten »gebundenen« Rhythmus der Sprache.

Klangbeispiel Felix Mendelssohn Bartholdy: »Leise zieht durch mein Gemüt«
- als Vertonung eines Prosatextes; durch Wiederholung von Textzeilen, einzelnen Worten oder melodischen Motiven der Begleitung wird ein solcher Text oft musikalisch überformt.

Klangbeispiel Richard Strauss: »Mir ist die Ehre widerfahren ...« aus der Oper »Der Rosenkavalier«
- als musikalische Überformung; der Text wird durch sehr umfangreiche Wort- und Textzeilen-Wiederholungen sowie durch Melismatik (auf eine Textsilbe kommt nicht nur ein Ton, sondern eine Vielzahl von Tönen) ausgeweitet und musikalisch neu geformt.

Klangbeispiel Johann Sebastian Bach: »Großer Herr und starker König« aus der 1. Kantate des Weihnachtsoratoriums
- als Vokalise und Scat; der Text ist nur noch Ausgangspunkt für das Musizieren; die Melismen überwiegen, die Musik zieht den Text beinahe als Nebensache hinter sich her.

Klangbeispiel Scatgesang in Ella Fitzgeralds Interpretation von »Lady Be Good to Me«

Der Begriff *Melismatik* wird im Laufe der Arbeit öfter auftreten — es handelt sich dabei um eine Textaufteilung, bei der auf jede Silbe viele, meist eng benachbarte Töne kommen.

Der Gegensatz dazu ist die *Syllabik*, bei der jede Textsilbe einen Ton bekommt. Nicht ganz so gebräuchlich ist der Begriff *Neumatik*, er bezeichnet eine Sonderform der Melismatik, die jeder Textsilbe einen, zwei, drei oder auch vier Töne gibt.

Instrumentalmelodik

Bestimmte melodische Spielfiguren, die der Eigenart des jeweiligen Instruments entsprechen, haben in dessen Entwicklung durchaus einmal eine Rolle gespielt. Die Angleichung der Instrumente innerhalb eines Kulturkreises und die Möglichkeit, jede Melodie, die zunächst für ein bestimmtes Instrument gedacht war, auf ein anderes zu übertragen, hat zu einer Vermischung geführt, die heute kaum noch den stilistischen Unterschied zwischen den einzelnen Instrumenten zu erkennen ermöglicht. Allenfalls könnte man davon sprechen, daß alle Instrumente einer Epoche oder eines Kulturkreises sich klanglich jeweils einem Hauptinstrument angleichen bzw. unterordnen. Das ist in unserer europäischen Musik seit etwa zweihundert Jahren das Klavier mit seiner vor allem vom harmonischen Zusammenklang geprägten Melodik. Bestimmte symbolische Assoziationen mit dem Stil der Musikinstrumente haben sich allerdings herausgebildet, und eines der bekanntesten Beispiele ist dafür wohl Prokofjews musikalisches Märchen »Peter und der Wolf«, in welchem die Flöte mit Vogelgezwitscher, die elegische Oboe mit dem Quaken der Ente, der schimpfende Großvater mit dem Fagott und die geschmeidige Katze mit dem Sammetpfotenklang der tiefen Klarinette verbunden wird.

Eine sehr schöne Zusammenfassung charakteristischer Spielfiguren der gebräuchlichsten Instrumente unserer Zeit findet man in Benjamin Brittens Variationen über ein Thema von H. Purcell (»The Young Person's Guide to the Orchestra«).

Der Einfluß anderer musikalischer Parameter auf die Melodik

Die *Tonhöhenbewegung* wird oft als das entscheidendste Kriterium der Melodik angesehen. Man unterscheidet dann steigende, fallende oder pendelnde Melodiebewegung, man betrachtet den Ambitus (d. h. den Umfang, den eine Melodie zwischen höchstem und tiefstem Ton erreicht) und bewertet den sogenannten Sekundgang (das ist das allmähliche Ansteigen oder Absteigen der melodischen Spitzentöne, betonte, länger ausgehaltene oder anderweit hervorgehobene Töne und die jeweils höchsten oder tiefsten Töne eines Motivs).

Diese »rein melodischen« Aspekte werden jedoch in unserer Musik durch Einflüsse anderer musikalischer Parameter überlagert.

An erster Stelle wäre hier der *Einfluß der Harmonik* zu nennen. Er kann so stark sein, daß die Melodie über viele Takte hinweg in einer Tonhöhe weiterläuft, z. B. im Thema des langsamen Satzes der 7. Sinfonie von L. v. Beethoven oder in der Mazurka op. 39 h-Moll von Fryderyk Chopin, wo ein Motiv von nur vier Tönen 16mal unverändert hintereinander erscheint. Die Kraft der Akkorde ist dabei so stark, daß dem Hörer die fehlende Tonhöhenbewegung zunächst gar nicht zum Bewußtsein kommt.

Aber auch wenn die Tonhöhenbewegung sehr gut gestaltet ist, kann die Harmonik sehr zwingend auf die Melodik einwirken und die Weiterführung eines Motives stark beeinflussen.

Die meisten Melodien der Tanz- und Unterhaltungsmusik und viele Melodien der sogenannten ernsten Musik des 19. Jahrhunderts wirken vor allem wegen der ihnen zugrundeliegenden – oft aus anderen Werken her bekannten – Akkordfolgen für die Hörer so ungemein vertraut.

Hierauf beruht auch das Prinzip der Jazzimprovisation (vor allem im Dixieland, Swing und Cool-Jazz). Improvisiert wird nämlich nicht über das melodische Thema, sondern über die Akkordfolge, auf der dieses Thema basiert; wiedererkannt wird vom Hörer demnach auch kaum die variierte Melodie, sondern – unbewußt – diese latent das Thema mitgestaltende Harmonik.

Einige Komponisten schrieben Melodien, deren latente Harmonik eine etwas kompliziertere Struktur aufweist: J. S. Bach z. B. über Akkordfolgen, die Tänzen und Chorälen des 16. und 17. Jahrhunderts zugrunde lagen und vielen Hörern unserer Zeit daher nicht mehr so vertraut sind, Max Reger über Akkordfolgen von großer harmonischer Ausschlagweite und großer harmonischer Dichte (vgl. z. B. das Thema der Schlußfuge aus den »Mozart-Variationen«).

Von ganz anderer Art ist die Beeinflussung der Tonhöhenbewegung in der Melodie des Hauptthemas aus dem ersten Satz der 9. Sinfonie von Dmitri Schostakowitsch. Hier zieht die *rhythmische Bewegung* alle Aufmerksamkeit auf sich. Man könnte den Versuch machen, auf den gleichen Rhythmus beliebige andere Tonfolgen zu singen — überrascht würde man bemerken, daß der Ausdruck dieser neuen Melodien nicht im geringsten anders wäre.

Die *motivische Gliederung einer melodischen Linie* und das *Prinzip der motivischen Arbeit* beeinflussen ebenfalls in starkem Maße die reine Tonhöhenbewegung.

Oft sind für das Entstehen einer Melodie die Beziehungen der einzelnen Motive zueinander von entscheidender Bedeutung. Die nacheinander in einer Melodie folgenden Motive können dabei in folgendem Verhältnis zueinander stehen:

Wiederholung
Variation
Korrespondenz
Evolution
Intensivierung
Reduktion
Kontrast.

Man versuche einmal, sich vorzustellen, man säße in einem dunklen Kinosaal, und auf der Leinwand erscheinen farbige Figuren:

ein rotes Dreieck
Dunkelheit
ein grüner Kreis
Dunkelheit
Wiederholung des roten Dreiecks
ein gelbes Viereck.

Irgendwie würde man psychisch auf eine solche Folge optischer Eindrücke reagieren. Wenn z. B. die Abstände der Signale immer kürzer werden oder auch das rote Ausgangsdreieck bei jedem weiteren Auftreten in seiner Form ein ganz klein wenig verändert würde, dann entstände aus der optischen Korrespondenz jetzt eine optische Variation.

Es gibt unzählige Möglichkeiten einer derartigen optischen Formung, ebensoviele Möglichkeiten gibt es auch im akustischen Bereich, in der Musik. Eine Vielzahl von Melodien bezieht ihren Reiz gerade aus diesem Spiel mit den akustischen Signalen der musikalischen Motive. In der deutschen Musik ist die Korrespondenz der Motive ein sehr häufiges Gestaltungsmittel. In der Kunstmusik (vor allem bei Beethoven) ist die Melodik oft so aufgebaut, daß die Motive zuerst miteinander korrespondieren, diese Korrespondenz dann aber nicht durchgehalten wird, sondern im weiteren Verlauf die Motive gewissermaßen auseinandergerissen, gesteigert und intensiviert werden.

In der amerikanischen Musik (z. B. bei Cole Porter »Begin the Beguine« oder auch Leonard Bernstein »I Love to Be in America« aus »West Side Story«) wird hingegen gern ein einziges Motiv für die gesamte Melodie genommen und dann ständig in Abwandlungen und Veränderungen wiederholt.

Auch die *motivische Arbeit* spielt bei der Ausformung der Melodie eine wichtige Rolle; sie kann in verschiedenen Arten erfolgen.

Am gebräuchlichsten ist wohl die bewußte ständige Veränderung des Ausgangsmotivs wie auch die Zerstückelung dieses Motives in einzelne Teilmotive bzw. die Abspaltung von einzelnen Teilmotiven aus dem Hauptmotiv.

Im vorigen Jahrhundert wurde durch Richard Wagner die sogenannte *Leitmotivtechnik* eingeführt. Hier wird ein Motiv oft in unveränderter Form im Verlauf eines Musikstückes gewissermaßen zitiert, um beim Hörer Assoziationen an den Gedankenkomplex beim ersten Auftreten eines solchen Leitmotivs zu erwecken.

Aus der orientalischen Musik kommt schließlich die seit Beginn unseres Jahrhunderts auch in der europäischen Musik genutzte Technik der *Modell-Verarbeitung*; hier liegt nicht ein Motiv als Ausgang vor, sondern eine Tonfolge, die noch nicht rhythmisiert und auch noch nicht harmonisiert ist, sondern bei ihrem jeweiligen weiteren Auftauchen im Verlauf der Komposition dann stets neu erst zu einem eigentlichen Motiv ausgeformt wird.

Tonleitern als Melodiematerial

Ganz allgemein unterscheidet man bei uns fünfstufige, sogenannte pentatonische Tonleitern, siebenstufige, diatonische Tonleitern und chromatische Tonleitern.

Die *pentatonischen Tonleitern* sind eigentlich nur Ausschnitte (mit 5 Tönen in der Oktave, daher der Name) aus einer einzigen großen Materialleiter; diese bildet vor allem in Asien und Afrika das melodische Ausgangsmaterial (vgl. NB 4 b).

Im Klangcharakter ähnlich ist die Bluestonleiter (NB 4 c).

Zu den *diatonischen Skalen* gehören einerseits die Dur- und Molltonleitern mit ihren Abarten: Zigeuner-Dur und Zigeuner-Moll, melodisch und harmonisch Dur sowie melodisch und harmonisch Moll, wie andererseits auch die modalen Skalen: dorisch, phrygisch, lydisch und mixolydisch und die ihnen verwandte Góralentonleiter.

Im diatonischen Dur-Moll-tonalen System unterscheiden wir zwei Tongeschlechter:

Dur (mit einer großen Terz zum Grundton auf der 3. Tonleiterstufe)

Moll (mit einer kleinen Terz zum Grundton auf der 3. Tonleiterstufe).

Alle Abarten dieser beiden Grundskalen entstehen unter dem Einfluß der (im vorigen Abschnitt besprochenen) latenten Harmonik – als melodische Bewegung über besonderen Akkordfolgen.

Auch die modalen Skalen – die mollähnlichen dorisch und phrygisch, wie auch die durähnlichen lydisch und mixolydisch – sind oft als melodische Ausformung typischer latenter Kadenzen aufzufassen.

Ursprünglich bildeten diese Skalen allerdings lediglich das Tonmaterial harmonisch völlig indeterminierter Melodie-Modelle.

Unter *chromatischen Tonleitern* sind Skalen zu verstehen, die nur in temperierter Stimmung spielbar sind und nicht bzw. nur in beschränktem Umfang innerhalb der temperierten Stimmung transponierbar sind.

Neben der chromatischen Tonleiter (deren Transposition immer wieder die gleichen Töne ergäbe) gehört als bekannteste Skala hierher die Ganztonleiter (die sich nur ein einziges Mal – nämlich um einen Halbton verschoben – transponieren läßt).

So unterschiedlich diese verschiedenen Tonleitern auf dem Notenbild auch aussehen mögen, für den europäischen Hörer verwischen sich diese Unterschiede vollständig; die kulturelle Tradition unserer Musikentwicklung hat bewirkt, daß wir in jeder heutigen Tonfolge die im vorigen Abschnitt erwähnte latente Harmonik unbewußt suchen und auch finden, so daß wir also alle Tonfolgen harmonisch zurechthören. Als Besonderheit z. B. der mixolydischen Tonleiter hören wir nicht die charakteristische kleine Septime als melodische Wendung, sondern wir empfinden den eigenartigen Harmoniewechsel d-Moll/G-Dur als das Wesentliche, und diesem Harmoniewechsel ordnet sich in unserer Hörauffassung das melodische Geschehen völlig unter. Selbst in eine pentatonische Tonfolge hören wir latente Dur- oder Molldreiklänge hinein.

Den Beginn der Ouvertüre zur Oper »Die lustigen Weiber von Windsor« von Otto Nicolai und den Beginn des Promenadenthemas aus »Bilder einer Ausstellung« von Modest Mussorgski empfinden wir nicht als Pentatonik, sondern als ganz eindeutige Durmelodik und die den beiden Themen zugrunde liegende pentatonische Tonleiter als eine Durtonleiter, in der zufällig einige Töne fehlen.

Der historische Aspekt der Stilbetrachtung

Grundlagen der historischen Betrachtungsweise

Stilmerkmale, die die historisch richtige Einordnung eines Musikwerkes ermöglichen, haben ihre Grundlage immer in den Produktionsverhältnissen der jeweiligen Zeitepoche. Die Arbeitstechnik einer Zeit spiegelt sich unter anderem im Bau der Musikinstrumente wider:

- primitivste Einzelanfertigung nach eigenem Bedürfnis
- kunstvolle Einzelanfertigung nach allgemein gültigen Normen
- serienmäßige Herstellung in Handarbeit
- fabrikmäßige Herstellung
- Massenherstellung in Großbetrieben.

Von der Technik des Instrumentenbaus hängen ganz wesentlich Klangvorstellung, Klangkultur und klangliche Realisierung ab; sie ermöglicht und erleichtert die Ausführung bestimmter Tonfolgen, bestimmter Formen des Zusammenspiels usw.

Die Genauigkeit, mit der nicht nur die Tonhöhen, sondern vor allem auch die Tondauern fixiert werden können, ist ebenfalls von der Zivilisationsstufe abhängig:

- Rhythmik des Sprechens und der Körperbewegungen
- Unterscheidung von »kurz« und »lang«
- Unterscheidung von »kurz«, »sehr kurz«, »lang« und »sehr lang«
- Inbeziehungsetzen von einfachsten Rhythmuswerten zu mathematischen Einheiten sowie zu Pulsschlag und Atembewegung
- immer differenziertere Abstufungen und Fixierungen des Rhythmusverlaufs.

Vom Verhältnis zwischen musikalischer Improvisation und der Möglichkeit einer genauen Fixierung des Vorgestellten im Notenbild hängen dann wiederum die verschiedenen Formen des Miteinander-Musizierens ab:

- Unisono
- Heterophonie

- primitive Mehrstimmigkeit
- Bordunbegleitung
- Homophonie oder Polyphonie.

Historisch bedingte wirtschaftliche Vormachtstellungen sozialer Gruppen, Schichten oder Klassen führen meist zu einer Angleichung der bestehenden Musikpraxis an die musikästhetisch-philosophischen Theorien dieser Gruppen und dann einerseits zur Unterdrückung wie andererseits auch zur besonderen Hervorhebung bestimmter Stilmerkmale.

Die wirtschaftliche Stärke bestimmter Länder oder Städte zieht oft auch eine Blütezeit der Kunst nach sich, und in der Folge kommt es zu einer Ausstrahlung dieser Kunst mit all ihren regional-spezifischen Merkmalen auf die Nachbargebiete; regionale Stilmerkmale der Musik werden damit zu Merkmalen des Zeitstiles verallgemeinert.

Schließlich wird der Zeitstil auch durch das Schaffen großer Komponistenpersönlichkeiten geprägt.

Musik im Altertum

In einer Stilkunde der Musik müssen bei der Besprechung des historischen Aspektes natürlich auch einige Worte zur Musik des Altertums gesagt werden; doch wäre eine Überschrift wie »Stil der Musik des Altertums« mit einem Fragezeichen zu versehen. Das Altertum ist eine riesengroße Zeitspanne; es umfaßt so unterschiedliche Gesellschaftsstrukturen wie die Formationen der Urgesellschaft, der Gentilgesellschaft, der einfachen wie auch der entwickelten Sklavenhaltergesellschaft; es reicht von der Urzeit bis hin zu den Anfängen der europäischen Feudalgesellschaft.

Dabei ist uns keine lebendige Musik aus dieser Zeit bekannt. Instrumentenfunde, Höhlenzeichnungen, alte Schriften usw. können uns zwar ein ungefähres Bild über die Art der Musik dieser Epochen geben, aber eben nur ein ungefähres Bild. Durch die sogenannte vergleichende Musikwissenschaft kennen wir jedoch Klangbeispiele von Musik derjenigen Völker, die heute noch auf einer ähnlichen Stufe der gesellschaftlichen Entwicklung leben, wie sie auch unsere unmittelbaren Vorfahren durchlaufen haben mögen. Daß dabei recht unterschiedliche Musikstile gefunden wurden, und zwar bei Völkern, die eigentlich auf der gleichen Entwicklungsstufe stehen (vgl. NB 1), führte zu gewissen Theorien der Entstehung von Musik, die an anderer Stelle des Buches ausführlicher besprochen werden.

Schließlich bildeten sich in diesem mehrere Jahrtausende umfassenden Zeitraum auch bestimmte Ideen über Sinn und Zweck der Musik, d. h. über ästhetische Vorstellungen, heraus, und diese Vorstellungen leben – wenn auch in abgewandelter Form – zum Teil heute noch fort.

So ist z. B. – auf babylonischen und ägyptischen Vorstellungen aufbauend – in der griechischen Antike die ästhetische Idee des Gegensatzes von Trieb und Gesetz, von Gefühl und Verstand, von apollinischer und dionysischer Kunst, herausgearbeitet worden; und über das gesamte Mittelalter hinweg finden wir diese Idee als musikästhetische Auffassung auch noch in unserem Jahrhundert.

Auch die aus der jüdischen Religion stammende Idee der Sünde ist in europäischer Musik ein immer wieder anzutreffendes musikästhetisches Motiv; daß nämlich Sinnenfreude teuflischen Ursprunges sei, daß Wohlklang mit Sinnlichkeit in Zusammenhang gebracht wird, daß »echte« Kunst streng und schwer sein müsse, daß alles, was unterhält, den Beigeschmack des Schlechten erhält.

Keineswegs kann man diese Gedanken als ästhetische Prinzipien unserer Gegenwart betrachten, aber wir sollten sie doch als Relikte des ästhetischen Denkens aus uralter Zeit betrachten; und als solche sind sie – wollen wir ehrlich sein – bei vielen Musikern und Musikhörern zumindest im Unterbewußtsein auch heute noch vorhanden.

Die Auffassung, daß die Musik den Gott, bzw. wie wir heute es ausdrücken würden, die Ideologie eines Volkes (bzw. eines Staates, einer Nation oder einer Sippe) symbolisiert, ist schon in der Steinzeit nachweisbar, und daß nach dem Sieg über einen Feind dessen Musikinstrumente als Symbol des besiegten feindlichen Gottes im Triumphmarsch vorweggeführt werden, ist ein ebenso uralter Brauch. Wenn heute unsere Militärorchester den vor vielen Jahrhunderten erbeuteten türkischen Schellenbaum vorwegtragen, so wissen vermutlich die wenigsten, auf wie alten Vorstellungen der (aus dem musikalischen Zusammenhang gar nicht erklärbare) Klang der Schellen zur Marschmusik beruht.

Die Eroberung der feindlichen Musik und ihre Assimilierung in den eigenen Stil trug zur Angleichung verschiedener Musikkulturen bei.

Über die Problematik einer solchen musikalischen Angleichung, die letzten Endes ja auch eine ideologische Angleichung ist (der besiegte Gott wird zu einem Mit-Gott, zuweilen sogar später zum Hauptgott, so daß zumindest in ideologischer Hinsicht das Verhältnis von Sieger und Besiegtem umgekehrt wird), waren sich die Denker des Altertums durchaus im klaren; es gibt eine Reihe von Traktaten darüber.

Die letzte uns bekannte große Stilangleichung hat sich vor etwa zeitausend Jahren im römischen Reich vollzogen. Ägyptische, jüdische, griechische, etruskische und germanische Musik — Musik des Orients und des Okzidents — wurden durch die einende Kraft der neuen, fortschrittlichen Religion des Christentums zu einem — wie man sagen könnte — ersten europäischen Musikstil zusammengeführt.

Diese erste einheitliche musikalische Manifestation war der Gregorianische Gesang; und dieser erste europäische musikalische Stil, die Gregorianik, ist auch die älteste tatsächlich klanglich überlieferte Musik, mit der eine musikalische Stilkunde beginnen kann.

Die Anfänge der europäischen Musik

Der sich in der Mitte des ersten Jahrtausends unserer Zeitrechnung in Europa herausbildende Gregorianische Gesang bzw. der Gregorianische Choral ist eine einstimmige Vokalmusik, der die lateinische Sprache zugrundeliegt. Er wurde als verbindliche Kultmusik der Christen angesehen. Die Gregorianik tritt sowohl als liturgisches Rezitativ wie auch als freie Melodik auf. Gegenüber älteren Formen der christlichen Kirchenmusik ist eine stärkere Ausgewogenheit von Syllabik (je ein Ton kommt auf eine Textsilbe), Neumatik (zwei bis vier Töne kommen auf eine Silbe) und Melismatik (mit vier bis acht Tönen je Silbe) festzustellen (vgl. NB 2a); die Tonartlichkeit ist diatonisch. Die Gregorianik lebt in der katholischen Liturgie noch heute unverändert weiter.

Neben dieser geistlichen, kultischen Musik existierte gleichzeitig eine weltliche Musik. Es war dies einmal die Musik der mit dem heidnischen Brauchtum verbundenen Bauern der unterschiedlichsten Völkerschaften (Kelten, Magyaren, Slawen, Germanen) und zum anderen die der Barden und Skalden an den vormals heidnischen Fürstenhöfen.

Die außerhalb jeder Rechtsordnung stehenden fahrenden Spielleute (Joculores), die in den Schenken und Dorfkneipen zu allen Volksvergnügen aufspielten, dabei auch artistische Schaustücke darboten — auch als Boten bzw. Kuriere gebraucht wurden —, kamen weit umher, brachten aus fremden Landen neue Instrumente mit und verbreiteten somit das volkstümliche Musiziergut über ganz Europa (vgl. NB 6 d). Ihre Musik unterschied sich von derjenigen der Bauern dadurch, daß sie berufsmäßig ausgeübt wurde. Daß sich ihre Verbindung mit dem alten Brauchtum gelockert hätte, war ein Vorteil, dadurch wurde die Übertragung lokaler Traditionen in entfernteste Gegenden möglich. So vollzieht sich durch die Joculores auf dem Gebiet der Volksmusik ein ähnlicher Prozeß wie in der Musik der Geistlichkeit: eine Vereinheitlichung und Angleichung unterschiedlicher Stile der europäischen Völker.

Der Gegensatz von weltlicher und geistlicher Musik verschwindet jedoch allmählich; denn entlaufene Mönche (Vaganten) schließen sich oft den Joculores an und bringen dabei kirchliche Musikanschauungen in die Volksmusik ein. Umgekehrt wurden wiederum fahrende Spielleute zu Aufführungen in den Kirchen herangezogen, wobei sie die geistliche Musik durch Volksmusikgut, Tanzweisen, Brauchtumslieder usw. belebten. Die europäischen Bauern hatten – wie aus Bilddokumenten und auch aus literarischen Überlieferungen bekannt ist – auch Schnitter-, Säer- und Winzerlieder. Wir wissen weiterhin, daß es in dieser Zeit Hirtenlieder, Schifferlieder und sogar Handwerkerlieder gegeben haben muß; jedoch sind diese selbst nicht überliefert.

Erwähnt muß werden, daß es zur gleichen Zeit in Südosteuropa eine Blütezeit der sogenannten byzantinischen Musik gab; diese hat stärkere Bindungen zur griechischen Musik, nimmt gleichzeitig aber auch viele orientalische Einflüsse auf. Das Fehlen romanischer, germanischer und keltischer Einflüsse führte zu einer gegenüber der römischen Kirchenmusik unterschiedlichen Ausprägung der Kultmusik. Die Ausstrahlung der byzantinischen Musik auf das übrige Europa war gering, erst zu Beginn des 20. Jahrhunderts kommen Einflüsse dieser Musik über die Nationalkulturen der Balkanstaaten und der kaukasischen Völker wieder ins allgemeineuropäische Musikbewußtsein.

Europäische Musik vom 9. bis zum 13. Jahrhundert

In den Zeitabschnitt des 9. bis 13. Jahrhunderts fallen die ersten europäischen Städtegründungen, und die antiken Städte Europas erfahren eine Wiederbelebung. Nicht mehr der vom Leben auf den einsamen, weit auseinanderliegenden Gutshöfen und Klöstern geprägte Bauer oder Mönch, sondern der Handwerker ist nun Träger der Kultur. Er ist ein ausgesprochener Stadtbewohner; und innerhalb der Stadtmauer, errichtet zur Abwehr gegen die adligen Grundbesitzer, wird das Leben durch das Bürgertum bestimmt. Wie dekorativ auch die Stellung des Feudaladels im Leben der Gesellschaft noch sein mochte, das feudalistische System ging zu dieser Zeit schon seinem Niedergang zu – dies zeigte sich selbst in dem vergeblichen Bestreben, neue Gebiete in den Kreuzzügen zu erobern. Drei unterschiedliche Musiziersphären stehen sich in dieser Zeit gegenüber. Es ist einmal die schriftlich fixierte Kirchenmusik, die an den inmitten größerer Städte, an Handelsplätzen oder Bischofssitzen errichteten großen Kathedralen aufgeführt wurde. Es ist weiterhin die improvisierte Musik der Spielleute, der Bauern und nunmehr auch der Handwerker. Und es gibt schließlich auch die Musik der niederen (seltener auch der höheren) Schichten des Feudaladels, die Musik der Minnesänger, Troubadours und Trouvères.

Den verschiedenen Musiziersphären entsprechen die sich allmählich herausbildenden musikästhetischen Ansichten. Am ausgeprägtesten sind die Musikauffassungen und philosophischen Ideen der kirchlichen Kreise. Hier entsteht die Idee der Mehrstimmigkeit, nicht einer spontanen improvisierten Mehrstimmigkeit, sondern einer regelrecht konstruierten, ganz im Geist des städtischen Handwerkertums durchdachten Art der Mehrstimmigkeit, die sich im Laufe der Jahrhunderte zu immer größeren und schöneren Formen entwickelt. So wird zunächst für jede Stimme eine eigene Klangregion geschaffen; in einem weiteren Stadium bringt jede Stimme ihre eigene Melodie, dann schließlich sogar ihren eigenen Text. Erste Beispiele einer derart konstruierten Mehrstimmigkeit finden sich in der »Musica Enchiriadis« unter der Bezeichnung »Organum« (vgl. NB 6 b). Bei Leoninus, Perotinus Magnus und schließlich bei Philippe de Vitry kommt es zu immer reicherer, immer lebendigerer Mehrstimmigkeit. Neben Oktaven, Quinten und Quarten werden dabei in zunehmendem Maße Terzen und Sexten als Zusammenklangsintervalle einbezogen.

Gewisse Bezüge zur gotischen Baukunst sind unzweifelhaft festzustellen. Johansen schreibt dazu:

»Die großartige Kunst der Gotik war eine ungeheure Konstruktion auf falscher Basis ..., ebenso wie die gleichzeitige Philosophie – die Scholastik; diese wies die selbe wissenschaftliche Konsequenz, unbeugsame Energie und unvergleichliche Kraft auf – beruhte jedoch auf derselben absurden Grundlage, nämlich auf der Auffassung, daß die Wirklichkeit nicht wirklich, sondern deren Spiegelbild in der menschlichen Seele, und daß die Welt des Geistes die einzig wahre Wirklichkeit sei. Das Materielle und Handgreifliche ist für die Scholastik bloß eine leere Illusion.«

An anderer Stelle schreibt er:

»Es ist Gedankenkunst, die einen Seeleninhalt mitteilt. Das Ganze ist eine Konstruktion und ein Hirngespinst. Man gewinnt nicht den Eindruck, daß sie mit ihren Händen den Stein, den sie gehauen hatten, erfühlten, wie es die Griechen taten. Die gotischen Baumeister rechneten nur« (Johansen 1959).

Auf musikalischem Gebiet steht die Idee der Mehrstimmigkeit als Gleichnis für das Beten unterschiedlicher Schichten zum gleichen Gott hierzu in enger Verbindung.

Anders die Musik der Adligen. Die großen Feudalherren suchten zur Festigung ihrer schwindenden Macht Vasallen und nahmen sie in ihre Kreise auf; bei diesem sogenannten niederen Adel bildet sich aber nun das »höfische Bewußtsein« besonders stark aus; und nicht bei den großen Raubrittern, sondern gerade bei den besonders standesbewußten Emporkömmlingen des niederen Adels wird auch die Musik und Dichtkunst – bei Minnesängern, Troubadours und Trouvères – gepflegt. Während aber in der kirchlichen Musik noch immer das Lateinische als Völker und Länder verbindende Sprache zugrunde liegt, werden in den Liedern dieser Schicht bewußt nationale Sprachen verwendet.

Das führt in Europa zu einer ersten Herausbildung gewisser nationaler Unterschiede, die auf einer unterschiedlichen Sprachmelodik beruhen. Erste Charakteristika deutscher, französischer und italienischer Musik beginnen sich abzuzeichnen.

Die Betonung des nationalen Elementes wurde als bewußter, politischer Affront zur angestrebten kirchlichen Einheit Europas verstanden. Auch die Hervorhebung der Lebens- und Sinnenfreude in der Musik der Minnesänger dürfte wohl ein bewußt empfundener Gegenpol zu der von der Kirche geforderten Askese gewesen sein.

Die größte Gruppe der Musikausübenden war jedoch noch immer die der Spielleute. Sie spielten nicht nur Umgangsmusik auf Märkten, auf städtischen und dörflichen Festen; sie wurden auch bei kirchlichen Festen und höfischen Feierlichkeiten hinzugezogen. Sie trugen dazu bei, daß die »Gedankenkunst« der kirchlichen Musik, die sich herausbildenden Eigentümlichkeiten neu entstehender Nationen wie auch volkstümliches Brauchtum sich aneinander annähern und verschmelzen konnten. Nicht unwichtig ist es auch, zu erwähnen, daß mit der Musik der Spielleute Melodiegut orientalischer Völker – gewissermaßen als Mitbringsel aus den Kreuzzügen – in europäische Musik hineindringt.

Klangbeispiele

Drei Organa aus der »Musica Enchiriadis« des 9. Jahrhunderts

Organa aus dem 10. bis 12. Jahrhundert (z. B. von Leoninus und Perotinus)

Raimbaut de Vaqueiras: Kalenda maya (höfisches Tanzlied)

Neidhart von Reuenthal: Maienzit (Minnelied)

Rotta aus einer Handschrift des 13. Jahrhunderts (Tanzstück der Spielleute) (NB 6 d)

Man achte bei den Organa auf den geringen Tonumfang der einzelnen Stimmen, auf die diatonische, vornehmlich in Sekunden verlaufende Melodik und auf die Ausgewogenheit der Zusammenklangsintervalle – wobei die Betonung von Quinten, Quarten und Oktaven als Konsonanzen und der Terzen und Sexten als Dissonanzen für uns heute etwas fremdartig wirkt.

Bei Verwendung fast gleicher Rhythmuswerte und Rhythmusfiguren klingen die Tanzlieder, und zwar sowohl die gesungenen (Kalenda maya) wie auch die instrumental ausgeführten (Rotta) Stücke der Joculores gegenüber der ruhig-kontemplativen Bewegung der geistlichen Musik sehr viel lebendiger und lebensfreudiger — dies vor allem wohl durch die metrische Gliederung.

Zur asketischen Strenge der Organa kontrastiert die Farbigkeit des Klanges (Bläser, Streicher, Trommeln) in der Musik der Spielleute; in der Melodik des Minneliedes ist bereits deutlich eine von der deutschen Sprache geformte Intonation herauszuhören.

Musik des 14. bis 16. Jahrhunderts — die Zeit der Renaissance

Das Kulturleben des 14. bis 16. Jahrhunderts wurde durch das Zusammenleben von gebildeten, selbstbewußten Bürgern und Feudalherren, die die Quellen ihres Einkommens durch Handel und Wucher modernisiert hatten, geprägt.

Die Zentren der Musik in dieser Zeit waren reiche Handelsstädte wie z. B. die Hafenstadt Antwerpen im Herzogtum Burgund, der Heimstätte der sogenannten Niederländer.

Die Musik der *Niederländer* ist eine polyphone Chormusik mit sehr ausgeprägter Imitations- und Kanontechnik.

Die beiden ersten Generationen der Niederländer (Binchois, Dufay, Ockeghem) stehen hinsichtlich ihrer ästhetischen — und damit stilistischen — Haltung der spätmittelalterlichen Gotik näher als der Renaissance; ihre kompositorische Technik nimmt meist wenig Rücksicht auf den Text und auf den natürlichen Fluß der Melodiebewegung. Erst mit Josquin Desprez und dann natürlich bei Orlando di Lasso wird die Kanontechnik und die motivische Imitation dem Wohlklang untergeordnet, gewinnt die Melodik in Verbindung mit dem Text musikalische Ausdruckskraft; statt konstruierter Rhythmik wird pulsierende Lebendigkeit und Natürlichkeit durch einfache rhythmische Proportionen angestrebt.

In *Süddeutschland* konzentrierte sich der Reichtum vor allem auf das Kaufhaus der Fugger. Komponisten und Musiker scharten sich um den Hof des Kaisers Maximilian I. (Senfl, Isaak, Othmayr).

Gepflegt wird hier vor allem das sogenannte *Tenorlied* (Gesangstimme mit zwei begleitenden Instrumenten) sowie eine mehrstimmige Musik mit vielfältigen instrumental-vokal gemischten Besetzungsmöglichkeiten; d. h. jede Stimme konnte vokal wie auch instrumental vorgetragen werden, was immer wieder neue Klangfarben ergab, je nachdem, welche Instrumente vorhanden waren.

Auch in *Italien* – der Reichtum entstand hier durch die italienischen Hafenstädte – blühte die Chormusik; sie ist im Vergleich zur niederländischen Musik klangfreudiger, sinnenfälliger – vielleicht auch etwas weniger konstruiert.

Zur größten Entfaltung kommt die italienische Renaissancemusik gegen Ende des 16. Jahrhunderts bei Gesualdo und dem Niederländer da Rore, die mit ihren harmonischen Ausweichungen und Akkordrückungen, mit ihrer chromatischen Melodik das System der modalen alten Tonartlichkeit sprengen, oder bei den beiden Gabrieli und dem ebenfalls aus den Niederlanden kommenden Willaert mit der Klangpracht der Doppelchöre.

Hauptkompositonsformen der Zeit sind bei den Niederländern *Motette* und *Messe*, in der süddeutschen Schule ist es das intimere Tenorlied, bei den Italienern hingegen das *Madrigal*.

Der gesellschaftliche Fortschritt wurde allerdings teuer erkauft. Besonders den Bauern brachte die frühkapitalistische Wirtschaftsform zusätzlich zur feudalen Ausbeutung unmenschliche Bedingungen, die zu ersten großen Aufständen führten. Die katholische Kirche löste bei der Verteidigung ihrer Position als Feudalmacht Glaubensreformationen aus, und in blutigen Kämpfen um soziale Gerechtigkeit und im Rahmen ideologischer Auseinandersetzungen wuchs auch der Musik eine bestimmte Funktion zu, die sich vor allem in den religiösen *Liedern des Bauernkrieges* (z. B. »Ein feste Burg ist unser Gott«) widerspiegelt.

Klangbeispiele
Heinrich Isaak: Chorlied »Innsbruck, ich muß dich lassen«
Josquin Desprez: Motette »De profundis«

Orlando di Lasso: Chorlied »Holla, welch gutes Echo« (NB 7 b)

Caspar Othmayr: Lied mit Begleitung eines Instrumentalensembles »Stoltzer Schreiber«

Ludwig Senfl: »Qui sedes ad dextram patris« aus der V. Missa paschalis (NB 7 a)

Tenorlied »Es taget vor dem Walde«

In der Motette von Josquin sind die imitatorisch einsetzenden Stimmen am Anfang jedes neuen Textabschnittes deutlich herauszuhören; dem Text entsprechend hat jeder einzelne Abschnitt einen anderen musikalischen Charakter. Im prächtigen Chorklang werden Terzen und Sexten neben Quinten und Oktaven als Konsonanzen eingesetzt.

Im Chorsatz von Isaak ist – trotz aller Eigenständigkeit der Einzelstimmen – schon eine simultane Konzeption des Satzes zu spüren; die ausgesprochene Dreiklangsharmonik ist aber noch keine Kadenzharmonik, sie ist nicht auf eine Tonalität im Sinne des 19. Jahrhunderts beziehbar, dadurch entstehen eigenartige harmonische Wendungen (vor allem in den Schlußtakten).

Senfls Tenorlied zeigt typische modale Melodik der deutschen Renaissance; das Lied ist uns nicht nur in dieser für diese Zeit so charakteristischen Besetzung überliefert, sondern auch als Bearbeitung (Intavolatur) für Laute und als sogenanntes Bicinium (für zwei Instrumente).

Im Liedsatz von Othmayr hören wir die sehr farbige Klanggestaltung der süddeutschen Schule des 16. Jahrhunderts. Die Münchner Hofkapelle, für die Othmayr eine Reihe von Sätzen schrieb, hatte folgende Besetzung: Blockflöte, Querflöte, Pommer, Posaune, drei Zinken, Viola da braccio, Viola da gamba, Laute, Orgelportativ.

Musik im 17. Jahrhundert

Glanz, Pracht und Lebensfreude sind die Hauptkennzeichen der Musik der Spätrenaissance am Beginn des 17. Jahrhunderts. Vor allem die klangprächtigen Madrigale und Chorlieder (von Dowland, Gesualdo, Haßler, Gastoldi, Donati) spiegeln Reichtum und Selbstbewußtsein der Bürger wider. Auch die aufkommende Instrumentalmusik (Blechbläser-Turmmusiken, Lautenmusik, Orgelmusik) weist solche Merkmale auf.

Im Unterschied dazu sind die Kompositionen von Heinrich Schütz, aber auch die von Schein und Scheidt, durch Bescheidenheit und Verinnerlichung des Ausdrucks geprägt.

Der äußere Anlaß für diesen Stilunterschied ist wohl in erster Linie die kulturelle musikalische Verwahrlosung und der allgemeine Niedergang des Musiklebens als Folge des dreißig Jahre währenden Krieges. Und doch gibt es zwischen beiden Musizierstilen eine Gemeinsamkeit: Es ist das neue Akkordbewußtsein, die Entdeckung und bewußte Anwendung von Dur- und Molldreiklängen bzw. deren Umkehrungen, d. h. nicht nur die Übereinanderschichtung von konsonanten Intervallen. Auch in melodischer Hinsicht hat sich das Dur-Moll-tonale System nun voll durchgesetzt, die modalen Tonleitern sind aufgegangen in dieser Dur-Moll-Tonalität. Wenn der Theoretiker Zarlino noch erklärte, daß der Zusammenklang aus dem gleichzeitigen Singen verschiedener Melodien entsteht, so formulierte Rameau (1722) die neue Auffassung mit den Worten, daß die Melodie »auf dem Rücken der Akkorde schreite«.

Die Aufführung der ersten Oper »Dafne« von Jacopo Peri im Jahre 1597 leitete eine neue Epoche der europäischen Musikgeschichte ein. Mit Monteverdis »Orfeo« (1607) und der nur noch fragmentarisch erhaltenen »Arianna« wurden erste Höhepunkte dieser neuen Kunstform erreicht. Hier ist ein typisches Element der Opernmusik des 17. Jahrhunderts bereits völlig ausgebildet: die monodisch geführte Gesangsstimme, die von Instrumenten mit Akkorden begleitet wird, was eine neue Art der musikalischen Deklamation und Ausdeutung des Textes ermöglichte. In Ansätzen ist bei Monteverdi auch schon die zweiteilige und die dreiteilige Arienform (mit koloriertem oder variiertem Dacapo) wie ebenso das dramatisch-deklamatorische Rezitativ mit charakterisierenden Stützakkorden und Akkordwendungen ausgebildet.

Die zunehmende Bedeutung der Instrumentalmusik ist ein weiteres Merkmal der Musikentwicklung des 17. Jahrhunderts. In Italien gelangte in dieser Zeit der Streichinstrumentenbau zur höchsten Vollendung (Amati, Guarneri, Stradivari), das führte zu einer ersten Blüte der Violinmusik, begünstigte das Entstehen von Streicherensembles. In England steht die Virginalmusik in hohem Ansehen.

Klangbeispiele
Diomedes Cato: Fantasie und Galliarda für Laute
Giovanni Gastoldi: Balletti a cantare, sonare e ballare, daraus Nr. 2
Hans Leo Haßler: Chorlied »Tanzen und Springen«
Valentin Haußmann: Tanz für Bläserensemble »Tanz mir nit mit meiner Jungfer Käthen«
Claudio Monteverdi: Arie der Arianna aus der Oper »Arianna« (NB 8 b)
Heinrich Schütz: »Die beiden Blinden« aus den »Symphoniae sacrae III« (NB 8 c)

Die Stücke von Cato und Haußmann mögen als Beispiele für instrumentales Musizieren dieser Zeit stehen.

Gastoldis Chorsatz (oft mit dem deutschen Text »An hellen Tagen« bei uns gesungen) und Haßlers Lied spiegeln Heiterkeit und bürgerliches Selbstbewußtsein wider, der tänzelnde Galliardenrhythmus und das in vielen Liedern anzutreffende fa-la-la-la sind typisch für die weltlichen Chorsätze der Spätrenaissance.

Die Arie Monteverdis mit der sogenannten neapolitanischen Wendung am Beginn (a-Moll zu B-Dur) und noch mehr Schütz' Komposition sind Beispiele für die neue Art der Textausdeutung und der Befolgung der Wortdeklamation in der vom Generalbaß begleiteten Gesangsstimme.

Musik in der ersten Hälfte des 18. Jahrhunderts

Die Zeit des Absolutismus in Europa wird – vom historischen Standpunkt aus gesehen – von 1648 (dem Ende des Dreißigjährigen Krieges) bis zum Ausbruch der Französischen Revolution gerechnet. In musikalischer Hinsicht müßte diese Epoche jedoch etwas später einsetzen; denn zunächst waren die Folgen des langen Krieges zu überwinden, ehe dann gegen Ende des Jahrhunderts sich ein Stil herausbildete, der den gesellschaftlichen Verhältnissen in etwa wieder entspricht – zumindest ist dies in Deutschland der Fall.

Oft wird diese Epoche auch – vom musikalischen Gesichtspunkt her – als Generalbaßzeitalter bezeichnet. Aber der Generalbaßstil kommt ja bereits in der Spätrenaissance auf, und Monteverdi als der erste große Komponist des Generalbaßstiles gehört in stilistischer Hinsicht doch weitaus mehr zu den italienischen Madrigalisten als etwa zu Bach und Händel. So sollte man diese musikalische Epoche vielleicht auf die Lebenszeit von Johann Sebastian Bach begrenzen (1685–1750) – vielfach spricht man ja auch von der Bachzeit – man täte dann aber einigen anderen Komponisten (nicht nur Händel und Telemann) unrecht, wenn man sie unerwähnt ließe; denn es scheint zu keiner anderen Zeit eine solche Fülle hochbegabter Komponistenpersönlichkeiten gegeben zu haben.

Das Ende des musikalischen Zeitabschnittes – 1750 – scheint genauso willkürlich gewählt; denn der Absolutismus hat als Gesellschaftsformation ja tatsächlich erst mit der Französischen Revolution geendet. Aber schon um 1750, nach dem Tode Bachs, ist in der Musik ein neuer Stil festzustellen, der sich von dem der Bachzeit deutlich unterscheidet.

Das musikalische Gesicht der Zeit prägte neben den drei bereits erwähnten Komponisten noch eine Reihe deutscher Kantoren (Pachelbel, Buxtehude, Reincken, J. G. Walther), eine Reihe italienischer Opernkomponisten (von denen wohl Pergolesi der bedeutendste ist) sowie einige italienische Instrumentalkomponisten (u. a. Vivaldi und Corelli).

73

Versucht man ästhetische Grundlagen des Stiles dieser Zeit zu erkennen, so kristallisieren sich drei Gedanken heraus. Zum einen wird die *Musik als Einheit* von Geistigem und Sinnlichem, von *Religiösem und Weltlichem* aufgefaßt. Beiden liegen – wie allem Schönen – mathematische Relationen zugrunde. Die Musik soll gleichzeitig zur »Tugend reizen und zum Guten auffrischen« und dabei noch »unschuldiges Vergnügen bereiten«, soll »zur Ehre Gottes dienen und die Herzen der Hörer bewegen«.

Ein zweiter Gedanke ist der, daß die *Musik* – wie alle Kunst – auch propagandistisch *für den Auftraggeber* wirken soll, daß sie Respekt und Bewunderung hervorrufen und daher pompös, großartig, pracht- und glanzvoll, ja pathetisch sein müßte.

Der erste Satz der Opernsuite »Constanza e Fortezza« von Fux mit seinen festlich glänzenden Trompetenklängen, aber auch der Eingangschor »Jauchzet, frohlocket« des Bachschen Weihnachtsoratoriums oder Händels »Halleluja«-Chor aus dem »Messias« sind musikalischer Ausdruck dieser Idee.

Es ist der musikalisch-stilistische Ausdruck der zentralisierten Fürstenmacht; denn wenn auch die Fürsten des Absolutismus es nicht erreichten, sich wie die orientalischen Despoten als Götter verehren zu lassen, so umgaben sie sich doch gern mit einem Zeremoniell, das dem des religiösen nahekam. Jedoch hatte die Gesellschaft, in welcher der absolutistische Fürst herrschte, eine andere Struktur. Es war eine Gesellschaft des aufblühenden Kapitalismus. Die Untertanen – Handwerker und Kaufleute – waren dem Fürsten gegenüber durchaus geschäftlich eingestellt.

Und schließlich ein dritter Aspekt: Erstmals wird jetzt die *Musik* als eine *Ware* angesehen, die produziert, verkauft und konsumiert wird; zwar ist das damals noch nicht so formuliert worden – aber erste Gedanken dazu tauchen auf. Von den Komponisten wurde z. B. gefordert, daß sie die verschiedenen Stile erfassen und die sozialen Gruppen, für die sie Musik schreiben, kennen sollen, daß sie typische Temperamente und Stimmungen berücksichtigen, daß sie die verschiedenen, geschichtlich gereiften Traditionen und Schönheitsbegriffe kennen müssen.

Der musikalische Stil der Epoche wird vorwiegend durch die Instrumentalmusik bestimmt. Voraussetzung war das hohe Niveau, das im Instrumentenbau – vor allem der Streichinstrumente (Stradivari, Guarneri, Amati) – erreicht worden war und die Entdeckung der 12tönigen temperierten Stimmung, die die Entwicklung der Harmonik und die Spieltechnik der Tasteninstrumente (Orgel, Cembalo, Clavichord) voranbrachte. Mit der Instrumentalmusik bildeten sich auch *neue musikalische Formen* heraus.

Aus dem Übertragen der vokalen Imitationstechnik der Niederländer auf Instrumente entwickelten sich die Formen des Kanons (Bach:»Ein musikalisches Opfer«), der Choralbearbeitung (J. G. Walther:»Nun bitten wir«), des Ricercars und der Fuge.

In die instrumentalen Tanzsuiten finden europäisch-stilisierte Tänze aus den überseeischen Kolonien Aufnahme. Die großen Gesangsszenen – mit Rezitativ und nachfolgender Dacapo-Arie – werden zu Kantaten erweitert.

Eine der großen sich in dieser Zeit herausbildenden Formen der Instrumentalmusik ist die Sonate, die ihre höchste Vollendung allerdings erst im 19. Jahrhundert erfährt; in ihr fließen die Traditionslinien von Fuge, Gesangsszene und Tanzsuite zusammen. Sie erscheint als Concerto grosso für kleines Ensemble und großes Orchester mit Cembalo-Continuo (Corelli: Concerto grosso, op. 6 Nr. 8), als Triosonate (Bach:»Ein musikalisches Opfer«) für zwei Melodieinstrumente, Baßinstrument und Continuo, oder als Solokonzert für ein Melodieinstrument, Streichorchester und Cembalo-Continuo (Telemann: Oboenkonzert).

Grundlage aller kleinen und größeren Formabläufe ist die Akkordfolge; aus ihr ergeben sich die Untergliederungen, und aus ihr heraus entwickelt sich die Polyphonie, alles melodische Geschehen ist auf sie bezogen.

Klangbeispiele
Johann Sebastian Bach: Allemande aus der 2. französischen
    Suite in c-Moll
    Kanons, Ricercare à 6 und 2. Satz der Triosonate aus »Ein
    musikalisches Opfer«

Eingangschor »Jauchzet, frohlocket« aus dem Weihnachtsoratorium

Choral »O Haupt voll Blut und Wunden« aus der Matthäuspassion

Arcangelo Corelli: Concerto grosso, op. 6 Nr. 8

Johann Josef Fux: Orchestersuite aus der Oper »Constanza e Fortezza«

Arie des Giovannini »Willst du dein Herz mir schenken« aus dem Notenbüchlein für Anna Magdalena Bach

Georg Friedrich Händel: Chaconne G-Dur für Cembalo »Halleluja«-Chor aus dem Oratorium »Der Messias«

Georg Philipp Telemann: Konzert für Oboe d'amore, Streicher und Basso continuo G-Dur

Johann Gottfried Walther: Choralbearbeitung »Nun bitten wir den heiligen Geist« für Orgel

Typische Klangbilder dieser Epoche zeigen die unterschiedlichen Besetzungen der Triosonate für Flöte, Violine und dem Continuo von Gambe und Cembalo (Bach), des Concerto grosso für konzertierende Solostreicher und mit Cembalo-Continuo begleitetes Streichorchester (Corelli) und des Konzertes bei Telemann mit der — typisch für seine Melodik — in anmutig fließender Bewegung geführten Oboe d'amore.

Bei Händel hören wir den Klang des virtuos eingesetzten Solocembalos, und Walthers Choralvariation zeigt alle Klangmöglichkeiten der barocken Orgel.

Die »Arie des Giovannini« ist ein Beispiel für das intime, für das häusliche Musizieren bestimmte und nur vom Clavichord begleitete Lied.

Der festliche Glanz der hohen Trompeten (bei Fux und im Einleitungschor von Bachs Weihnachtsoratorium) ist ebenfalls ein Stilmerkmal der Instrumentalmusik der Barockzeit.

Man achte bei den Werken Bachs auch auf das ununterbrochene melodische Fließen einer einzelnen oder auch mehrerer polyphon ineinander verwebter Linien über einer Akkordfolge (vgl. NB 9a/b), die — allein gespielt — ihrerseits eine starke Ähnlichkeit mit Tanzliedern des 17. Jahrhunderts aufweist.

Europäische Musik in der Zeit zwischen 1750 und 1827

Die Zeit von Bachs Tod bis zum Tode Beethovens, die große Zeit des klassischen bürgerlichen Humanismus, läßt sich in Hinblick auf die Musik in vier zwar durchaus miteinander verwandte und ineinander übergehende, aber doch auch wieder stilistisch recht unterschiedliche Etappen untergliedern.

Der erste Abschnitt ist dabei gewissermaßen ein musikalisches Spiegelbild der Zeit unmittelbar vor Ausbruch der Französischen Revolution.

Die unterschiedlichen geistigen Strömungen (der Rokokostil in der Architektur, die Aufklärung in der Philosophie, der Sturm und Drang in der Dichtkunst) finden ihre Entsprechung im musikalischen Stil, richtiger in den verschiedenen musikalischen Stilen dieser Zeit: in der Musik im Volkston (J. A. P. Schulz), im rationalistischen Stil (C. Ph. E. Bach), im galanten Stil (J. Ch. Bach), im Sturm und Drang der Musik der Mannheimer (Stamic), in der höfischen Musik (Boccherini) und vor allem in der Musik der Opernkomponisten Neapels (Paisiello, Cimarosa) mit der immer stärkeren Herausbildung der charakterlichen Darstellung ihrer Bühnengestalten.

Klangbeispiele
Carl Philipp Emanuel Bach: Konzert für Cembalo und Streichorchester a-Moll
Johann Christian Bach: Quartett G-Dur, op. 11
Luigi Boccherini: Menuett aus dem Streichquartett E-Dur
Domenico Cimarosa: »Aufgepaßt, Musikanten« aus der Oper »Il Maestro di cappella«
François-Joseph Gossec: Gavotte D-Dur (NB 10a)
Christoph Willibald Gluck: Ouvertüre zur Oper »Iphigenie in Aulis«
Johann Abraham Peter Schulz: »Der Mond ist aufgegangen«
Jan Václav Stamic: Sinfonie D-Dur, op. 11

Auf die poetische Tiefe und den handwerklichen Ernst bei Carl

Philipp Emanuel Bach, auf die Anmut der Melodik und das sogenannte »singende Allegro« bei Johann Christian Bach und auf das typische Orchestercrescendo sowie auf die fanfarenartig nach oben steigenden Eröffnungsmotive (die »Mannheimer Raketen«) bei Stamic sei an dieser Stelle besonders hingewiesen.

Die in der Mehrzahl aller Werke dieser Zeit anzutreffende Achttaktigkeit der Themen (NB 10 a–c) bedingt eine neue Art der harmonischen Gliederung; die thematisch-motivisch periodisierende Schreibweise wird im Verein mit dieser neuen Harmonik zu einem der wichtigsten Formungsprinzipien; sie führt zur Herausbildung der klassischen Sonatenhauptsatzform mit ihren zwei gegensätzlichen Themen in der Exposition.

In der Orchestermusik (vgl. die Beispiele von Cimarosa und Gluck) ist neben dem Wegfall des Cembalo-Continuos eine Verselbständigung der Bläser bemerkenswert, sie führt zu einer größeren Farbigkeit des Orchesterklanges.

Wie im politischen Leben alle Strömungen ihre Zusammenballung in der großen bürgerlichen Revolution von 1789 finden, so ist es im musikalischen Bereich ein Komponist, der all diese künstlerischen Strömungen auffängt und zu einem einheitlichen Stil zusammenfügt: Wolfgang Amadeus Mozart. Und es ist wohl kein Zufall, daß der Höhepunkt der Opernkomposition, Mozarts »Hochzeit des Figaro«, nach einem Theaterstück von Beaumarchais (»Der tolle Tag«) geschrieben wurde, das als einer der Auslöser der Französischen Revolution gegolten hat.

Das Suchen nach einem neuen Stil, nach einem neuen Ausdruck in der Musik, nach einem neuen Inhalt der Kunst überhaupt, wird oft verglichen mit dem Suchen nach einem neuen Ausdruck in der Musik unserer Zeit. Doch es gibt einen großen Unterschied: Alles künstlerische Geschehen vollzog sich damals in heiterer Anmut; auch in der Darstellung des Bösen und Rückständigen sollte das Gemüt nie bis zum Ekel erregt, sondern durch den Künstler in heiterer Gelassenheit, in Anmut und Freude geschildert werden.

Etwa zur gleichen Zeit, in der Mozart seinen »Figaro« schreibt, in der seine Meisteropern »Die Entführung aus dem Serail«, »Don Giovanni« und »Così fan tutte« entstehen, hat auch Joseph Haydn seine künstlerische Meisterschaft erreicht. Mit der Herausarbeitung und Entwicklung einer Technik der thematisch-motivischen Arbeit schafft er Werke der Instrumentalmusik (Streichquartett, Sinfonie), die mit Recht heute noch zu den meistgespielten Kompositionen dieses Genres gehören.

Klangbeispiele
Joseph Haydn: Klaviersonate G-Dur
  1. Satz aus dem Streichquartett D-Dur (Lerchenquartett)
Wolfgang Amadeus Mozart: Ouvertüre und Finale des 2. Aktes der Oper »Die Hochzeit des Figaro«
  »Schöne Donna« – Arie des Leporello aus der Oper »Don Giovanni«

Die genannten Werke unterscheiden sich gegenüber denjenigen der ersten Etappe weniger im Klangbild (melodische und harmonische Wendungen von Cimarosa, Stamic und Johann Christian Bach könnten ebenso auch bei Mozart und Haydn vorkommen), als vielmehr durch die größere rhythmische Kraft – Bläserakzente wie in der »Figaro«-Ouvertüre wären bei keinem Komponisten der Vorklassik möglich gewesen. Die funkelnde Brillanz der Registerarie im »Don Giovanni« ist in keinem Opernwerk aus der neapolitanischen Schule vor Mozart zu finden. Die volkstümlichen, achttaktigen Themen bei Haydn unterscheiden sich durch ihre erdgebundene Festigkeit von den – ebenfalls achttaktigen – galanten und zierlichen Themen bei Gossec oder Boccherini.

Den Stil der dritten Etappe der musikalischen Klassik repräsentieren die Spätwerke von Mozart und Haydn (Mozarts drei letzte Sinfonien, seine »Zauberflöte«, Haydns beide Oratorien und seine letzten Sinfonien) sowie die Werke der mittleren Schaffensperiode Beethovens. Sie drücken humanistische Größe und Siegeszuversicht aus. Die Künstler fühlen sich als die Elite der Nation; sie fühlen sich für die ethische und moralische Erziehung der Menschen als »Priester« der neuen, der bürgerlichen Gesellschaft, verantwortlich. Ihre Musik ist Symbol sittlicher Kraft und ethischer Haltung. Diesem Ausdruck gegenüber tritt die formvollendete Heiterkeit und Anmut merklich zurück.

Im Bereich der Klanglichkeit zeigt sich ein recht auffallender Wandel in der Bevorzugung bestimmter Tonarten und Instrumente. Statt in D-Dur und G-Dur werden jetzt viel mehr Werke in Es-Dur oder c-Moll geschrieben. Nicht mehr die Violine oder die Flöte, sondern das Hammerklavier ist das Hauptinstrument. Weiterhin ist nicht mehr die Oper Verkünder des Geistes der Zeit, sondern die Instrumentalmusik (Sinfonie und Sonate).

Schließlich wird nicht mehr realistische Darstellung angestrebt, sondern die Symbolisierung von Ideen. Die Idee des Sieges, das »durch Nacht zum Licht« oder »durch Kampf zum Sieg« liegt vielen Werken zugrunde.

Die Musik ist (nach Hegel) »Nachahmung und Darstellung menschlicher und gesellschaftlicher Inhalte, gebrochen durch die subjektive Anschauung des Genies«. Sie soll »nicht die reale Gegenständlichkeit der Dinge selbst wiedergeben, sondern widerklingen lassen, wie das Innerste selbst, seiner Subjektivität und ideellen Seele nach, in sich bewegt ist ...« Die Musik muß »die Dialektik von individueller Leidenschaft und gesellschaftlicher, geschichtlicher Objektivität zur Geltung bringen; denn der Mensch repräsentiert im Einzelwesen ebenso das Gesamtwesen, wie die Gesellschaft nur ein etwas größeres Individuum darstellt. Im Mikrokosmos des Ich spiegelt sich die Weltgeschichte des Makrokosmos«.

Klangbeispiele

Ludwig van Beethoven: 1. Satz des Klavierkonzerts Nr. 5, Es-Dur

»Mir ist so wunderbar« – Quartett aus dem 1. Akt und »Gott, welch Dunkel hier« – Arie des Florestan aus der Oper »Fidelio«

1. Satz aus dem Streichquartett, op. 18 Nr. 4, c-Moll (vgl. NB 12)

Ouvertüre zu Goethes Schauspiel »Egmont«

Joseph Haydn: »Uns leite Deine Hand« – Schlußchor aus dem Oratorium »Die Jahreszeiten«

Wolfgang Amadeus Mozart: Ouvertüre zur Oper »Die Zauberflöte«

Beim Anhören dieser Werke achte man im Schlußteil des

Haydnschen Oratoriums darauf, wie sich polyphones Fugengewebe und klassische Harmonik auf der Basis der Achttaktigkeit zu feierlicher Pathetik durchdringen.

Die gleiche ethische Kraft und tiefe Innerlichkeit spürt man auch im Quartett des ersten Aktes der Oper »Fidelio«.

Die Arie des Florestan mag als Beispiel dafür gelten, wie bei Beethoven Elemente der Volksmusik – hier die Nebenmelodie der Oboe (bei den Worten »führt mich zur Freiheit«) – symbolisch mit Gedanken des fortschrittlichen Bürgertums verknüpft werden.

Stolz, Kraft und Selbstbewußtsein strahlen die Themen des 5. Beethovenschen Klavierkonzertes aus, man achte im ersten Satz besonders auf das Marschthema mit seinen vielfältigen Abwandlungen und Ausdrucksnuancierungen.

Die dramatische Wucht der »Egmont«-Ouvertüre, die aus der Spannung zwischen den die Spanier symbolisierenden Sarabandenrhythmen und dem einem holländischen Volkslied nachgebildeten reigenartigen Seitenthema resultiert, wird in der mit einem typischen Beethovenschen Crescendo (»durch Kampf zum Sieg«) beginnenden Coda zum jubelnd-sieghaften Schluß geführt.

Wenn die letzte Etappe – etwa ab 1820 – oft als die Zeit der *Spätklassik* bezeichnet wird, so bezieht sich das wohl hauptsächlich auf die großen Kompositionen der letzten Lebensjahre Beethovens: die 9. Sinfonie, die Missa solemnis, die letzten Klaviersonaten. Es ist verständlich, daß Werke von dieser Bedeutsamkeit als klassisch bezeichnet und als repräsentativ für die Charakterisierung eines Zeitabschnittes hingestellt werden. Aber gewissermaßen im Schatten der großen Persönlichkeit Beethovens, im Schatten dieser Gipfelleistungen musikalischen Schaffens gab es in dieser Zeit doch auch sehr viel andere Musik: In Wien und Paris feiert Rossini als beliebtester und meistgespielter Opernkomponist Triumphe; einige Komponisten spezialisieren sich auf das Schreiben von Tanzmusik und leiten damit eine sich in anderthalb Jahrhunderten immer weiter vertiefende Trennung von Unterhaltungsmusik und sogenannter ernster Musik ein. Die ersten Komponisten der Frühromantik – vor allem Franz Schubert und Carl Maria von Weber – stehen mit ihren Orchester- und Klavierwerken zwar noch ganz im Schatten der großen Persönlichkeit Beethovens (diese Werke kommen ja eigentlich erst im zweiten Viertel des 19. Jahrhunderts voll zur Geltung), aber so bedeutende Werke wie die beiden Liederzyklen »Die schöne Müllerin« und »Die Winterreise« von Schubert oder Webers 1821 uraufgeführte Oper »Der Freischütz« müssen als musikalische Zeugnisse dieser Zeit und als Repräsentation eines neuen stilistischen Empfindens unbedingt neben den erwähnten Spätwerken Beethovens genannt werden.

Klangbeispiele
Ludwig van Beethoven: Klaviersonate, op. 111;
   Schlußsatz der 9. Sinfonie
Carl Maria von Weber: Ouvertüre und Jägerchor aus der
   Oper »Der Freischütz«

Vielleicht sind aber »Fidelio« und »Freischütz« hinsichtlich ihrer ideellen Konzeption gar nicht so weit voneinander entfernt: der optimistische Ausblick, der Sieg des Guten über das Böse; das musikalische Anknüpfen an die Musik der Französischen Revolution bei Beethoven und das Aufgreifen von Stilelementen aus dem Liedgut der Befreiungkriege bei Weber — sind sie nicht Ausdruck der gleichen Gesinnung?

Musik im zweiten Viertel des 19. Jahrhunderts

Im zweiten Viertel des 19. Jahrhunderts tritt die Romantik als musikalischer Stil in den Vordergrund.

Den Unterschied zwischen Klassik und Romantik kann man leicht beim Anhören der folgenden beiden Werke bemerken: »Egmont«-Ouvertüre von Beethoven und Mendelssohns Lied »Auf Flügeln des Gesanges«. Kraft, Trotz und Siegesbewußtsein bei Beethoven, Verträumtheit, Intimität — vielleicht sogar Resignation? — bei Mendelssohn.

Bewußt wurde auch der Vergleich zwischen einem Orchesterstück und einem Lied gewählt; denn im Vordergrund des Interesses steht in dieser Zeit nicht mehr die große Instrumentalmusik, sondern *die kleine Form des Liedes.*

Auch an den vertonten Texten lassen sich die ganz unterschiedlichen ästhetischen Auffassungen zwischen Klassik und Romantik schon erkennen. So vergleiche man folgende Stellen aus Mozarts »Zauberflöte« (Worte von Schikaneder)

Wo Tätigkeit thronet
und Müßiggang weicht,
erhält seine Herrschaft das Laster nicht leicht.

und aus dem erwähnten Liede von Mendelssohn (Worte von Heine)

Die Veilchen kichern und kosen
und schaun zu den Sternen empor
und heimlich flüstern die Rosen
sich duftende Märchen ins Ohr.

Einmal dient die Kunst zur Verkündung ethischer Ideale (auch innerhalb eines Märchens!), im anderen Fall ist sie Ausdruck einer Flucht aus dem Alltag in die Märchenwelt, ist sie Hinwendung zum ganz Privaten.

Die seit 1815 einsetzende politische Restauration spiegelt sich in einer Vorliebe für bestimmte Themenkreise wider, die man als Flucht vor der rauhen Wirklichkeit bezeichnen kann, die Flucht ins Märchen wie auch in die Exotik – hin zur »blauen Blume« der Romantik.

Die Natur wird bewundert – oft symbolisieren dies Klarinette und Waldhorn (das »Weben des Waldes« in der »Freischütz«-Ouvertüre von Weber / Schubert: »Der Hirt auf dem Felsen«).

Gemütliches Biedermeier (Lortzing: »Auch ich war ein Jüngling mit lockigem Haar« / Loewe: »Tom der Reimer saß am Bach«) ist ebenso Ausdruck der Zeit wie auch erste Anzeichen eines entstehenden bürgerlichen Kunstbetriebes, wenn billig klingendes Virtuosentum in den Konzerten nicht mehr Ethik und Moral verkünden, sondern eine »Show mit Musik« sein soll. Dazu gehört in gewisser Weise auch die italienische Oper mit den virtuosen Bravourarien Rossinis (»Ich bin das Faktotum der schönen Welt«) oder dem schmalzigen Belcanto von Bellini.

Allerwichtigstes Erscheinungsbild ist jedoch eine Richtung, die man als stilisierte Dorfmusik bezeichnen könnte. Es ist eigenartig: zum gleichen Zeitpunkt, in dem das Dorf seine Bedeutung im Leben der Gemeinschaft verliert, die Dorfbewohner in die Städte abwandern, das Landschaftsbild des Dorfes durch erste Fabriken gestört wird und die kulturellen Traditionen des Dorfes zu verschwinden beginnen (Wegfall der Trachten und Bräuche usw.), beginnt im künstlerischen Bereich — und vor allem in der Musik — die besondere Betonung der Dorfkultur (»Am Brunnen vor dem Tore, da steht ein Lindenbaum« / »Ich hört ein Bächlein rauschen«), Ländler und Mazurka erscheinen als Klavierstücke, aber beide sind (z. B. bei Schubert und Chopin) längst keine Tanzmusik mehr, sondern eher eine stilisierte Sehnsucht nach dem Dorf, und genauso verhält es sich mit Robert Schumanns Stücken im Volkston (»Schnitterlied« / »Erntelied« / »Fröhlicher Landmann« usw.).

Auch die Orchestermusik ist gegenüber der Musik der Klassiker weicher und intimer; trotz fast gleicher Instrumentalbesetzung haben die Orchesterstücke der Romantik einen anderen Klang, was vor allem auf den veränderten Einsatz der Holzbläser (nicht als Melodieverstärkung, sondern als Harmonieträger) zurückzuführen ist.

Klangbeispiele
Fryderyk Chopin: 1. Satz aus dem Klavierkonzert e-Moll
Mazurka B-Dur
Franz Liszt: La Campanella — Etüde für Klavier nach Paganini
Felix Mendelssohn Bartholdy: 1. Satz der Italienischen Sinfonie A-Dur
1. Satz aus dem Violinkonzert e-Moll
»Auf Flügeln des Gesanges« (Text von Heine)
Franz Schubert: »Der Hirt auf dem Felsen«
»Ich hört' ein Bächlein rauschen« aus dem Zyklus »Die schöne Müllerin«
»Am Brunnen vor dem Tore« aus dem Zyklus »Die Winterreise«
Carl Loewe: »Tom der Reimer saß am Bach«
Albert Lortzing: »Auch ich war ein Jüngling mit lockigem Haar« — Arie des Stadinger aus der Oper
»Der Waffenschmied«

Robert Schumann: »Der fröhliche Landmann« aus dem »Album für die Jugend«

»Träumerei« aus den »Kinderszenen«

»Mondnacht« (»Es war, als hätt' der Himmel die Erde still geküßt«) nach einem Text von J. Eichendorff

Beachtenswert ist im Klavierkonzert von Chopin die verträumte Melodie des Seitenthemas des ersten Satzes.

Den typischen Orchesterklang der Romantik finden wir auch in Mendelssohns Violinkonzert und in seiner Italienischen Sinfonie. In dem erwähnten Lied Mendelssohns ist neben der einschmeichelnden Melodik mit ihren für diese Zeit so charakteristischen Sextenauftakten vor allem der Text der zweiten Strophe (»Dort liegt ein rotblühender Garten ...«) und seine musikalische Ausdeutung interessant.

Musik in der zweiten Hälfte des 19. Jahrhunderts

Die zweite Hälfte des 19. Jahrhunderts wird gern als die Epoche der Hochromantik bezeichnet; hier sei ein anderer Terminus vorgeschlagen: romantischer Realismus.

Zwar werden noch romantische Stoffe und romantische Texte vertont (in den Opern Wagners und Verdis), aber die Musiker selbst sind in dieser Zeit durchaus Realisten und keine romantischen Utopisten oder Träumer; sie standen im realen Leben.

Die zentralen Themen in der Kunst sind Ausdruck einer Suche nach neuen »Göttern«. Es ist ein »Sich-in-Beziehung-Setzen« mit philosophischen Ideen, die als Ersatz für die verlorengegangene christliche Religion dienen sollten. Dabei sind zwei Pole zu sehen: einmal die besonders *starke Betonung des Individuellen*, d. h. die Darstellung des einzelnen Menschen mit seinen Gefühlen und Leidenschaften, und andererseits die Suche nach einem überindividuellen, gesellschaftlichen Zusammenhalt, die u. a. in einem bewußten *Hervorheben des Nationalen* zum Ausdruck kommt (nationale Schulen in der Musik der Ungarn, Russen, Tschechen, Slowaken, Polen, Italiener) oder auch in einer kritischen Auffassung der bestehenden Gesellschaftsordnung (Operetten, vor allem in Frankreich). Der *Ausdruck starker Gefühle*, Leidenschaft, Sehnsucht, Aufbegehren, Stolz und auch Resignation, ist in allen Werken dieser Zeit zu spüren.

Musikalische Gemeinsamkeiten sind der verträumte Klang des Waldhorns (Brahms: Anfang des B-Dur-Klavierkonzerts und des Horntrios / Tschaikowski: langsamer Satz der 5. Sinfonie); die Erweiterung der klassischen Sonatenform bis zur Auflösung; die »unendliche Melodie« (Brahms: 2. Satz des B-Dur-Klavierkonzerts / Bruckner: Bratschenthema des langsamen Satzes der 4. Sinfonie); die Ausweitung der Harmonik der klassischen Kadenz (Höhepunkt Wagner: »Tristan«); die Aufnahme von Rhythmen nationaler Volkstänze und schließlich die Verwendung des Walzerrhythmus als Ausdruck des Lebens bzw. der Lebensfülle und des Lebenswillens (Tschaikowski: 1. Satz der 5. Sinfonie).

Die wichtigsten Genres dieser Zeit sind Kammermusik, Sinfonik und Oper. Die Kammermusik wird meist angeführt durch das Klavier (Brahms: Klaviertrio H-Dur), zwar für einen kleineren Aufführungsraum gedacht, aber doch durch den vollgriffigen Klang des Instruments geprägt. Charakteristisch ist jedoch die Besetzung des großen, sinfonischen Orchesters (Bruckner: 4. Sinfonie / Tschaikowski: 5. Sinfonie) und der Oper (Wagner: Finale der »Meistersinger« / Verdi: Finale des 1. Aktes »Rigoletto«).

Klangbeispiele

Johannes Brahms: 2. Satz aus dem Klavierkonzert B-Dur
    Trio für Klavier, Violine und Violoncello H-Dur
    Trio für Klavier, Violine und Waldhorn Es-Dur
Anton Bruckner: 2. Satz aus der 4. Sinfonie B-Dur
Pjotr I. Tschaikowski: 1. Satz aus der 4. Sinfonie B-Dur
    1. Satz aus der 6. Sinfonie h-Moll
Richard Wagner: Vorspiel zur Oper »Tristan und Isolde«
    Finale der Oper »Die Meistersinger von Nürnberg«
Giuseppe Verdi: Finale des 1. Aktes der Oper »Rigoletto«

Der 1. Satz der 6. Sinfonie von Tschaikowski ist in vielerlei Hinsicht charakteristisch für die Klangwelt der Hochromantik. Das große Orchester führt vierfaches Holz (jedes der Holzblasinstrumente ist vierfach besetzt), der Blechbläsersatz (4 Hörner, 4 Trompeten, 3 Posaunen und Tuba) ist im Vergleich zur Mendelssohn-Schumann-Zeit wesentlich kompakter.

Bemerkenswert sind die beiden Ausdrucksformen der Leidenschaftlichkeit: innige Schwärmerei im Seitenthema und dramatische Wucht in der Durchführung.

Musik an der Wende vom 19. zum 20. Jahrhundert

In der Musik um die Wende vom 19. zum 20. Jahrhundert sind erste Auswirkungen der Gründung des Deutschen Kaiserreiches und des wirtschaftlichen Aufschwungs der Gründerjahre zu spüren. Der säbelrasselnde deutsche Militarismus und die antideutsche Reaktion darauf im Ausland (vor allem in Frankreich), die wirtschaftliche Ausbeutung der Kolonien durch die Großmächte, die immer größer werdenden Genußansprüche der wohlhabenden Bourgeoisie und die gleichzeitige Abspeisung der Massen der Bevölkerung mit billigstem Schund und Kitsch spiegeln sich auch in der Kunst dieser Zeit wider. Bei der Betrachtung kann man die Pseudokultur, die billige musikalische Massenware, dabei getrost außer acht lassen; denn auch in den musikalischen Meisterwerken dieser Zeit sind alle ihre Elemente enthalten: die prahlerische, fast militante Angeberei ist ja nicht nur in den vielen deutschen Militärmärschen, sondern auch in anderen Werken, z. B. in Richard Strauss' sinfonischen Dichtungen (»Don Juan« / »Till Eulenspiegel«) zu finden; Einflüsse indischer, afrikanischer und lateinamerikanischer Musik dringen als Begleiterscheinungen der kolonialen Ausbeutung in die Kunstmusik (vor allem in die französische) ein; Elemente der Pseudofolklore bzw. sogar der kitschigen Salonmusik werden bei Gustav Mahler verarbeitet. Antideutsche Gesinnung bedeutet in der französischen, ungarischen und tschechischen Musik in übertragenem Sinne vor allem das Loslösen (und das Andersmachen) von der Musik Richard Wagners (typisch hierfür z. B. Debussys Gegenkonzeption zu Wagners »Tristan« in seiner Oper »Pelléas et Mélisande«).

Für die Musiker ist das sogenannte »L'art pour l'art«-Denken typisch: in ihm spiegelt sich das antihumanistische Wesen der spätbürgerlichen Gesellschaftsordnung wider. Es ist eine sich von den progressiven sozialen Aufgaben abwendende Kunstauffassung (»die Kunst um der Kunst willen«). Ihrer ökonomischen Grundlage nach war sie zunächst ein Protest gegen die Verwandlung des Kunstwerkes in eine Ware; sie war aber zugleich auch die ästhetische Widerspiegelung des kapitalistischen Prinzips der Produktion um der Produktion willen.

So galt das Hauptaugenmerk der Musiker den musikalischen Veränderungen: Das alte Prinzip der Akkordverbindungen (die Auflösung von dissonanten Akkorden in konsonante) wurde durch das parallele Führen der Akkorde abgelöst (Debussy: Prélude »Die versunkene Kathedrale«, NB 16 e); die dissonanten Strebeakkorde wurden verselbständigt und einer tonalen Melodie als Klangreiz gegenübergestellt (vgl. Reger: Variation 7 der Mozart-Variationen, NB 16 d); der Aufbau neuer Akkorde wurde erwogen und erprobt (Quartenakkorde bei Debussy, scharfe Dissonanzen bei Skrjabin und Strawinsky); die Klangfarbe der verschiedenen Instrumentengruppen und nicht mehr bestimmte tonale Zentren werden als Bausteine der Form verwendet (Mahler, Strauss); neue Tonleitern werden als Ausgangspunkt neuartiger Melodiemodelle erdacht (Busoni, Debussy).

Klangbeispiele
Claude Debussy: Sonate für Flöte, Viola und Harfe »Die versunkene Kathedrale« aus Préludes
Gustav Mahler: Erster Satz der Sinfonie Nr. 1 in D-Dur
Max Reger: Schlußfuge der Variationen über ein Thema von Mozart
Richard Strauss: Sinfonische Dichtung »Till Eulenspiegel«

Das Regersche Fugenthema entpuppt sich als eine Umspielung der Neuharmonisierung des Themas von Mozart. Die

Häufung von Strebeakkorden, die große Ausschlagweite und die harmonische Dichte ergeben bei Reger eine Harmonik von außerordentlicher Expressivität; einfache, liedhafte Themen werden dadurch meist stark verfremdet, andererseits halten sie aber auch durch ihre Struktur die spannungsgeladene, auseinandertreibende Klanglichkeit zusammen.

Bei Strauss ist die virtuose Orchesterbehandlung zu bewundern: aufblitzende Waldhorn-, Klarinetten- und Violinpassagen und der Einsatz von Instrumentalfarben als künstlerisches Gestaltungsmittel zeigen den Meister der Orchestration.

Parallele Rückungen von Strebeakkorden und Dissonanzen, schwebende Rhythmen, ein Hauch von Exotik und die an die Malerei van Goghs erinnernde Auflösung der Melodiekonturen sind typisch für den impressionistischen Stil Debussys.

Musik vor dem ersten Weltkrieg

Drei Kompositionen sollen als typisch für den Musikstil vor dem Ausbruch des ersten Weltkrieges genannt werden: Richard Strauss' Oper »Der Rosenkavalier«; Arnold Schönbergs Passacaglia »Finstre, schwarze Riesenfalter« aus dem Zyklus »Pierrot lunaire« und Igor Strawinskys »Le sacre du printemps«.

Richard Strauss' musikalische Komödie steht hierbei als Ausdruck der sich »vergnüglich auflösenden« Habsburger Monarchie, und zwar als eine der höchst kultivierten Formen einer Vergnügungsmusik, die auf weniger hohem Niveau in den unzähligen Wiener Operetten dieser Zeit ebenfalls zu finden ist – harmlos, unverbindlich, gemütlich im Text, aber meisterhaft, mit Charme, Witz und ein wenig Ironie musikalisch umgesetzt.

Und in dieser Stimmung des »Tanzes auf dem Vulkan« reißen die Werke von Schönberg und Strawinsky plötzlich den Menschen die Maske herunter, zeigen prophetisch und weit den Zeitereignissen vorauseilend die Empfindungen und Stimmungen künftiger Jahrzehnte, wenn die Folgen spätkapitalistischer und imperialistischer Wirtschaftskrisen zur Vernichtung aller kulturellen Werte und alles Humanen in zwei weltvernichtenden Kriegen geführt haben werden.

Klangbeispiele

Arnold Schönberg: Passacaglia »Finstre, schwarze Riesenfalter« aus »Pierrot lunaire«

Richard Strauss: »Da lieg ich« – Szene aus der Oper »Der Rosenkavalier«

Igor Strawinsky: »Le sacre du printemps« (»Das Frühlingsopfer«)

Schönbergs Passacaglia mit dem eigenen typischen Ausdruck des Grauens, der Jahrzehnte später von anderen Komponisten aufgegriffen und zur Schilderung des faschistischen Unheils immer wieder verwendet wird, mit Ansätzen der Reihentechnik und der so eigenartig im Sprechgesang geführten Singstimme und Strawinskys »Sacre« mit seiner motorischen (schon jazzverwandten) Rhythmik, den wild-dissonant aufschreienden Akkorden (kaum jemals in einem anderen Werk überboten), aber auch seine russische Folklore verdeutlichen das oben Gesagte. Fast könnte man versucht sein, diesen alle Fesseln bürgerlicher Konvention sprengenden Ausbruch schon als unbewußte musikalische Vorwegnahme der russischen Oktoberrevolution zu bezeichnen.

Musik in der Zeit zwischen den beiden Weltkriegen

Alle Erscheinungsformen des musikalischen Stiles zwischen den beiden Weltkriegen lassen sich auf die drei Begriffe »Proletkult«, »Jazz« und »gemäßigte Moderne« zurückführen. Alle drei Termini stehen in mittelbarer oder unmittelbarer Beziehung zu einem Ereignis am Ende des ersten Weltkrieges: der Großen Sozialistischen Oktoberrevolution in Rußland. Die musikalische Umsetzung der Visionen von Chaos, Vernichtung, von wildem Ausbruch der Barbarei (Strawinskys »Sacre du printemps«, Schönbergs Passacaglia »Finstre, schwarze Riesenfalter« usw.) sind nach Auffassung der Komponisten allerdings nicht mehr notwendig; vielmehr ist eine Rückbesinnung auf humanistische Ideale festzustellen (Rückbesinnung auf alte »unverbrauchte« Folklore; auf die christliche Religion, auf Ethik- und Moralauffassungen aus der Zeit der Französischen Revolution und der Zeit der nationalen Erhebungen wie auch das Durchdenken der Probleme einer neuen sozialen Wirklichkeit).

Spiegel der Wirren um die philosophischen Grundlagen einer neuen Gesellschaftsordnung waren auch eine Reihe von Kunsttheorien, die unter dem Begriff *Proletkult* zusammengefaßt werden können. Sie äußerten sich auf musikalischem Gebiet

- in der Auffassung der Musik als »Bürgerschreck«, als Mittel zum Schockieren des Spießbürgers,
- in der verengten Auffassung des Begriffes »revolutionär« (nur auf die Erneuerung der musikalischen Stilmittel bezogen)
- in der Schilderung der modernen Arbeitsplatzatmosphäre ohne Berücksichtigung des dort arbeitenden Menschen (Maschinenmusik, Geräuschmusik, Weltraummusik),
- in der Ablehnung aller Traditionslinien, die von bürgerlichem oder feudalem Gedankengut ihren Ausgang nahmen (vgl. ähnliche Tendenzen in der chinesischen Kulturrevolution der sechziger Jahre),
- in der Auffassung, daß die Arbeiterklasse zur Zeit noch nicht in der Lage sei, kompliziertere Musik zu verstehen, auch noch keine Zeit dafür habe, sich um ein Verstehen der Kunst zu bemühen, daß ihre Musik daher möglichst anspruchslos, ja gar primitv sein müsse.

Von den Werken dieser ästhetischen Haltung ist allerdings kaum etwas geblieben. Die eigentiiche sozialistische Musik kommt erst später zur tragenden Wirkung, sie ist stilistisch noch nicht eigenständig ausgeprägt.

Unter dem Begriff »gemäßigte« *musikalische Moderne* ist eine Zusammenfassung vieler Stilrichtungen zu verstehen; er ist verknüpft mit dem Durchdenken der modernen Klanglichkeit, der modernen Rhythmik und Melodik (bei Hindemith, Bartók, Blacher, Schönberg, Webern). Konstruktion und planmäßiger Einsatz der kompositorischen Stilmittel, nicht mehr wilder Ausbruch, sind an der Tagesordnung.

Dies zeigt sich in der bewußten Beziehung zur Tradition: bei Schönberg auf die Form der Klassik, bei Hindemith auf alte Folklore und barocke Kontrapunktik, bei Bartók auf die Formgestaltung von Liszt und auf die südosteuropäische Folklore, bei Strawinsky die Anlehnung an Pergolesi, Haydn und Tschaikowski.

Als wichtige Stilform bildet sich auch der Jazz als Musik des der Urheimat und dann sogar der neuen Pseudoheimat (auf den Sklavenplantagen der Südstaaten der USA) entrissenen farbigen Großstadtneger-Proletariats heraus. Typisch für die Rhythmik ist das gleichförmige Stampfen, das oft dem gleichförmigen Rhythmus der Maschinen in den Großbetrieben gleichgesetzt wird.

Klangbeispiele
Count Basie: Jumpin' at the Woodside
Béla Bartók: Violinkonzert in H
Paul Hindemith: Ludus tonalis
    Bratschenkonzert »Der Schwanendreher«
Igor Strawinsky: Marsch aus »L'histoire du soldat«

Ein gemeinsames Merkmal aller dieser Werke ist außer der modernen Akkordik, in welcher milde und scharfe Dissonanzen gleichberechtigt neben den Konsonanzen verwendet werden, die sogenannte erweiterte Tonalität – das ist eine Tonartlichkeit, die nicht mehr auf eine Tonleiter oder eine Kadenz, sondern auf das gesamte Netz der Akkordverwandtschaft innerhalb unseres Quintenzirkels bezogen ist.

Die Themen des ersten und des zweiten Satzes von Bartóks Violinkonzert sind stark der ungarischen Folklore verpflichtet; Bartóks Melodik wird durch eine moderne, dissonanzreiche Harmonik verfremdet, die aber hinsichtlich ihres Stufenganges (der Folge der Akkordgrundtöne) oft an Brahms erinnert.

In Hindemiths Bratschenkonzert, in dem alte deutsche Volkslieder verarbeitet werden, wird die Melodik nicht verfremdet, sondern sie ergibt sich oft aus der Auffaltung moderner Akkordfolgen in erweiterter Tonalität (hinsichtlich des Stufenganges erinnert sie an Bruckner und Reger). Die in NB 18d zitierte Melodie zeigt die für Hindemith typische Melodik aus Quart- und Sekundintervallen über einer Akkordfolge C/G/a/B/fis/cis/gis/A/H/E.

Kontrapunktische Techniken (Fuge, Passacaglia, Kanon) spielen bei Hindemith ein große Rolle. Im Mittelsatz des Bratschenkonzerts wird ein Volkslied (»Der Gutzgauch auf dem Zaune saß«) als Fuge verarbeitet.

Strawinskys sehr dissonanzenreiche Harmonik kontrastiert auffallend mit einer Melodik aus relativ einfachen, rein diatonischen Motiven. Besondere Aufmerksamkeit verdient aber vor allem seine eigenartige Rhythmik. Das häufige Wiederholen von Motiven – ein Merkmal russischer Volksmusik – geht bei Strawinsky mit einem ständigen Verkürzen oder Verlängern – oft nur um eine Achtel- oder gar eine Sechzehntelnote – der Figuren einher; da dies aber in Melodie und Begleitung nicht gleichzeitig erfolgt, kommt es dauernd zu einem Auseinanderklaffen der Stimmen.

Musik nach dem zweiten Weltkrieg

Das Ende des zweiten Weltkrieges bedeutet nicht nur die Vernichtung des Faschismus, sondern gleichzeitig auch den endgültigen Sieg der Idee der Sozialistischen Oktoberrevolution. Das zeigte sich zunächst durch ein weltweites Bekanntwerden, durch eine weltweite Entfaltung der Pflege der fortschrittlichen Traditionen proletarischer Musik (Arbeiterchöre, Kampflieder, neue sowjetische Musik der Komponisten Schostakowitsch, Chatschaturjan, Prokofjew und Kabalewski; Verarbeitung proletarischer Musik in den Werken von Eisler, Schwaen, Dessau, Ernst Hermann Meyer wie auch der Pflege fortschrittlicher Traditionen in der bürgerlichen Musik der sozialistischen Länder). Breite Entfaltung erfährt auch die Musikkultur um nationale Unabhängigkeit kämpfender Völker.

Klangbeispiele
Arthur Honegger: Sinfonie liturgique
Dmitri Schostakowitsch: 7. Sinfonie (Leningrader)
9. Sinfonie

Etwa um die Mitte der fünfziger Jahre ist in Europa — vor allem
im deutschsprachigen Raum — der große Nachholbedarf im
Kennenlernen der seit 1933 bzw. seit 1939 nicht mehr aufgeführten Werke (außer den obenerwähnten Werken war es vor
allem die Musik Strawinskys, Hindemiths und Bartóks) im wesentlichen gedeckt.

Mit der geistigen Wiederkehr der Musik der Schönberg-
Schule — vor allem der Musik Anton Weberns — bahnt sich
eine neue stilistische Entwicklung an, die ihren stärksten
künstlerischen Ausdruck — als *punktuelle und* als *serielle Musik* — in den Werken von Messiaen, Boulez und Nono findet.
Die aus völlig neuen Kompositionsmethoden resultierende
Klanglichkeit kann durchaus als Widerspiegelung neuer Produktionsverhältnisse verstanden werden; gleicht die serielle
Kompositionsmethode mit ihren vorgeformten Modellen nicht
ganz den computergesteuerten Fertigungsprozessen der modernen Industrie?

Aber auch die Anwendung der Elektronik im Arbeitsprozeß
führt zu neuen Klangvorstellungen, die im musikalischen Bereich in der neu aufkommenden elektronischen Musik (Stockhausen) ihren ersten Niederschlag finden.

Klangbeispiele
Pierre Boulez: »Le marteau sans maître«
Luigi Nono: »Il canto sospeso«
Karlheinz Stockhausen: »Der Gesang der Jünglinge«
Anton Webern: Variationen für Orchester

Mit den obenerwähnten Stücken ist zunächst einmal der
klangliche Rahmen für die Musikentwicklung der beiden folgenden Jahrzehnte abgesteckt. Doch die totale Durchkon-
struktion von Melodik, Harmonik und Rhythmik bewirkte, daß
alle Stücke, die in dieser seriellen Technik geschrieben wurden — und mochten die melodischen oder rhythmischen Aus-
gangsmodelle noch so unterschiedlich sein — einander völlig
ähnlich klangen. Darüber hinaus wirkte diese Musik starr und

unbeweglich. Die überkomplizierte Rhythmik kann vom Hörer nicht mehr nachempfunden werden, es entsteht der Eindruck für ihn, daß es keine Entwicklung mehr gibt, daß der Rhythmus auf der Stelle tritt und die Musik akzentlos, schwerelos wird.

Demgegenüber ist die Musik der sechziger Jahre unseres Jahrhunderts durch das Bemühen gekennzeichnet, das Unlebendige und Unpersönliche der seriellen und der frühen elektronischen Musik zu überwinden.

Mit der *Aleatorik* wird in die kompositorische Konstruktion das Element des Zufalls eingebracht, d. h. zunächst wird die endgültige Formgestaltung eines Stückes dem Zufall überlassen; in der kleinen bzw. »gelenkten« Aleatorik hingegen wird die Gestaltung einzelner Klänge, Akkorde oder Passagen durch den Zufall bestimmt (wenn z. B. eine Vielzahl von Ausführenden unabhängig voneinander in einem Zeitraum von — angenommen — 5 Sekunden aus den Tönen eines vorgegebenen Akkordes beliebige Melodien spielt, wodurch für den Hörer sich der vorgegebene Akkord als Zusammenklang ergibt, aber ganz eigenartig flimmernd erscheint).

In der sogenannten *postseriellen* Musik. d. h. Musik nach (lateinisch: post) der seriellen Stilperiode, werden die Klangeffekte der elektronischen und seriellen Musik nicht mehr als Ergebnis der musikalischen Konstruktion, sondern als Produkt der Tonvorstellung verwendet. Auch das Geräusch wird in die musikalische Gestaltung einbezogen; die Schlaginstrumente — als Klangfarbenträger und erst in zweiter Linie als Rhythmusgeber eingesetzt — werden zur wichtigsten Instrumentengruppe des Orchesters; eine Reihe von Instrumenten wird auf bislang ungewöhnliche Weise behandelt (Spielen zwischen Steg und Saitenhalter, Klopfen auf den Resonanzboden, Anblasen nur des Mundstückes usw.).

Diese neue Klanglichkeit *(Sonorismus)* wird oft mit einer bewußt einfach gehaltenen Melodik konfrontiert; mit einer Melodik, die zuweilen an die Gregorianik angelehnt ist (oft bei Penderecki), oder aber auf älteste Schichten der Folklore zurückgreift (z. B. bei Kilar: Krzesany).

Klangbeispiele
Wojciech Kilar: »Krzesany«

Krzysztof Penderecki: »Dies irae« — Auschwitz-Oratorium
Sonate für Violoncello und Orchester

Etwa gleichzeitig mit der seriellen und der elektronischen Musik entwickelte sich auch eine neue Art von *Popularmusik*. Diese hat ihre Wurzeln im Rhythm & Blues des nordamerikanischen Negerproletariats. Über erste Imitationen dieser Musik im sogenannten »weißen« Rock'n'Roll (Bill Haley, Elvis Presley) kommt es dann im englischen Big Beat durch Gruppen wie The Beatles und The Rolling Stones zu einer weltweiten Verbreitung. Ihre fast brutale rhythmische Kraft steht im krassesten Gegensatz zur überfeinerten, aber auch sterilen und leblosen seriellen Musik. War der Rhythm & Blues zunächst Ausdruck des Empfindens der um ihre Gleichberechtigung kämpfenden Farbigen der USA, dann — als Big Beat oder Beat — in den sechziger Jahren allgemein Ausdruck einer Opposition aller Unterdrückten und Ausgebeuteten der kapitalistischen Industriegesellschaft, so wurde diese Musik seit dem Anfang der siebziger Jahre mehr und mehr — als Rockmusik — zu einer Musik der Position der Jugendlichen in der ganzen Welt.

In zunehmendem Maße ist seit den siebziger Jahren dann auch eine Annäherung von Klangmusik und rhythmisch betonter Musik festzustellen. Einerseits verarbeiten viele Autoren sinfonischer Werke Elemente der Rockmusik in ihren Kompositionen (z. B. Kalnins), andererseits werden in die Rockmusik und in den Jazz aus der elektronischen Musik und der Sonoristik entlehnte Gestaltungsmittel aufgenommen (z. B. bei Pink Floyd). Eine Symbiose beider so unterschiedlichen Stile bahnt sich an.

Klangbeispiele
Imants Kalnins: IV. Sinfonie
　　Oratorium »Die neue Rusalka«
Pink Floyd: »Atom Heart Mother«
The Rolling Stones: »She's A Rainbow«

96

Der Regionalstil

Landschaftsformen und klimatische Verhältnisse

Jeder europäische Musikliebhaber kann wohl ohne weiteres afrikanische oder asiatische von europäischer Musik unterscheiden; je größer seine Hörerfahrung ist, um so leichter wird er auch in der Musik Europas die Stile einzelner Nationen erkennen können.

Als wichtige Faktoren, die solche stilistischen Unterschiede in der Musik bewirken, werden oft klimatische Verhältnisse und Landschaftsformen vermutet. Aber nur in einem sehr frühen Stadium der menschlichen Entwicklung konnten derartige, unmittelbar von der Natur gegebene Umweltbedingungen den Stil der Musik prägen. Je weiter die Zivilisation fortschreitet, um so mehr ist der Mensch in der Lage, die Natur nach seinen Bedürfnissen umzugestalten; und das rauhe Klima Sibiriens z. B. hat heute kaum noch einen Einfluß auf das Musikleben und auf das kulturelle Leben überhaupt, das sich in den gut beheizten und komfortabel eingerichteten Kulturhäusern und Klubsälen der modernen Städte dieser einst so unwirtlichen Landschaft abspielt. Je höher entwickelt also die Produktionsverhältnisse sind, um so geringer ist die Beeinflussung des Lebens und der Kultur – und damit auch der Musik – durch die Natur.

Jedoch hat der ursprüngliche Ausgangspunkt zu bestimmten Traditionen geführt, und diese Traditionslinien bestimmen auch heute noch unterschiedliche musikalische Stileigentümlichkeiten in verschiedenen Gegenden der Welt.

Im Verlauf der Jahrtausende hat die politische Entwicklung, haben sowohl Kriege wie auch Handelsbeziehungen zur Angleichung oder Durchdringung der verschiedenen musikalischen Kulturbezirke geführt; und nicht zuletzt haben auch die sich entwickelnden nationalen Sprachen zur Ausprägung bestimmter rhythmisch-melodischer Intonationen in der Musik einiger Völker beigetragen.

Über den unmittelbaren Einfluß des Klimas auf die Musik gibt es eine interessante Arbeit von Manfred Büttner. Danach scheint erwiesen, daß sehr große Kälte meist zu langsamerer rhythmisch-musikalischer Bewegung führt als große Wärme — tatsächlich ist auch die Musik in kalten Gegenden weit weniger rhythmisch lebendig als diejenige in den heißen Zonen der Erde. Eine weitere These dieser Arbeit besagt, daß die klimatischen Bedingungen einiger Landschaftsgebiete (besonders zu erwähnen das Hochland von Tibet, wo nach Jahrhunderten großer Fruchtbarkeit Dürreperioden eintreten, welche die dort lebende Bevölkerung vertreiben) oft große Völkerwanderungen auslösten. Durch diese gelangten Kulturgüter und damit auch Musikinstrumente und Musikanschauungen in andere Gegenden der Welt.

Der unmittelbare Einfluß der Landschaft auf stilistische Eigenarten der Musik ist wohl noch geringer als der des Klimas. Zwar hat die Musik weiträumiger Landschaftsgebiete der Erde (Wüsten, Savannen, Prärien) durchaus gewisse Ähnlichkeit untereinander, und auch die Musik der Gebirgsbewohner (z. B. in den Beskiden, der Tatra, den Alpen oder den Bergen Norwegens) hat durchaus verwandte Züge; wichtiger ist aber noch, daß bestimmte Landschaftsformen mit der dazugehörigen Tier- und Pflanzenwelt auch ganz bestimmte und spezifische Voraussetzungen für die produktive Arbeit schaffen. Fauna und Flora bedingen z. B. eine jeweils spezifische Musik von Steppenhirten, Berghirten, von Fischern, Großtier- und Kleintierwildjägern. Elefanten- und Mammutjäger ahmen das Gebrüll der großen Tiere nach, verstärken die Kraft der eigenen Stimme durch Hineingrölen in Röhren, in Elefanten- und Mammutzähne. Die Baumfäller unterscheiden den heller oder dunkler gefärbten Klang des Holzes, auf das sie einschlagen; der Knochen des erschlagenen Tieres, aus dem das Mark hinausgepustet wird, ergibt einen Pfeifton und seine Überblastöne.

Oft sind die Arbeitsgeräte in der älteren Steinzeit gleichzeitig auch die ersten Musikinstrumente, sie geben dem Menschen die Elemente der Musik: den Unterschied von Geräusch und Nichtgeräusch, von hell und dumpf, von hoch und tief und von laut und leise.

Die musikalische Verwertung dieser Elemente war auf solchen »Instrumenten« natürlich noch nicht möglich. Sie übten jedoch einen entscheidenden Einfluß auf die Tonvorstellung aus, und da die menschliche Phantasie in der Lage ist, selbst die verschiedenartigsten Vorstellungen von real existierenden Dingen zu koppeln und somit neue Gebilde zu erfinden, kam es dann auf einer nächsten Entwicklungsstufe zur Weiterentwicklung der ursprünglichen Elemente, zu ersten melodischen Gebilden, zum Zusammenfügen von Motiven und kleineren Formen usw.

Derartige Urmelodien wurden z. B. zu Beginn unseres Jahrhunderts bei Völkern aufgezeichnet, die zu diesem Zeitpunkt noch auf einer Entwicklungsstufe standen, die derjenigen der Urgesellschaft entsprach.

Die Notenbeispiele 1a bis 1c zeigen verschiedene Typen solcher Melodien.

Der erste Typ (NB 1a) ist bei Stämmen zu finden, die nur Schlaginstrumente besitzen. Der zweite Typ (NB 1b) zeigt eine Melodiestruktur, die bei Völkern zu finden ist, welche nur Flöteninstrumente kennen; diese Musik ist nicht Kopplung von hellen und dunklen Tönen, sondern eine Aneinanderreihung von Überblasintervallen wie Quinte und Oktave. Der dritte Typ (NB 1c) zeigt eine Melodik, die bei Völkern vorkommt, die primitivste gestrichene Saiteninstrumente verwenden. In vietnamesischer und indischer Musik finden sich Anklänge an eine — in einer Urform nicht mehr bekannte — Melodieart, die als Hauptcharakteristikum den durch Anspannen und Lockern einer Saite im Glissando nach oben oder unten gehenden Ton als Ausgangspunkt hat.

So kommt es also in einigen Gegenden der Welt zu sehr unterschiedlichen, aber andererseits auch in verschiedenen Gegenden zu durchaus miteinander ähnlichen Formen des melodischen Geschehens, zurückzuführen nicht in erster Linie auf Landschaft und Klima, sondern auf die Arbeitsbedingungen, die Landschaft und Klima den dort lebenden Menschen gaben und ihre Tonvorstellung beeinflußten. Mit zunehmender Entwicklung der Produktionsverhältnisse werden diese ursprünglichen Gestalten des Melodischen dann ebenfalls weiterentwikkelt.

Herausbildung von Tonsystemen

Mit dem Eintritt der Menschheit in die Epoche der Sklavenhaltergesellschaft zeigen sich hinsichtlich des musikalischen Stiles neue Tendenzen, die letzten Endes zu Beginn unseres Jahrtausends zu den unterschiedlichen Tonsystemen in den Regionen der großen Weltreligionen (Christentum, Islam, Hinduismus, Buddhismus) führen; zwei davon treten besonders hervor:

- das Durchdenken der Musik und der Versuch, Tonsysteme bzw. Tonskalen auf den Instrumenten als Material-Tonleitern bereitzustellen;
- der immer wieder versuchte Kompromiß, verschiedene Skalentypen, die aus unterschiedlicher Musiktradition entstanden sind, miteinander zu koppeln, zu verbinden.

Der Ausbau von Urintervallen zu Tonleitern und Tonsystemen erfolgt auf den Musikinstrumenten

- nach optischen Gesichtspunkten: Vor allem bei Grifflochinstrumenten (Flöten) hat zunächst nicht das Ohr, sondern das Auge die Entscheidung getroffen, an welchen Stellen des Rohres Tonlöcher angebracht werden sollten. Dem Streben nach gleicher Stufengröße wurde optisch Genüge getan, man machte die Abstände der Grifflöcher gleich weit. Dies führte in musikalischer Hinsicht aber zu unbrauchbaren Tonleitern, denn die Intervalle werden dadurch nach der Höhe zu immer größer;
- durch das Übertragen von kultbedingten Zahlenverhältnissen auf die Musikinstrumente: Dieses Prinzip hängt eng mit dem erstgenannten zusammen. Viertelung, Drittelung oder Fünftelung einer Saite (eines Klangstabes, eines Rohres) ist bereits ein Übertragen von kultisch bedeutsamen Zahlen ins Optische;
- durch das Anordnen von Tonhöhen nach bequemer Spielbarkeit: vor allem bei den bundlosen Saiteninstrumenten zu beobachten, besonders im arabischen Raum;
- durch akustische Maße: Sie erhält man durch das Überblasen von Rohren; dabei ergeben sich Ausschnitte aus der

Partialtonreihe. Auch die Aneinanderreihung einzelner Tonabstände der Partialtonreihe muß hierzu gerechnet werden.

– durch die Übernahme von Einzelintervallen und deren Ausbau zu Systemen, so vor allem des Quintintervalls. Bei unserem sogenannten pythagoräischen Tonsystem ist z. B. die Quinte der Ausgangspunkt; mehrere Quinten werden aneinandergereiht und dann durch Oktavieren in die gleiche Oktave gebracht;
– durch das Einanderangleichen von verschiedenen Skalen und Systemen.

Die Notenbeispiele 4a bis 4d bringen eine Reihe von Tonleitern, die für uns zum Teil sehr ungewöhnlich sind, die aber der Musik derjenigen Völker, die sich ihrer bedienen, ein ganz unverwechselbares, charakteristisches Kolorit geben. Diese Tonleitern sind hier in Cent angegeben. Dazu eine Erklärung: In unserem temperierten Tonsystem hat jeder Halbton zu seinem Nachbarton einen Abstand von hundert Cent. Unsere chromatische Tonleiter – c cis d dis e f usw. – müßte also mit den Centwerten 0 100 200 300 400 500 usw. bezeichnet werden. Wenn wir also in den Skalen der erwähnten Beispiele Tonhöhen von z. B. 250 Cent finden, so erkennen wir, daß es sich um Töne handelt, die es in unserem temperierten Tonsystem nicht gibt.

Während unser temperiertes Tonsystem mit seinen zwölf Halbtönen in der Oktave in der praktischen Musik durchaus (vor allem in der sogenannten ernsten Musik unseres Jahrhunderts) als Musizierrahmen verwendet wird, gibt es auch sogenannte Materialleitern, die als Ganzes nicht verwendet werden. So hatten z. B. die Chinesen schon vor dreitausend Jahren eine zwölfstufige, chromatische, temperierte Tonleiter, ohne daß sie jedoch praktisch in der Musik verwertet wurde. Auch in der indischen Musik, in welcher eine Oktave in 22 Töne (Srutis) unterteilt wird, gibt es kein Musikstück, in dem alle Srutis einer Oktave vorkommen.

Die großen Kulturgebiete der Gegenwart mit ihren charakteristischen musikalischen Merkmalen entsprechen im wesentlichen der politischen Gruppierung der Welt. Gemeinsame musikalische Merkmale finden sich hier sowohl in der Musik der sozialistischen europäischen Länder sowie in der Musik der Sowjetrepubliken, wie andererseits auch in der Musik der ökonomisch am weitesten entwickelten kapitalistischen Länder Europas und Nordamerikas. In der Musik derjenigen Länder, die nicht unter diese beiden Gruppierungen fallen, ist eine starke Bindung an die Musik der Kulturkreise festzustellen, die dem Einflußbereich bestimmter großer Weltreligionen entsprechen (Ostasien – Buddhismus; Südostasien – Hinduismus; Vorderer Orient und arabische Welt – Islam; Südosteuropa – griechisch-orthodoxes Christentum; Südwesteuropa – römisch-katholisches Christentum). Im Einflußbereich dieser Weltreligionen vollzogen sich Verschmelzungen sehr unterschiedlicher Überlieferungen mit territorial verschiedenen Ausprägungen auch des musikalischen Stils.

Einer gesonderten Erwähnung bedürfen einige Formen, die dadurch entstanden, daß zugleich mit den hochentwickelten Produktionsverhältnissen des Industriezeitalters auch das europäische Dur-Moll-tonale System übernommen wurde und dabei auf musikalische Formen stieß, die als Ausdruck gesellschaftlicher Verhältnisse der Feudalzeit oder gar der Sklavenhaltergesellschaft gelten. Dieser Zusammenprall führte zu Besonderheiten der Stilbildung in einigen Ländern Lateinamerikas und in Ostasien. In gewisser Weise ist auch der Jazz als ein Ausdruck solchen Aufeinanderprallens zu verstehen.

In folgenden Gebieten unserer Erde sind heute in musikalischer Hinsicht Gemeinsamkeiten zu finden (der deutschsprachige Raum sei hierbei zunächst ausgeklammert):

Ost- und Zentralasien

Südostasien

Afrika

Indien, Kleinasien und Nordafrika

Südosteuropa und die osteuropäischen Volksdemokratien

Union der sozialistischen Sowjetrepubliken

Skandinavien

Großbritannien und die USA

westeuropäische romanische Länder

Lateinamerika.

Innerhalb dieser Kulturkreise gibt es nationale Besonderheiten.

Ausprägung
nationaler Besonderheiten

Für die Betonung des nationalen Elementes in der Musik gab es in Europa unterschiedliche Motivierungen.

Im ausgehenden Mittelalter und in der Renaissance erfolgte die Hervorhebung des Nationalen durch die Vertonung nationalsprachlicher anstelle lateinischer Texte als eine bewußte Auflehnung des Adels gegen die Großmachtansprüche der Kirche. Im Zeitalter des Absolutismus hingegen war die Betonung nationaler Eigentümlichkeit als politische Höflichkeit zu werten. Das Nationale wurde als »Delikatesse« verstanden, wie es die Tänze aus den neu eroberten überseeischen Kolonien waren. In der Zeit der Wiener Klassik wurde das Volkslied als Ausdruck humanistischer Tradition betrachtet; alle Völker waren gleich, das Volkslied wurde nicht im Sinne des späteren Chauvinismus verwendet. Erst im beginnenden 19. Jahrhundert wurde die musikalische Folklore als Symbol für das Streben nach nationaler Unabhängigkeit angesehen. In einigen Ländern treten Komponisten auf, die sich bewußt als Komponisten ihres Landes verstehen, dabei jedoch noch nicht nationale Intonationen verwenden, sondern eher die allgemeine Musiksprache der Welt — meist die deutsche — zum Vorbild haben. Im Laufe des 19. Jahrhunderts bilden sich dann in den europäischen Ländern sogenannte »nationale Schulen« heraus mit bewußter Betonung der nationalen Eigenarten, oft gekoppelt mit einer antiösterreichischen oder antideutschen Haltung.

In unserem Jahrhundert finden sich schließlich in einer Reihe von Ländern bürgerliche Intellektuelle, die das Volkslied und den Volkstanz wiederum als Symbol des unterdrückten Volkes, als Ausdruck der Verbundenheit mit den Volksmassen und den revolutionären Bewegungen ihrer jeweiligen Länder betrachten, nicht aber im chauvinistischen Sinne gebrauchen.

Die nationale Eigenständigkeit der Musik ist nicht bei allen Völkern gleich stark entwickelt. Viele Voraussetzungen müssen erfüllt sein. Wichtig scheint, daß die Volksmusik nicht nur sehr reich ist, sondern auch aus verschiedenen Quellen gespeist wird, d. h., daß viele unterschiedliche Volksstämme an der Entwicklung einer nationalen Musikkultur mitbeteiligt sein müssen. Der Zwang zu einer Auseinandersetzung, zu einem Verschmelzen, führt dann meist auch zu einer größeren Verallgemeinerung. Weiterhin ist wichtig, daß sich auf der Grundlage dieser Volksmusik eine Kunstmusik entwickelt. Während die Volksmusik nicht aufgezeichnet wird und dadurch ständigen Veränderungen, die von außen herangetragen werden, unterliegt, ist die Kunstmusik in Noten festgehalten; und es scheint von Wichtigkeit, daß eine Vielzahl von Komponisten, über mehrere Generationen hinweg, nicht nur Elemente der Volksmusik verarbeitet, sondern sie auch im Notenbild fixiert und verallgemeinert im Lichte der Weltmusik der Volksmusik zurückgibt; z. B. erst durch Dvořák, Smetana und Janáček werden uns – und auch den Tschechen selbst – typische Eigenarten der tschechischen und slowakischen Folklore bewußt! Es ist weiterhin wichtig, daß die Wirtschaft des betreffenden Landes so entwickelt ist, daß die Komponisten bekannt, daß ihre Werke gedruckt und verbreitet werden; und dies möglichst nicht nur im eigenen Lande, sondern in der ganzen Welt.

Notwendig scheint wohl auch das Vorhandensein einer Schriftsprache und damit schriftlich fixierte Dichtung. Die Literatur formt Geist und Bewußtsein einer Nation in ganz erheblichem Grade, sie schafft Idealgestalten mit Charakterzügen, die unbewußt späteren Generationen als ideale Charakterzüge ihres Volkes erscheinen, die anzustreben sind; und dies findet wiederum seinen Niederschlag in der Musik. Der große Unterschied z. B. zwischen polnischer und tschechischer Musik mit dem »böhmischen Musikanten« als Literaturgestalt einerseits und dem »noblen polnischen Landedelmann« auf der anderen Seite, spiegelt sich deutlich in der Musik zweier Komponisten wie Dvořák (Sonatine für Violine und Klavier G-Dur) und Chopin (Polonaise As-Dur). Aber welche Unterschiede doch auch schon in der »nachdenklichen« Interpretation eines Werkes durch einen Deutschen (die Deutschen – »das Volk der Dichter und Denker«) der »Grandezza« eines polnischen und der Spielfreudigkeit etwa eines tschechischen Ausführenden!

Von größter Bedeutung für die Herausbildung eines nationalen Stils in der Musik ist die Sprache. Unterschiedliche Spracheigentümlichkeiten gewinnen für die Herausbildung einer nationalen musikalischen Intonation Bedeutung, und zwar
- Schärfe oder Unschärfe des Tonansatzes
- Ausklang der Silben bzw. Schluß der Sprechgruppen hinsichtlich ihrer musikalischen Umsetzung
- die Längen und Kürzen, d. h. die unterschiedlichen Differenzierungen zwischen langen und kurzen Silben in den einzelnen Sprachen
- Übereinstimmung oder Nichtübereinstimmung zwischen musikalischer und sprachlicher Betonung (für uns Deutsche eine Selbstverständlichkeit; im Spanischen z. B. braucht die musikalische Betonung keineswegs mit der Sprechbetonung übereinzustimmen!)
- größere oder kleinere Silbenzahlen innerhalb der Verszeilen oder Sprechgruppen in den verschiedenen Sprachen.

Bei der nachfolgenden Charakterisierung der Musik einzelner Länder und der großen Kulturbereiche unserer Erde wird auf die Vorformung der Melodik durch die Sprache ausführlicher eingegangen.

Musik in Ost- und Zentralasien

Klangbeispiele
Yoritsuné Matsudaira: Drei Orchesterstücke (japanische Kunstmusik)
Hideo Shiraki: »Matsuri No Genso« (japanische Jazzmusik)
A. Daschujam: »Mein schönes Reitpferd« (mongolisches Lied)

Das riesengroße Gebiet Ost- und Zentralasiens umfaßt die mongolische Volksrepublik, Vietnam, Japan, China einschließlich Tibets sowie die beiden koreanischen Republiken, Länder also mit unterschiedlichster Wirtschafts- und Sozialstrukur.
Hinsichtlich ihrer geographischen Lage gehören auch die asiatischen Republiken der Sowjetunion hierzu — nicht jedoch in bezug auf die stilistische Eigenart ihrer Musik.

Obwohl die Religion des Buddhismus im Musikleben dieser Staaten heute nur noch eine untergeordnete Rolle spielt, war sie doch einst ein wichtiger Faktor für die Ausbreitung einer einheitlichen Musikkultur, und für uns Europäer klingt daher die Musik – zumindest die Volksmusik – dieser Länder überaus ähnlich, ja fast ununterscheidbar. Das liegt sowohl an der Heterophonie als hauptsächlichem Prinzip des Zusammenspiels als auch an der Pentatonik, welche die Grundlage der Musik in diesem Gebiet bildet (vgl. den pentatonischen Tonvorrat des Beispiels 4b, aus dem sich die unterschiedlichen Modi in der Musik Ost- und Zentralasiens herauskristallisieren).

Unsere Kenntnisse über nationale Eigenständigkeiten in der Musik der einzelnen Länder dieses Kulturkreises sind unterschiedlich – so läßt sich zur Zeit fast nichts über den Stil der beiden koreanischen Staaten sagen; von der Musik in Tibet wissen wir lediglich etwas über die Kultmusik der Mönche, die zu den dunklen Borduntönen großer, dem Alphorn ähnlicher Röhren ihre Gebete murmeln – nichts jedoch über die Eigenheiten der Volksmusik. Die nachfolgenden Abschnitte über chinesische, japanische, mongolische und vietnamesische Musik können nur erste Orientierungen sein.

China

Innerhalb des oben genannten Kulturkreises ist China das größte Land, und seine Musik ist auch die älteste. Das theoretische Durchdenken der physikalischen und philosophisch-ästhetischen Grundlagen der Musik durch die Chinesen trug schon vor 2 000 Jahren zu einer einheitlichen Anschauungsweise über die Musik in ganz Ostasien bei. Einflüsse aus der Musik der übrigen Welt wurden zwar aufgenommen, führten jedoch nie zu einer stilistischen Verschmelzung, sondern nur zur Bereicherung der eigentlichen chinesischen Musik. Obwohl siebenstufige Diatonik vorhanden ist, klingt die Musik immer pentatonisch. Typisch ist der Klang von Glöckchen, Flöte und Zither.

Vietnam

Bei den Vietnamesen, in deren pentatonischer Musik viele Anklänge aus der Musik der dem südostasiatischen Kulturkreis zuzuordnenden Nachbarvölker (Laos, Kampuchea, Thailand) zu finden sind, kommt der Einfluß der Sprachmelodik mehr noch als in der verwandten chinesischen Musik zur Geltung. Das Anspannen oder Lockern der Saiten — nach dem Anzupfen — ergibt glissandoartige Töne, die den klanglich steigenden oder fallenden Sprachsilben entsprechen. Als Beispiel diene hierfür das Wort »mai«: normal ausgesprochen bedeutet es »morgen«, sehr tief gesprochen heißt es »Handel«, in der Tonhöhe von oben nach unten fallend meint es »schleifen«, nach oben steigend »Dach«. Spricht man die Silbe fallend und dann wieder steigend, hat sie die Bedeutung von »sich bemühen«, unterbrochen steigend ma — i »immer«. Allein aus dem Ablauf des gesprochenen Textes ergibt sich schon das Grundmodell einer Melodie, die bei der Vertonung nur ausgeformt, kaum aber noch verändert wird.

Japan
Die japanische Musik hat erst relativ spät Eigenständigkeit erreicht. Brettzithern (Koto) und Trommelinstrumente bestimmen den Klang der japanischen Volksmusik. Die grundlegend anders aufgebaute Sprache, im Gegensatz zur chinesischen, führte zu einem Melodiestil, der sich vom chinesischen immer deutlicher abhebt. Dabei hat der Einfluß europäischer Kunstmusik in der modernen japanischen Kunstmusik (Matsudaira) und auch im japanischen Jazz (Shiraki) zu einer Symbiose geführt, die die japanische als die zur Zeit am weitesten entwickelte Musik in Ostasien erscheinen läßt, und die auch eine der interessantesten gegenwärtigen Musiksprachen der Welt darstellt.

Mongolei
Die Volksmusik der Mongolen ist zum größten Teil Musik von nomadisierenden Hirten. Wir bewundern die melismatisch verzierten Lieder mit ihren lang ausgedehnten Motiven und ihrem großen Tonumfang, oft werden sie von der Morinhur (einer zweisaitigen Geigenart) begleitet. Interessant ist die Rhythmusauffassung der Mongolen; sie kennt kaum die musikalische Umsetzung von Bewegungen der Gliedmaßen (sie sitzen

oder reiten!), und der Pulsschlag spielt in ihrer Musik kaum eine Rolle. Organischer Bezugspunkt der mongolischen Rhythmik ist der Rhythmus der Atembewegungen, der sich in der unterschiedlichen Länge der Motive und Phrasen widerspiegelt.

Musik in Südostasien

Die Länder Südostasiens, Burma, Indonesien, Kampuchea, Laos, Malaysia und Thailand, bilden in musikalisch-stilistischer Hinsicht eine Einheit.

Hauptcharakteristikum sind wohl die Ensembles von Melodie-Schlaginstrumentenspielen (Metallophone, Xylophone, gestimmte Steinplatten, gestimmte Glocken usw.). Diese Ensembles beeinflussen auch den Musizierstil aller anderen Instrumente.

Die rhythmischen Grundmuster sind einfach gehalten, die Phrasierung ist im allgemeinen sehr regelmäßig: 2-, 4- und 8taktige Phrasen überwiegen. Interpunktionen werden oft durch Gongschläge markiert.

Besonders typisch sind die für unsere Ohren so eigenartig »verstimmt« klingenden Tonleitern Slendro und Pelog (NB 4a).

Seine höchste Ausbildung hat der Stil der *Gamelan*-Orchester (Schlaginstrumenten-Ensembles) auf *Bali* und *Java* erfahren; dabei ist die Musik der Balinesen gegenüber der lyrisch-verhaltenen Kunst der Javaner rasanter, unruhiger und brillanter.

Das eigenartige Tonsystem läßt kaum Verschmelzungen mit anderen Tonsystemen der Welt zu. Vielmehr ist ein immer stärkeres Zurückdrängen dieser Musikkultur festzustellen: in Malaysia durch die arabische Musik, in Burma, Laos, Kampuchea und Thailand nach fast hundertjähriger französischer Beeinflussung jetzt – vor allem über Vietnam – durch die pentatonische Musik Ostasiens. Leider wird in allen diesen Ländern die einheimische Musik im Zusammenhang mit der zunehmenden Industrialisierung durch europäische Kunst- und anglo-amerikanische Popmusik verdrängt.

Musik in Afrika

Über die afrikanische Musik läßt sich bei heutigem Kenntnisstand leider noch sehr wenig sagen.

Nordafrika steht völlig unter dem Einfluß der arabischen Musik; in den übrigen Gebieten haben englische, französische, portugiesische, holländische, italienische und deutsche Kolonialisten so viel von der einheimischen Kultur vernichtet bzw. zurückgedrängt, daß wir heute nur noch Relikte eigentlicher afrikanischer Musik kennen. In dieser Musik zeigen sich Unterschiede im klanglichen Bereich zwischen den Völkern Südafrikas – ihre Musik ist leiser und intimer – und den im Norden lebenden Völkerschaften – ihre Musik wird als schrill, scharf und gepreßt gekennzeichnet.

Gemeinsam sind aller afrikanischen Musik die ekstatischen Steigerungseffekte, die kurzen, dabei sehr präzisen Melodiephrasen, die häufig wiederholt werden; es sind weiterhin der beliebte Wechsel von Gruppen- und Sologesang und die Neigung zu harmonischer Mehrstimmigkeit.

Von besonderer Bedeutung ist die Rhythmik. Die in vielerlei Zwischenstufen mögliche Hell-Dunkel-Schattierung des Trommelschlages, mit einem für Europäer geradezu unvorstellbarem Nuancenreichtum an unterschiedlichen Lautstärken, ermöglicht einerseits die Nachrichtenübermittlung der sogenannten »sprechenden Trommeln«, gibt andererseits der afrikanischen Musik einen unerhörten Reiz. Die Polyrhythmik scheint besonders in Westafrika sehr ausgeprägt. Hier wird eine Rhythmusfigur von einem Spieler (mit allem Nuancenreichtum des Einzeltones) ständig wiederholt, ein zweiter Spieler und ein dritter trommeln dazu ihre eigenen Rhythmusfiguren – alle drei Figuren haben jedoch eine unterschiedliche Länge, dadurch ergeben sich ständig neue rhythmische Schichtungen (vgl. NB 3 a).

Neben Erd-, Schlitz- und Handtrommeln ist das Kalebassenxylophon das afrikanische Hauptinstrument. Zanza, Zithern, Querlochtrompeten und Flöten bereichern und ergänzen die Klangpalette afrikanischer Musik.

Diese sehr allgemeinen Bemerkungen können jedoch kaum als Ansatzpunkt für ein künftiges Erforschen der afrikanischen

Musik dienen. Es scheint notwendig, nach außermusikalischen Gesichtspunkten zu suchen, denen dann alle neuen Erkenntnisse zugeordnet werden müßten.

Eine Einteilung in sieben große Kulturgebiete ergäbe sich aus der Berücksichtigung der Zugehörigkeit einer Reihe von Ländern zu großen Sprachfamilien. Innerhalb dieser Gruppierungen bestimmen sowohl eigene Traditionen, wie auch der mehr oder weniger große Einfluß der Kultur ehemaliger europäischer Kolonialmächte, wirtschaftlicher Reichtum und die Höhe des gesellschaftlichen Entwicklungsstandes, welches der Länder neben der politischen Führung auch die größte kulturelle Ausstrahlung haben wird. Es zeichnet sich ab, daß folgende afrikanische Staaten zu wichtigen musikalischen Zentren werden: Ägypten, Algerien, Nigeria, Kongo, Kenia, Äthiopien und Südafrika.

Über Ägypten und Algerien wird im Zusammenhang mit der islamischen Musik gesprochen werden. *Ägypten* hat jahrtausendealte Kulturtraditionen; *Algerien* ist das wirtschaftlich am weitesten entwickelte Land des Maghreb — allerdings hat in Nordwestafrika Marokko die bedeutendere kulturelle Vergangenheit.

Unter den Ländern der Elfenbeinküste ist *Nigeria* wirtschaftlich und hinsichtlich der Bevölkerungszahl (60 Millionen) am mächtigsten; das früher so wichtige Kultur- und Handelszentrum Timbuktu (einst Hauptstadt des Mali-Reiches) gehört heute zu Kamerun. Problematisch ist die Sprachenvielfalt in dieser Region; neben den sudanesischen Sprachen Joruba, Hausse und Fulbe ist in einigen Ländern englisch, in anderen aber französisch Amtssprache.

Unter den Bantu-Ländern haben der *Kongo* und *Zaire* den größten Reichtum. *Angola* und *Moçambique* — beides ehemalige portugiesische Kolonien — haben aber als sozialistische Länder des mittleren Afrika durch ihre fortschrittliche Gesellschaftsordnung hinsichtlich der kulturellen Ausstrahlung die größeren Chancen.

Die *südafrikanische* Kultur wird zur Zeit noch von einer weißen Minderheit (kaum 10 % der Bevölkerung) vertreten; eine Kultur der Zulus konnte sich unter den gegenwärtigen Bedingungen noch nicht herausbilden.

111

In *Kenia* und eigentlich im gleichen Maße auch in *Tansania*, den beiden suahelisprachigen Ländern, ist in der Literatur und der bildenden Kunst die größte Eigenständigkeit afrikanischer Kultur überhaupt festzustellen; leider ist über das Musikleben kaum etwas bekannt.

Die politische Führung am Horn von Afrika hat *Äthiopien*; in der Musik sind Einflüsse ägyptischer, indischer und jüdischer Kultur (das in Äthiopien gesprochene Amharisch ist eine semitische Sprache) festzustellen.

Musik im Einflußbereich der islamischen Kultur

Klangbeispiele
Ravi Shankar: Musik auf der Sitar
John McLaughlin: »Devotion«
Munir Baschir: Musik auf der 'Ud

Zur islamischen Musik zählt in erster Linie die arabische; an zweiter Stelle wäre die türkische Musik zu nennen und die der Völker Vorderasiens, die vom 15. bis 19. Jahrhundert zum Osmanischen Reich gehörten (Afghanen, Armenier, Kurden, Perser und Juden).

Die Ausstrahlung der islamischen Kultur auf die jahrhundertelang ebenfalls der türkischen Herrschaft unterstehenden osteuropäischen Völker (Bulgaren, Griechen, Jugoslawen, Rumänen und Ungarn) ist hingegen geringer gewesen.

Eine gewisse Symbiose ist die arabische Musik mit der indischen eingegangen. Das liegt daran, daß die Kunst beider Völker auf gleichen Traditionen fußt. Die indische Musiktheorie beeinflußte schon vor zweitausend Jahren das musikalische Denken ganz Vorderasiens, bildete so den Ausgangspunkt der arabischen Theorie, und schließlich ist die Religion der Hindus, da weniger kämpferisch als der Islam, stets geneigt gewesen, arabische Musizierpraktiken in die eigene Kunst aufzunehmen.

Bei aller Unterschiedlichkeit gibt es zwischen der arabisch-islamischen und der hinduistischen Musik auch wieder so viele Gemeinsamkeiten, daß die Zusammenfassung unter einem Abschnitt gerechtfertigt erscheint.

Indien

Für den Laien verbindet sich mit dem Begriff »indische Musik« eigenartigerweise das Bild eines Oboe blasenden Schlangenbeschwörers. Durch viele Unterhaltungsfilme ist dabei eine Assoziation von Melodien im sogenannten Zigeuner-Moll mit indischer Volksmusik entstanden. Anhänger der Rock- und Jazzmusik bringen — angeregt durch Gruppen wie »The Beatles« und den Ensembles von McLaughlin und Don Cherry — indische Volksmusik mit dem Spiel der (eigentlich persischen) Sitar in Verbindung. Nur wenige Menschen haben schon wirklich indische Musik gehört — z. B. den virtuosen Vortrag eines Sitar- oder auch eines Vinaspielers (Sitar — eine Gitarrenart; Vina — eine Art Zither).

Die indische Musik fußt auf einer über dreitausendjährigen Tradition. Durch arische Stämme kam damals die Musik der Vedas (ein syllabischer Sprechgesang) bis nach Europa (heute noch in Litauen und Lettland in Anklängen erhalten). Mit der musiktheoretischen Schrift des Bharata (um 200 v. u. Z.) beginnt die geistige Ausstrahlung auf Vorderasien. Die ausgeprägte Rhythmuslehre der Inder dürfte von großem Einfluß auf die arabische und afrikanische Musik gewesen sein, überall in Nordafrika und in Südwestasien kann man Figuren finden, die als Ableitungen indischer Rhythmen verstanden werden müssen. Mit der im 14. Jahrhundert einsetzenden Islamisierung Indiens beginnt sich eine Polarisierung zwischen nordindischer (islamischer) und südindischer (hinduistischer) Musik abzuzeichnen.

Die mystische Versponnenheit, die — bei aller klanglichen Einförmigkeit — rhythmisch oft komplizierte Melodik mit Tonschritten, die kleiner als unsere Halbtöne sind (Srutis), kennen wir erst auf dem Umweg über die Adaptionen indischer Musik durch den Rockmusik-Gitarristen John McLaughlin.

Noch unbekannter ist die auf uralte Überlieferungen zurückgehende indische Musiktheorie. Auf die Kleinstintervalle, die Srutis (22 in einer Oktave) wurde schon hingewiesen. Die Melodietypen, die an bestimmte Emotionen, Stimmungen und

Charaktere gebunden sind – sogenannte *Ragas* – sind hinsichtlich Tonvorrat, Anfangs-, Zentral- und Schlußton, hinsichtlich Auf- und Absteigen der Linie und der Häufigkeit des Auftretens einzelner Töne genau festgelegt.

Eine zentrale Stellung nimmt in der indischen Musik die Rhythmik ein. Die mannigfaltigen rhythmischen Grundfiguren haben eine Länge von 3 bis zu 106 Schlägen (vgl. NB 2 j); ähnlich wie europäische Musiker in der Lage sind, über vorgegebene oder auch nur gedachte Harmoniefolgen zu improvisieren, spielen indische Tablaspieler zu tatsächlich erklingenden oder auch nur innerlich vorgestellten Folgen von Rhythmusfiguren eine oder mehrere rhythmische Gegenstimmen.

Die traditionelle indische Musik ist seit dem Zerfall des Feudalsystems weitgehend ihrer sozialen Grundlagen beraubt; sie wird zunehmend von europäischer Unterhaltungsmusik verdrängt. Viele Elemente dieser Musik wurden als Exotismen vor allem durch französische Komponisten (Debussy, Messiaen) in die europäische Kunstmusik übernommen; andere Elemente finden sich in wenig abgewandelter Form in der Volksmusik Südosteuropas und in der arabischen Musik.

Wenig bekannt ist, daß sich in der indischen Kunstmusik Formstrukturen entwickelt haben, die denen der europäischen Großformen durchaus ebenbürtig sind:

– der Alap, eine Art metrisch ungebundene Introduktion
– der rhythmisch und metrisch bestimmte Jor
– der Jhala als Steigerung und Kulmination
– der streng gebundene, gedankliche Gat.

Die hier verwendeten Ausdrucksmittel sind über ganz Vorderasien verbreitet, man hört sie beim improvisierenden Spiel der Volksmusikanten, und Anklänge daran findet man sogar beim Vortrag von Zigeunerkapellen in Rumänien und Ungarn.

Arabische Musik

Die arabische Musik ist in ihrer vollendetsten und ausgeprägtesten Form im *Irak* zu finden; hier ist sie zu einer vom Ausland relativ unbeeinflußten Entfaltung gekommen, und die immerhin anderthalb Jahrtausende umfassende islamische Kunsttradition lebt fast ungebrochen im Bewußtsein der Bewohner dieses Landes.

Zentren arabischer Musik außerhalb des Irak sind Westarabien, die Levanteküste und Ägypten.

Westarabien (das Maghreb) spielte innerhalb der islamischen Kultur bis zum 14. Jahrhundert eine ganz bedeutende, über Spanien auch nach Europa ausstrahlende Rolle; seitdem stagnierte allerdings die kulturelle Entwicklung, und die arabische Musik wird in zunehmendem Maße von derjenigen der Nomadenvölker der südlichen Sahara überlagert.

Auch in den *Levantestaaten* (Syrien, Libanon, Jordanien) stagnierte die Kunstentwicklung; hier konnten infolge der ständigen kriegerischen Auseinandersetzungen zwischen den zahlreichen religiösen Gruppierungen europäische Einflüsse auf kulturellem Gebiet – vor allem in der Musik – stärker wirksam werden.

Die *ägyptische Musik* erscheint uns regelmäßiger und weniger irrational als andere arabische Musik, die Einschmelzung in die Tradition heidnisch-ägyptischer Musik der Pharaonenzeit, der griechisch-römischen Antike und auch in die Kultur der nilotischen Völker ist offensichtlich.

Als Ausgangspunkt für die Entwicklung der arabischen Musik wird der Rhythmus des Pferdetrabs und des Kamelschrittes angesehen. Man meint, daß das Geräusch der gleichförmigen Schritte beim Reiten durch die endlosen Weiten der Steppen und Wüsten dazu anregt, sich immer neue rhythmische Gruppierungen auszudenken – ähnlich wie die Phantasie auch beim Zugfahren durch die Schienenstöße angeregt würde.

Alle rhythmischen Figuren der arabischen Musik (insgesamt sind es etwa 150 bis 200) werden aus drei Grundwerten gebildet, nämlich dem dumpfen Schlag (dum), dem hellen Schlag (tak) und einem Pausenwert (p). Eine solcher Figuren ist z. B. der Aksak-Rhythmus:

dum – p – tak – p – dum – dum – tak – p – tak

Eine derartige Rhythmusfigur wird ununterbrochen – viele Minuten lang – wiederholt. Dazu spielen verschiedene Volksinstrumente (z. B. die Zurna, eine Oboenart, oder die Dshose, eine einsaitige Fidel) Melodien; noch häufiger aber bringen andere Rhythmusinstrumente Gegenrhythmen oder Verzierungen dazu.

Derartige Schlaginstrumenten-Ensembles (Iqa'at-Gruppen) findet man überall in den arabischen Städten und Dörfern.

Eine zweite Quelle arabischer Musik ist das sogenannte *singende Lesen* in kleinstufigen Intervallen und mit reicher Melismatik. So charakteristisch dieses Rezitieren für uns Europäer auch erscheinen mag: Die Araber bezeichnen das nicht als Musik, sondern als feierliches Erzählen. Es handelt sich offenbar um eine uralte, noch aus der babylonischen Zeit stammende Tradition, die im ganzen Orient verbreitet war und von hier wahrscheinlich in die frühe christliche Musik des Abendlandes übernommen wurde. Dieses gesungene Lesen ist zwar meist beim Vortrag von Abschnitten des Korans zu hören, doch werden auch Märchen und alte Sagen gern in dieser Art dargeboten.

Der arabischen Melodik liegen Melodiemodelle zugrunde, die in etwa den indischen Ragas entsprechen; sie werden Maqam genannt (Plural Maqamat – im Deutschen aber oft auch Maqamen oder Maqams). Den Tonvorrat für alle arabische Melodik stellen die Adshnas (Singular: Dshins); das sind Viertonreihen, deren Rahmenintervall eine Quarte (selten auch eine große Terz) ist. Man erhält die Adshnas aus einer (hypothetischen) Ausgangsreihe

c – d – es – es/e – f – g – as/a – b – c

Hieraus lassen sich die nachfolgenden Adshnas bilden:

c – d – es – f
d – es – f – g
es/e –f – g – as/a
f – g – as/a – b
g – as/a – b – c
b – c – d – es

Die beiden Töne es/e und as/a kommen in unserer europäischen Musik nicht vor; sie liegen genau zwischen den beiden jeweils angegebenen (vgl. NB 4a, 4).

Die volkstümliche Musik wird auf einfachen ein- und zweisaitigen Streichinstrumenten wie Dshose und Rabab, einfachen Blasinstrumenten wie der bereits erwähnten Zurna und der Rohrflöte (Nai), sowie auf der gezupften (Qanun) und der mit Klöppeln gespielten Zither (Sandur) gespielt.

Als Kunstinstrument gilt die Laute ('Ud), das virtuose Spiel auf diesem Instrument steht in hohem Ansehen. Der bedeutendste, in der ganzen arabischen Welt hochgeschätzte Lautenist und Komponist ist der Iraker Munir Bashir.

Israel

Die Musik der orientalischen Juden unterscheidet sich bzw. unterschied sich nicht wesentlich von derjenigen ihrer kleinasiatischen Nachbarn. Die Menschen lebten in den gleichen Verhältnissen, sie standen in der gleichen, jahrtausendealten Tradition, ihre Sprache – das Hebräische – fußt auf den gleichen Sprachwurzeln (vgl. z. B. die beiden Worte arab. Salam/Frieden und hebr. Scholom/Frieden).

Mit der Gründung des Staates Israel kamen nun Juden aus Westeuropa hierher, die völlig im Geiste der europäischen Kultur aufgewachsen waren, und solche aus Osteuropa, die wiederum sehr viel Kulturgut der Länder übernommen hatten, in denen sie bzw. ihre Vorfahren seit einigen Jahrhunderten lebten (im musikalischen Bereich vor allem Elemente aus der Folklore der Polen, Ungarn und Rumänen).

Trotz ihrer zahlenmäßigen Minderheit bestimmen diese vornehmlich in den Städten wohnenden europäischen Juden sehr stark das gesamte Kulturleben Israels und wandeln allmählich die Musik des ganzen Volkes stilistisch so um, daß sie bald derjenigen der Europäer näher als der ihrer arabischen Nachbarn stehen wird. Vermutlich wird diese Entwicklung stark durch den jüdischen Glauben begünstigt, in dem das Übertragen uralter Bräuche und Anschauungen in die sich ständig wandelnde Gegenwart (also weder starres Festhalten am Althergebrachten, noch ein Anpassen um jeden Preis) eine große Rolle spielt.

Türkei

Die türkische Musik hat vorwiegend siebenstufige modale, meist abwärtsgehende Melodien, in denen immer ein pentatonisches Grundgerüst durchschimmert. Einzelne Töne stimmten ursprünglich nicht mit denen unseres Tonsystems überein, oft waren sie um 1/8- oder 1/4-Ton höher oder tiefer, jedoch findet eine allmähliche Angleichung an die europäische temperierte Stimmung statt. Zigeuner-Dur ist als Materialtonleiter sehr beliebt: c – des – e – f – g – as – h – c.

Von der Rhythmik her kann man metrisch freie wie auch metrisch gebundene Musik unterscheiden. Unregelmäßige Taktarten sind häufig, sie werden aber im Gegensatz zum regelmäßigen 4/4-Takt als Ausnahme empfunden.

Das Klangkolorit türkischer Musik wird durch Kemantsche (eine Fidelart), Kaval (eine Längsflöte) und Zupfinstrumente geprägt.

Die einst dem Osmanischen Reich angehörenden Völkerschaften der Kurden und Perser haben keine eigenständige, sich von der türkischen oder arabischen Musik deutlich abhebende Musik entwickelt. Im ebenfalls lange Zeit unter der Türkenherrschaft stehenden Sudan ist die arabische Musik eng mit der heidnischen Musik nilotischer Stämme verschmolzen – und auch die Musik der sich zum Christentum bekennenden Sudanesen (und Ägypter) weist keine Unterschiede zur islamisch-sudanesischen auf.

Jahrhundertelang haben die Türken auch versucht, ihre Kultur den christlichen Völkern Südosteuropas aufzuzwingen – allerdings erfolglos! Interessanterweise begann jedoch zur gleichen Zeit, in der sich die Balkanvölker heftig gegen die islamische Beeinflussung zur Wehr setzten, in Mitteleuropa auf musikalischem Gebiet eine »Türkenmode«: man komponierte Musik »alla turca« (türkische Märsche von Mozart und Beethoven), man vertonte Sujets aus dem Türkenland (Mozarts »Entführung aus dem Serail«), die Janitscharenmusik – als Ensemble von Querpfeife, Becken, kleiner und großer Trommel – wurde (dabei oft ganz im europäischen Stil eingesetzt) zum Symbol für türkische Musik.

Musik in Südosteuropa und in den europäischen Volksdemokratien

Unter südosteuropäischer Musik verstehen wir die Musikkultur der Albaner, Griechen, Jugoslawen und Bulgaren. Ihre Musik ist charakterisiert durch die Überlagerung verschiedener historischer Kulturepochen: die der griechischen Antike, des byzantinischen Reiches, des mohammedanisch-osmanischen Reiches und derjenigen Westeuropas (vor allem italienische, deutsche und englische Popularmusik).

Neben der griechischen Musik hat ganz besonders die bulgarische eine hohe nationale Eigenständigkeit erreicht, die enge politische Bindung an das russische Reich und später an die Sowjetunion brachte weitere kulturelle Impulse und macht es schwierig, die Musik dieses Landes eindeutig dem Kulturkreis der osteuropäischen Volksdemokratien oder dem südosteuropäischen, von der byzantinischen Kultmusik geprägten, zuzuweisen.

Die Musik der *Albaner* ist außerhalb ihres Landes so gut wie unbekannt.

Jugoslawien

Klangbeispiel
Jakov Gotovac: Szenen aus der Oper »Ero der Schelm«

Von jugoslawischer Musik kann man eigentlich noch nicht sprechen. Die verschiedenen ethnischen Gruppen (Kroaten, Serben, Mazedonier, Slovenen) konnten noch keinen übergreifenden jugoslawischen Stil herausbilden. In den jeweiligen Regionalstilen zeigt sich oft eine Übereinstimmung mit der Musik der Nachbarvölker (der Griechen, Bulgaren, Österreicher oder Italiener). Die — wenigen — Gemeinsamkeiten sind das Gusla-Spiel, die Liebe zur Polyphonie, und ein — sonst in Südosteuropa recht seltenes — Überwiegen von 2/4- und 3/4-Takt gegenüber den sogenannten ungeraden und zusammengesetzten Taktarten (5/8, 7/8 usw.)

Griechenland

Klangbeispiel
Mikis Theodorakis: 2. Sinfonie

Die heutige griechische Musik hat vorwiegend Dur-Charakter. Dieser sowie der stets klare — fast symmetrische — Formablauf und die regelmäßige Phrasierung geben in Verbindung mit dem Klang von mandolinenähnlichen Zupfinstrumenten den uns vertrauten sogenannten Adriasound.

Die schlagerartige, neuere volkstümliche griechische Musik

überlagert fast vollkommen die noch der antiken Tradition verpflichtete Bauernfolklore in meist äolischer, dorischer oder phrygischer Tonart. Auch Zigeuner-Dur wird häufig angetroffen. Viertel- und Dritteltöne werden in immer stärkerem Maße den europäischen Halbtonschritten angeglichen. In der gesamten griechischen Musik sind melodische Figuren zu finden (NB 5b), die aus der Praxis des orientalischen Streichinstrumentenspiels erwuchsen. Die unregelmäßigen Rhythmen des 7/8-, 5/8- und 9/8-Taktes (NB 2) resultieren aus dem Sprachrhythmus.

Die Kunstmusik der griechischen Antike wurde vor allem durch die byzantinische Kirche bewahrt und gepflegt; sie lebt im christlichen Brauchtum des Landes noch heute fort. Andererseits sind wesentliche Elemente der griechischen Musik des Altertums als »abgesunkenes Kulturgut« in die Musik der Araber, Perser und Türken eingedrungen. Mit Recht können die Griechen sagen, daß Einflüsse aus der Musik des Orients im Grunde nur ein »Zurückbringen« ihrer eigenen Musik darstellen würden.

Die Entwicklung einer modernen Kunstmusik setzt in Griechenland erst im 19. Jahrhundert – nach dem Ende der Türkenbesetzung – ein. Der Einfluß italienischer Opernmusik zu Beginn des vorigen Jahrhunderts wurde allmählich zugunsten der deutschen bzw. österreichischen Musik (bedeutend der Schönberg-Schüler N. Skalkottas) und im 20. Jahrhundert durch Strömungen des Modernismus (Christou, Xenakis) verdrängt. Bewußte kompositorische Verarbeitung griechischer Folklore brachten im vorigen Jahrhundert P. Petridis und in der Gegenwart M. Theodorakis.

Bulgarien

Klangbeispiele
Béla Bartók: Tänze im bulgarischen Rhythmus aus dem Zyklus »Mikrokosmos«
Wesselin Nikolov: Jazztitel »Tans sö wino«
Wesselin Stojanov: Sinfonische Dichtung »Baj Ganju«
Pantscho Wladigerov: Bulgarische Suite, op.21
Während der mehrhundertjährigen türkischen Herrschaft über

Bulgarien gelang – unter Führung der byzantinischen Kirche – die Vereinigung aller bulgarischen Stämme und die Verschmelzung zu einer einheitlichen bulgarischen Nation. Dadurch konnte ein eigenständiger nationaler Musikstil entstehen, der jedoch durch die Unterbindung aller Kontakte mit den europäischen Nachbarländern während der Fremdherrschaft lange Zeit auf der gleichen Entwicklungsstufe verharrte. In der heutigen bulgarischen Musik ist die historische Vielschichtigkeit für uns besonders interessant: neben archaischen Hirtenliedern, die durch den pentatonischen Duktus und auch hinsichtlich der Melismatik eine eigenartige Ähnlichkeit mit mongolischen Gesängen aufweisen, findet man das aus der byzantinischen Kultmusik übernommene antiphonale chorische Singen; der Vers- und Strophenbau der Volkslieder gleicht oft demjenigen der griechischen Antike. Natürlich ist auch ein – wenn auch geringfügiger – Einfluß der türkisch-mohammedanischen Musik zu finden; und schließlich sind dann gegen Ende des vorigen Jahrhunderts Elemente aus der deutschen bzw. österreichischen Musik, ganz besonders der Kaffeehausmusik, übernommen worden.

Schon mehrere Generationen bulgarischer Komponisten konnten, auf dieser Tradition fußend, internationale Bedeutung erlangen, so u.a.: D. Christov, P. Wladigerov, W. Stojanow und W. Kasandshiev.

Die Volksmusik ist hinsichtlich ihrer Tonalität vorwiegend äolisch; eigenartig ist das – vor allem im Piringebirge gebräuchliche – mehrstimmige Singen in parallelen Sekunden. Den typischen Klang bulgarischer Folklore bringen einige Volksinstrumente wie u. a. Dudelsack, Gadulka (eine Fidelart), Kaval und – neuerdings auch – das in der Spielweise ganz den erstgenannten Instrumenten angepaßte Akkordeon.

Am eigenartigsten ist jedoch die Rhythmik der bulgarischen Musik. So wie in der bulgarischen (und auch in der griechischen) Sprache die einzelnen Silben nicht hinsichtlich ihrer Schwere, sondern nach dem Grad ihrer Längen und Kürzen, so werden auch in der Musik die Schläge innerhalb eines Taktes nicht hinsichtlich ihres unterschiedlichen Betonungsgrades charakterisiert. Werden z. B. in unserer Musik in einem 3/8-Takt das erste Achtel stark, das dritte Achtel schwächer und das zweite gar nicht betont, so unterscheiden die Bulgaren im Ratschenitza-Rhythmus zwei »normale« und einen dritten etwas längeren Schlag –, sie erhalten dadurch die Figur des 7/16- bzw. 7/8-Taktes. Der zweischlägige Takt, in dem der letzte Schlag gedehnt wird, ergibt den Paiduschko-Rhythmus im 5/8-Takt; während aus dem vierschlägigen Takt mit verlängertem letzten Schlag der unregelmäßige »bulgarische« 9/8-Takt entsteht. Der 6/8-Takt mit verlängertem letzten Schlag wird zum 13/16-Takt (vgl. NB 2).

Die lebendige Kraft dieser Rhythmik strahlt nicht nur auf die bulgarische Kunstmusik aus, sondern führt auch zu einer interessanten Bereicherung im Jazz und in der Tanz- und Unterhaltungsmusik (vgl. W. Nikolov).

Rumänien

Klangbeispiele
Paul Constantinescu: Ballettmusik »Nunta in Carpati«
George Enescu: 2. Rumänische Rhapsodie
– de ascultat –: »Ciocirlia« (»Die Lerche«)

Das Gebiet des heutigen Rumänien war vor zweitausend Jahren von den Dakern besiedelt, als deren mächtigster Stamm die Karpen – nach denen noch heute das zentrale Gebirge Rumäniens, die Karpaten, benannt ist – galten. Die dakischen Hirten- und Bauernstämme wurden von den Römern unterworfen, und die Eroberer zwangen den Besiegten ihre Sprache – das Lateinische – auf. Die frappierende Ähnlichkeit zwischen italienischer und rumänischer Melodik läßt sich aus der Übereinstimmung der beiden aus dem Latein weiterentwickelten Sprachen erklären. Jedoch waren die Daker im Gegensatz zu den Römern ein literarisch ungebildetes Volk, nicht einmal des Lesens und Schreibens kundig; die von ihnen hörend kaum richtig erlernte Fremdsprache mag sich wohl damals schon recht stark von derjenigen der Römer unterschieden haben. Fast anderthalb Jahrtausende bleibt in diesem Gebiet die versimpelte Sprache der Römer als eine Art Hirtenlatein fast unverändert bestehen, wenn auch durch slawische, türkische, ungarische und deutsche Siedler viele Ausdrücke aus deren Sprachen in den Wortschatz eindringen. Erst mit der Gründung des rumänischen Staates im Jahre 1861 beginnt die sehr rasche Entwicklung einer Literatursprache; internationale Begriffe der modernen Zivilisation – meist lateinische oder französische Worte – werden mühelos in das Rumänische übernommen.

Interessant ist nun, wie die so ganz der Intonation einer romanischen Sprache folgende Melodik in ein klangliches Folklore-Milieu eingebettet ist, das sich kaum von demjenigen der slawischen Hirten- und Bauernvölker Südosteuropas unterscheidet. Aus diesem Gegensatz resultiert die Eigenart der rumänischen Volksmusik.

Die Musikausübung liegt meist in den Händen sogenannter *Lautari*; das sind fahrende Musikanten – oft Zigeuner –, die noch dem Vorbild der altrömischen Joculores von Ort zu Ort ziehen und wesentlich zu einer Annäherung der Musik der verschiedenen Regionen Rumäniens (der Walachei, Olteniens, Muteniens, Transsilvaniens bzw. Siebenbürgens, Moldaviens, des Banats und der Dobrudsha) beigetragen und bis zu einem gewissen Grad auch die Musik der nationalen Minderheiten (Bulgaren, Deutsche, Jugoslawen, Russen, Ungarn) in die rumänische Kunst integriert haben.

Beliebtestes Instrument ist die Geige; häufig anzutreffen sind auch die Panpfeife und die Taragota (ein im Klang dem Saxophon ähnelndes Holzblasinstrument).

Die sehr alten Hirtenlieder *(Doina)* mit ihren eigentümlichen Einleitungs- und Schlußformeln werden rhythmisch frei improvisierend vorgetragen; die fast ausschließlich im 2/4-Takt stehenden Tanzlieder mit der ununterbrochen durchlaufenden Begleitung der Quartschritt-Bässe (z. B. g – d – g – d – g – d usw.) sind ausgelassen und beschwingt.

Tänze im Aksak-Rhythmus (d. h. im unregelmäßigen 9/8-Takt: 2 + 2 + 2 + 3) werden oft als »Einlage« bei modernen Tanzveranstaltungen gespielt und von den Tänzern im Kreis getanzt.

Eine Besonderheit der rumänischen Popularmusik stellen instrumentale Improvisationen, *de ascultat*, d. h. »Stücke zum Anhören« dar; das sind volkstümliche Vortragsstücke, die zu großen virtuosen Konzertstücken ausgebaut werden. Beispielsweise wurde ein altes bäuerliches Tanzlied – »Ciocirlia« (»Die Lerche«) – in mehreren hundert Jahren durch die Lau-

tari immer weiter ausgeformt, Ergänzungen und Ausschmük-
kungen wurden eingeschoben und wieder von anderen Spiel-
leuten aufgegriffen und verändert. So entstand ein typisch
rumänisches Konzertstück für Violine, das immerhin inzwi-
schen zur Weltliteratur gehört, ohne daß bisher (zum Glück!)
eine endgültig im Notenbild fixierte Fassung vorliegt.

Die volkstümliche Tradition der Hörstücke bildete auch den
Ausgangspunkt der rumänischen Kunstmusik, die allerdings
erst in unserem Jahrhundert zur Entfaltung kam, aber durch
die Werke von Enescu und Constantinescu schon Weltgeltung
erlangte.

Ungarn

Klangbeispiele
Béla Bartók: 1. Satz der Sonate für 2 Klaviere und Schlag-
zeug
  2. Satz des Violinkonzerts
Johannes Brahms: 4. Satz des Klavierquartetts g-Moll
  Ungarische Tänze Nr. 5 und Nr. 6
Imre Kálmán: »Geig', Zygan!« aus »Gräfin Mariza«
Zoltán Kodály: Suite aus »Hary Janos«
Franz Liszt: Ungarische Rhapsodien Nr. 2 und Nr. 12
  Ungarische Volksliederfantasie für Klavier und Orchester

Vielen Menschen vermittelten ungarische Operetten, Lieder
über die Pußta und das Leben der Zigeuner erste Eindrücke
von ungarischer Kultur. Nun gibt zwar die Zigeunermusik der
ungarischen Kunst ein eigenes Gepräge; denn es ist ja durchaus ungarische Zigeunermusik, die sich grundlegend von
derjenigen in Westeuropa oder der ungarischen Nachbarstaaten unterscheidet; der typische Klang von Geigen, Klarinette,
Kontrabaß und Cymbal ist aus dem ungarischen Musikleben
gar nicht hinwegzudenken. Aber dies ist nicht die eigentliche
ungarische Musik. Diese wird aus dem alten ungarischen
Volkslied, vor allem aus der Folklore der Bauern, gespeist und
wird ganz wesentlich durch die Sprache bestimmt. Die gegenüber anderen europäischen Sprachen sehr langen Wörter bedingen eine vorwiegend syllabische Melodik und oft auch eine
Rhythmik mit unregelmäßigen – richtiger: zusammengesetzten – Taktarten. Der Widerspruch zwischen Silbenlänge und

124

Betonung (häufig wird die erste Silbe eines Wortes betont und die zweite ist gedehnt: bócsānot) führt zu einer für die ungarische Musik sehr typischen Figur: eine fallende Quarte, die synkopisch rhythmisiert wird (Achtel — punktiertes Viertel; vgl. NB 5 c).

Weitere Eigenarten ungarischer Musik sind eine motivische Gliederung der Lieder und Themen nach dem Schema a b b a sowie das Wiederholen von Motiven und Phrasen in der Oberquinte oder der Unterquarte.

All diese genannten Elemente ungarischer Melodik sind sowohl in der alten Bauernmusik als auch in der Zigeunermusik zu finden; d. h. diese Zigeunermusik, die für den Laien oft die ungarische Musik darstellt, ist nicht die Musik einer nationalen Minderheit, sondern lediglich eine besondere Art der Interpretation ungarischer Musik.

Typisch ungarisches Kolorit zeigt der beliebteste Tanz der Ungarn, der Csárdás, mit seinem abrupten Wechsel von schnellen und langsamen Tempi. Er hat seine bisher wohl höchste künstlerische Vollendung in den Ungarischen Tänzen von Johannes Brahms gefunden.

Die Kunstmusik wurde außerhalb des Landes zunächst nur in Form von Bearbeitungen deutscher bzw. österreichischer Komponisten (Haydn, Schubert, Brahms) bekannt. Als eigentlicher Begründer der ungarischen Kunstmusik gilt Franz Liszt, der sich seinen Äußerungen zufolge als Ungar fühlte (wenn er auch erst mit vierzig Jahren begann, seine Muttersprache, das Ungarische, zu erlernen). In seinen Rhapsodien verarbeitete er zwar nicht die eigentliche ursprüngliche Folklore der Bauern, sondern die Interpretationen dieser Musik durch die Zigeuner. Erst bei Kodály und vor allem bei Bartók wird das alte ungarische Volkslied als Ausgangspunkt der Komposition betrachtet.

Im Hinblick auf die Formgestaltung übernimmt Liszt — wie auch die meisten anderen ungarischen Komponisten — ebenfalls Anregungen aus der Zigeunermusik; Anregungen, die vermutlich auf uralte Traditionen der indischen Musik zurückgehen. Nicht die thematische oder motivische Verarbeitung, nicht kontrapunktische oder harmonische Finessen stehen im Mittelpunkt des Formgeschehens, sondern der Formaufbau richtet sich in erster Linie nach der Wirkung, welche die Musik auf den Zuhörer ausüben soll. Die Herausarbeitung bestimmter Formteile wie Einstimmung, Erregung, Besinnung usw. ist wichtigstes Anliegen der kompositorischen Arbeit.

Tschechoslowakei

Klangbeispiele
Ján Cikker: Slawische Tänze
Antonín Dvořák: 1. und 2. Satz der Sinfonie e-Moll »Aus der neuen Welt«
Sonatine G-Dur für Violine und Klavier
Letzter Satz aus dem Violinkonzert G-Dur
Leoš Janáček: Orchestersuite aus der Oper »Das schlaue Füchslein«
Edmund Pascha/Jiři Línha: Kleine slowakische Suite Nr. 2
Bedřich Smetana: Furiant aus der Oper »Die verkaufte Braut«
»Die Moldau«, sinfonische Dichtung aus dem Zyklus »Mein Vaterland«
Jaromir Weinberger: Höllenfuge und Polka aus der Oper »Schwanda, der Dudelsackpfeifer«

Symbolische Figur der tschechischen und slowakischen Musik ist der »böhmische Musikant«. Doch während noch die spielfreudigen Mannheimer (vgl. Kapitel »Der historische Aspekt der Stilbetrachtung«), allen voran Jan Václav Stamic, aber auch Dušek, Vaňhal und Rejcha im Grunde doch noch mehr oder weniger als folkloristischer Beitrag zur deutsch-österreichischen Musik betrachtet werden, so treten, mit Smetana beginnend, in Dvořák, Fibich, Suk, Janáček und Cikker Komponisten mit Weltgeltung in Erscheinung, die einen eigenen Stil der tschechisch-slowakischen Musik über mehrere Generationen hinweg ausprägen halfen. Unterschiedliche Folklore bei den Tschechen, in Mähren und in der Slowakei haben nicht zu einer Zersplitterung geführt, sondern sind zu unterschiedlichen Wurzeln des kräftigen, üppig blühenden Baumes tschechisch-slowakischer Kunst geworden.

Die tschechische Folklore ist gekennzeichnet durch eine völlig von der Harmonik determinierte Dur-Melodik. Die bevorzugten Taktarten sind der 2/4- und der 3/8-Takt; im Furiant (vgl. Smetana) wird der 3/4-Takt mit einer 3/2-Takt-Figur (NB 2h) überlagert.

Typisch für die Tschechen ist weiterhin ihre Blasmusik und verbunden damit die typische tschechische Polka (im Gegensatz zur deutschen Polka stets ohne Auftakt und auch im Tempo wesentlich langsamer).

Gerade beim Anhören dieser von Blaskapellen gespielten Polkas läßt sich eine Eigenart tschechischer Musik besonders deutlich registrieren: das scheinbare Verschleppen des Tempos. Man hat oft den Eindruck, daß vor allem die Nachschläge immer ein wenig verzögert gebracht werden.

Hier ist eine Analogie zur tschechischen Sprache zu sehen, in welcher nämlich der Wortakzent regelmäßig, aber immer ein wenig nach dem Silbenansatz erscheint, also fast niemals auf dem ersten Buchstaben (meist einem sogenannten Labiallaut), sondern erst auf dem zweiten oder dritten − selbst dann, wenn dieser ein Konsonant ist (w i k / z m ŕ z l i n a). Auch wenn im Schriftbild ein Knacklaut am Wortanfang steht, erhält er beim Sprechen noch einen »weichen«, zur Betonung hinleitenden Vorbuchstaben (statt okno sagt man vokno, statt ona − vona, statt ihned − jihned). Dieser weiche, verzögernde Worteinsatz ist auch in der Musik zu hören; er bildet ein typisches Merkmal tschechischer Interpretation.

Die tschechische Polka findet man in der Kunstmusik bei Smetana, z. B. in der sinfonischen Dichtung »Die Moldau« bei der Bauernhochzeit; sie findet sich auch in der Höllenfuge und der Bauernpolka aus der Oper »Schwanda, der Dudelsackpfeifer« von Jaromir Weinberger.

Die tschechische Campmusik bzw. Tramp- und Wandermusik erinnert oft an kanadische Westernmusik, und offenbar besteht hier auch eine eigentümliche Verwandtschaft: Dvořáks Sinfonie »Aus der neuen Welt« ist z. B. durchaus tschechische Musik und gleichzeitig doch auch typisch nordamerikanisch. Hat Dvořák im Largo dieser Sinfonie eine Indianermelodie verarbeitet oder haben die Indianer Dvořáks Melodie mit ihrem Text unterlegt und zu ihrer Musik gemacht? Daß diese Frage offenbar nicht ganz zu klären ist, mag als Zeichen innerer Verwandtschaft der beiden Musikstile aufgefaßt werden.

Einen etwas anderen Charakter zeigt die mährische Musik. Sie ist weniger harmonisch determiniert; modale Leitern überwiegen hier; besonders die lydische Tonart ist häufig anzutreffen. Der Rhythmus ist etwas straffer, der erste Taktteil wird schärfer betont. Die Melodik ist asymmetrischer im Formablauf und zeigt einen mehr rhapsodischen Charakter. Die durch die Interpretation der Línha-Singers bekannt gewordene »Slowakische Suite« von Edmund Pascha dürfte als typische mährische Musik gelten. Ihren künstlerischen Höhepunkt findet diese bei Leoš Janáček; seine Musik ist dabei jedoch nicht nur gehobenste mährische Folklore, sondern gleichzeitig auch damit Ausdruck der hochentwickelten tschechisch-slowakischen Musikkultur.

Die slowakische Folklore ist hinsichtlich ihrer Tonalität meist lydisch oder mixolydisch auf pentatonischer Basis. Ungarischer Einfluß ist zu spüren. In rhythmischer Hinsicht überwiegen 2/4- und 3/8-Takt. Häufig sind nicht nur zwei-, sondern oft auch dreitaktige Motive, wobei die melodischen Phrasen 7-, 9-, 11- und 13taktig sein können. Begleitung durch Dudelsack-Quinten ist hier häufiger als in der tschechischen Musik. Viele Volkslieder werden zweistimmig, in Terzen, vorgetragen. Der slowakische Beitrag zur europäischen Kunstmusik ist in den Kompositionen von Ján Cikker zu sehen.

Slowakische und tschechische Musik verschmelzen aber — bei aller Verschiedenheit — doch immer wieder zu einem einheitlichen Ganzen. Diese Einheitlichkeit ist in einer Musizierweise zu sehen, der die Gestalt des lustig-optimistischen, bescheidenen und doch temperamentvollen Spielmanns entspricht.

Polen

Klangbeispiele
Fryderyk Chopin: Etüde E-Dur, op. 10 Nr. 4
   Polonaise As-Dur
Witold Lutosławski: »Trois poèmes d'Henry Michaud«
Stanisław Moniuszko: Mazurka aus »Halka«
Krzysztof Penderecki: 1. Teil aus dem Auschwitz-Oratorium
   »Dies irae«

Die polnische Musik klingt immer elegant und vornehm – hierin ähnelt sie sehr der französischen. Die polnische Musik ist weiterhin – auch heute noch – sehr stark in der Bauernfolklore verwurzelt: trotzdem ist es keine bäurische, keine urwüchsig-primitive Musik. Fast möchte man sagen: Es ist die Musik des polnischen Landedelmannes, eine Gestalt, die in der polnischen Literatur eine ähnlich zentrale Stelle einnimmt wie der »deutsche Gelehrte« in der unseren.

Und polnische Musik ist immer patriotische Musik. Alle internationalen modischen Trends werden sofort aufgenommen, aber »verpolonisiert«. Es gibt keinen polnischen Komponisten, der sich nicht eng mit seiner Heimat verbunden fühlte – und dies spürt man in seiner Musik. Die Folklore ist noch fest im Bewußtsein der Bevölkerung verankert und eng an die christliche Religion gebunden. Das ist historisch gewachsen; es gab nie traditionsvernichtende Religionskriege und – vor allem – die Kirche hat sowohl im 19. wie auch im 20. Jahrhundert stets auf der Seite des Volkes im nationalen Befreiungskampf gestanden.

In musikalischer Hinsicht besonders auffällig ist die eigenartige Rubato-Rhythmik und die geradezu übergeordnete Klanglichkeit, die so im Vordergrund steht, daß oft die Melodik aus ihr herauszuwachsen scheint. In der Melodik überwiegt in der Volksmusik die Dur-Tonalität; harmonisch Moll kommt kaum vor, allenfalls das reine Moll; und in Südostpolen auch Zigeuner-Moll, bei den Gebirgsbewohnern findet sich die sogenannte Gòralen-Tonleiter (vgl. NB4d).

Der eigenartige Rubato-Rhythmus der polnischen Musik wird in erster Linie durch die polnische Sprache bestimmt. Im Gegensatz zur deutschen Sprache ist die polnische nicht sinnbetonend, sondern formal-betonend, denn es wird stets die vorletzte Silbe des Wortes akzentuiert. Dadurch kommt es zu Rhythmusfiguren, die in der deutschen Musik als Synkopen verstanden werden – in Wirklichkeit jedoch nichts anderes als sogenannte »weibliche Endungen« sind. Die Wortanfänge setzen selten mit Knacklauten, sondern mit einer Konsonantenfolge (z. B.: Chrząszcz brzmi w trzcinie) ein. Die musikalische Umsetzung führt dazu, daß der im Deutschen typische »präzise« Tonansatz verwischt wird.

Auch der Wortausklang der polnischen Sprache führt bei der Vertonung zu feinsten Schwebungen (vgl. die musikalische Umsetzung des deutschen Wortes »Freude« mit dem gleichbedeutenden polnischen »radość« – gesprochen radochjtch; NB 20 a). Auf diesem scheinbar »unpräzisen« Tonansatz und dem vibrierenden Ausklingen beruht der typische polnische Rubato-Rhythmus, der international zunächst als Stileigenart von Fryderyk Chopin bekannt geworden ist.

Auch die eigentümliche Klanglichkeit der polnischen Musik, die vor allem bei Penderecki und Lutosławski ihre bisher höchste Ausprägung erfahren hat, ist bereits bei Chopin zu finden. Man höre seine E-Dur-Etüde, op. 10 Nr. 4; sie ist vor allem beliebt wegen ihrer schwärmerischen Melodik, aber: ohne Begleitung ist sie sehr blaß, beinahe unbedeutend. Nicht die begleitenden Akkorde als solche machen sie interessant, sondern die Harmonik; die Klanglichkeit ist das Urelement, aus dem sich die Melodie herauslöst. Dem Nicht-Polen macht beim Hören polnischer Musik stets die Klanglichkeit den stärksten Eindruck; sie bleibt haften. Aus dem klanglichen Eindruck heraus erinnert er sich an die Melodie. Typische Beispiele für das Herauswachsen der Melodik aus einer großen Klangfläche findet man auch in den Werken Szymanowskis (z. B. Beginn des 2. Violinkonzerts), bei Penderecki und Lutosławski (z. B. in: Trois poèmes).

Musik in Rußland und der Sowjetunion

Klangbeispiele
Alexander Borodin: Polowezer Tänze aus der Oper »Fürst Igor«
Aram Chatschaturjan: Säbeltanz aus dem Ballett »Gajaneh«
Michail Glinka: Kamarinskaja
    Ouvertüre zur Oper »Ruslan und Ludmilla«
Modest Mussorgski: »Bilder einer Ausstellung«
Dmitri Schostakowitsch: 2. Satz aus der 11. Sinfonie
Imants Kalnins: 4. Sinfonie
Igor Strawinsky: »Le sacre du printemps«
    »Der Feuervogel«

Pjotr I. Tschaikowski: Nr. 11, 12, 13 aus dem Kinderalbum
op. 39
4. Satz aus der 4. Sinfonie
1. Satz aus der 6. Sinfonie

Ein wesentlicher Zug der russischen Musik ist die Assimilierung der Folklore aller Völker der heutigen Sowjetunion in die russische Kunstmusik. Den Hauptbestandteil dieser allrussischen-allsowjetischen Folklore bietet dabei die Volksmusik der Ukraine.

Die politische Abhängigkeit einiger Völker sowohl vom zaristischen Rußland wie auch von den einstigen Nachbarstaaten des Zarenreiches verhinderte das Aufkommen eigener nationaler Kunststile. Nur in den beiden russischen Weltstädten Petersburg und Moskau hatten nichtrussische Musiker im Zarenreich Gelegenheit, überhaupt Kunstmusik auszuüben. Auch das Fehlen nationaler Schriftsprachen und nationaler Literatur und Dichtkunst bei gleichzeitiger Vorherrschaft des Russischen als Amtssprache bewirkte schließlich das Einfließen aller künstlerischen Anregungen der nichtrussischen Folklore in die russische Musik.

Die russische Folklore ist klanglich gekennzeichnet durch das Kolorit von Balalaika und Banconeon; in der Ukraine kommt die Bandura hinzu. Typisch russisch ist die Wiederholung von kurzen Motiven bei gleichzeitiger Temposteigerung (z. B. in Tschaikowskis Russischem Tanz aus dem Kinderalbum). Viele der schwermütigen Lieder stehen in der Molltonart oder auch in Phrygisch. Häufig ist die melodische Wendung 5., 4., 1. Stufe (NB 5d) und die Schlußwendung 4. Stufe zum zweistimmig gesungenen Schlußton 1. und 8. Stufe.

Neben den auch in West- und Mitteleuropa gebräuchlichen Taktarten ist der 5/4-Takt nicht selten (Tschaikowski: 2. Satz der 6. Sinfonie); drei- und fünftaktige Motive können auftreten.

Die russische Kunstmusik und in ihrer Fortführung die sowjetische zeigen einige Ausdruckscharaktere, die immer wieder anzutreffen sind:
– epische Breite (Schostakowitsch langsamer Satz der 11. Sinfonie)
– heroisches Pathos (Mussorgski: »Das große Tor von Kiew« /

Schostakowitsch: letzter Satz der 12. Sinfonie)
- leidenschaftliche Ausbrüche (Tschaikowski: 1. Satz der 6. Sinfonie)
- wild-aggressive, rhythmische Ausbrüche (Strawinsky: »Le sacre du printemps« / Mussorgski: »Baba Jaga« / Chatschaturjan: »Säbeltanz« aus dem Ballett »Gajaneh«
- Zitate russischer Folklore (Tschaikowski: letzter Satz der 4. Sinfonie / Glinka: »Kamarinskaja« / Borodin: »Polowezer Tänze«)
- Karikatur und Satire (Schostakowitsch: 9. Sinfonie und Zwischenspiele aus der Oper »Katerina Ismailowa«)

Der russischen Musik eng verwandt sind die belorussische und die ukrainische. Auch die Musik der moldauischen Sowjetrepublik zeigt trotz ethnischer Zugehörigkeit der Bevölkerung zu den Rumänen stärkere Bindungen zur russischen als zur rumänischen Kultur.

Die auf der Grundlage *pentatonischer Folklore in den asiatischen Sowjetrepubliken* entstandene Kunstmusik ist ebenfalls viel stärker von der russischen Musiktradition geprägt als von derjenigen der den dort lebenden Menschen verwandten Nachbarvölker.

Eine größere Eigenständigkeit konnte hingegen die Musik der kaukasischen und transkaukasischen sowie der baltischen Republiken erreichen.

In Georgien ist bereits seit dem 4. Jahrhundert eine charakteristische Form des mehrstimmigen Singens zu finden; für die aus Jahrhunderten überlieferte Musik sind Halbton- und Vierteltonrückungen sowie eine mixolydische Melodik typisch, die sich über einem über viele Takte ausgehaltenen Baßton zum großen Nonenakkord auffaltet. Bedeutende Komponisten der Gegenwart wie Muradeli, Taktaktischwili und Zinzadse verarbeiten in ihren Werken die Volksmusik ihrer Heimat.

Auch Armenien kann auf eine jahrhundertealte Kultur zurückblicken; die rhythmische Prägnanz und Lebendigkeit ihrer Folklore spiegelt sich in den Werken Arutjunjans, Chatschaturjans und Knippers.

Von ganz anderer Art ist die Eigenständigkeit der Musik in den baltischen Republiken. In Litauen und Lettland haben früheste, aber noch heute lebendige Schichten der Volksmusik ein vermutliches Alter von mehreren tausend Jahren. Die Lieder weisen eine auffallende Ähnlichkeit mit altindischen Veda-Gesängen auf, beide Sprachen gehen übrigens auf das Sanskrit zurück! In den jüngeren Schichten der Folklore sind deutsche, russische und vor allem polnische Einflüsse nicht zu überhören. Zentrale Themen der Volksmusik und auch eines großen Teiles der seit dem 19. Jahrhundert aufkommenden Kunstmusik sind die Naturverbundenheit und die Einheit von Menschenschicksal und Umwelt, die Beziehung der Menschen zum Wald und zum Meer. Bedeutende Komponisten sind in Lettland J. Vitols und I. Kalnins sowie in Litauen M. K. Čiurlionis.

Die estländische und karelische Folklore hat zwar viele Gemeinsamkeiten mit der lettischen, ist jedoch wesentlich stärker mit der finnischen verwandt.

Musik in Nordeuropa

Klangbeispiele
Erik Bergman: Lapplandsuite (Lapponia) für Chor
Niels W. Gade: Noveletten
Jan Garbarek: Jazz-Improvisationen (zusammen mit Palle Danielson)
Edvard Grieg: Suite »Aus Holbergs Zeit«
    »Norwegisch« aus Lyrische Stücke op. 12
    »Halling« aus Lyrische Stücke op. 71
Jean Sibelius: »Finlandia«
    Valse Triste
Johan Svendsen: Romanze für Violine

Dänemark, Island, Finnland, Norwegen und Schweden bilden in kultureller Hinsicht eine Einheit.

Eine zentrale Stelle nimmt hierbei *Schweden* ein. Die Folklore wird vor allem von der Landbevölkerung und den Studenten gepflegt; dem Geigenspiel der Volksmusikanten wird große Bedeutung zugemessen. In der Kunstmusik überwiegt der mittel- und westeuropäische, vor allem der französische Einfluß, doch ist auch die Beziehung zur Musik der Nachbarländer — Finnland, Norwegen — so stark, daß man oft vom «interskandinavischen Charakter» der schwedischen Musik spricht.

In der Musik der *Dänen* ist die Abhängigkeit zur deutschen Folklore und zur deutschen Kunstmusik unüberhörbar. Alte germanische Traditionen haben sich in abgelegenen Dörfern noch bis heute erhalten. Noch stärker ist diese Bindung an überlieferte Musikpraktiken in der Folklore Islands zu bemerken.

Gegenüber diesen genannten Ländern ist die Musik der Norweger und der Finnen sehr viel eigenständiger. Die Isoliertheit der weit auseinanderliegenden Siedlungen bedingt eine stärkere Bindung an altes Brauchtum als dies in den dichter besiedelten Gegenden Europas der Fall ist. Die außerordentlich lebendig gebliebene Volksmusik kann hier als eine bedeutsame Wurzel der artifiziellen Musik angesehen werden.

Für die *norwegische Musik* sind fünf-, sieben- und auch neuntaktige Melodiephrasen typisch. In der Melodik ist − wie bei vielen Bergvölkern − die übermäßige Quarte häufig anzutreffen. Oft findet man auch − vor allem in den Melodien des beliebten »Halling« − Motive aus Dreiklangsbrechungen, die anschließend in der Oberquarte wiederholt werden (vgl. NB 5e). Die Dreiklangsbrechungen treten in der norwegischen Melodik meist in der Abwärtsbewegung auf; viele Motive enden mit einer fallenden Terz.

Ein besonders eigentümlich norwegisches Kolorit zeigen die Kompositionen von Edvard Grieg und die Jazz-Improvisationen des Saxophonisten Jan Garbarek.

Die *finnische Musik* hebt sich von der übrigen skandinavischen Musik ein wenig auf Grund der Sprache, die ja nicht indogermanischen Ursprungs ist, ab. Im Finnischen wird stets die erste Silbe betont, und die Worte sind − ähnlich wie im Ungarischen − relativ lang; das führt zwangsläufig zu anderen musikalischen Umsetzungen, die Häufigkeit von Metren wie 5/4- und 7/4-Takt ist möglicherweise hierauf zurückzuführen.

Die Rhythmen der Notenbeispiele 2f/2g weisen auf eine uralte Rezitiertechnik hin, in der die beiden letzten Silben eines Verses doppelt so lang gesprochen werden wie die sechs vorhergehenden.

In der Kunstmusik ist sowohl deutscher wie auch russischer

134

Einfluß festzustellen; das Eindringen von Elementen der westeuropäischen (französischen) Musik ist vermutlich über Schweden erfolgt.

Als Volksinstrument ist die Kantele – eine Art Zither – weit verbreitet; sie wird aber neuerdings durch das Akkordeon verdrängt.

Der Grundcharakter der finnischen Musik ist melancholisch, doch »beseelt« – wie ein finnischer Dichter schreibt – »von der kühlen Glut des Herbstes«. Der sehr präzise, aber doch stets bedächtig-langsame Rhythmus verleiht dem gesamten klanglichen Geschehen eine gewisse schwermütige Nachdenklichkeit. Gegenüber der norwegischen Musik ist die finnische weicher und auch ausgeglichener; sie zeigt nicht die felsige Schroffheit und Härte.

Der eigentümliche Reiz der Landschaft des äußersten Nordens Europas mit ewigem Schnee, den monatelangen Polarnächten und der flimmernden Helle der Mittsommernächte ist besonders gut in den Sätzen »Midwinter«, »Midsummer Night« und »Storm on the Fells« der Lapplandsuite für gemischten Chor des finnischen Komponisten schwedischer Nationalität Erik Bergman eingefangen.

Großbritannien

Klangbeispiele
Benjamin Britten: Simple Symphony
John Dowland: Madrigal »Der Frühtau fällt«
Edward Elgar: »Enigma-Variationen«

Unter der Musik Großbritanniens soll die Musik auf den Britischen Inseln, d. h. englische, schottische und irische Musik verstanden werden. Die Musik in den englischen Kolonien ist fast ausschließlich Musik der jeweils einheimischen Bevölkerung. Nur die Vereinigten Staaten Nordamerikas haben in den zweihundert Jahren seit ihrer Unabhängigkeit vom englischen Mutterland allmählich eine eigenständige Musik – auf der Grundlage der englischen Sprache – entwickeln können.

Auf den Britischen Inseln hat allein England international bedeutende Komponisten hervorgebracht: Dunstable, Dowland,

Purcell und in unserem Jahrhundert – nach mehrhundertjähriger Pause – Edward Elgar und Benjamin Britten. Diese englische Kunstmusik zeigt – wie auch die Folklore – eine Neigung zu großer Klangpracht und Klangfülle. Die Folklore steht zum überwiegenden Teil in der Durtonalität; ihr folgen dorisch und äolisch. Die Melodien modulieren allerdings nicht (ein charakteristischer Gegensatz zur deutschen Volksmusik). Die Rhythmik kennt kaum sogenannte weibliche Endungen, Jamben und Anapäste überwiegen, beliebt ist der 6/8-Takt, Synkopen sind recht häufig. Die musikalischen Phrasen entsprechen den Sprechgruppen. Kunstvollste Zusammenfassung all dieser Eigenarten englischer Folklore zeigt sich bei John Dowland, vor allem in seinen Madrigalen.

Der *schottischen* und der *irischen Musik* liegt die anglifizierte gälische Sprache zugrunde. Im schottischen Hochland trifft man noch Pentatonik und auch eine Tonleiter, die der polnischen Göralentonleiter entspricht. Die Pentatonik trägt dabei ausgesprochenen Durcharakter. Dudelsackharmonien als Begleitung sind häufig. Eine besondere rhythmische Figur: Achtel – punktiertes Viertel, der »Scotch-Snap« (NB 2 i), gibt der schottischen Musik einen eigenartigen Reiz.

Die *irische Musik* ist gegenüber derjenigen der Engländer und Schotten im Formaufbau unsymmetrischer und noch synkopischer. Auch hier hat die häufig anzutreffende Pentatonik stets Durcharakter. Die Volkslieder der Iren sind sehr kraftvoll und lebendig. Irische Folklore wurde zu einem Hauptbestandteil der nordamerikanischen Musik.

Nordamerika

Klangbeispiele
Louis Armstrong: »Potatoe Head Blues«
Count Basie: »Jumpin' at the Woodside« (Bigbandtitel)
Leonard Bernstein: »I Love to Be in America« aus dem Musical »West Side Story«
George Gershwin: »I Got Plenty of Nothin'« und »Bess, You Are My Woman Now« aus der Oper »Porgy and Bess« Rhapsodie in Blue

Cole Porter: »Begin the Beguine« aus dem Musical »Night and Day«

Philip Sousa: »Gettysburg March«

Die nordamerikanische Musik ist zu verstehen als eine sich allmählich herausbildende Synthese von euroamerikanischer und afroamerikanischer Musik. Jede dieser beiden Wurzeln ist jedoch ihrerseits schon wieder eine Mischung vieler unterschiedlicher Stile. Eigentliche amerikanische Musik – Indianermusik – ist kaum noch vorhanden; zumindest hat sie auf die Herausbildung der heutigen amerikanischen Musik keinerlei Einfluß gehabt.

Die von den Sklaven nach Amerika mitgebrachte Musik kommt aus unterschiedlichen Quellen, es ist die Musik der verschiedensten afrikanischen Stämme. Schon in der Frühzeit der nordamerikanischen Sklaverei tritt eine gegenseitige Beeinflussung und Angleichung auf, aber dies bereits unter dem Einfluß der englischen Sprache. Die ersten afroamerikanischen Musiker waren – auch das ist wesentlich – musikalisch in Amerika geschult und nicht in Afrika. Die amerikanische Negermusik ist also nicht afrikanisch, jedoch gibt es einzelne Elemente, die offensichtlich aus Afrika übernommen wurden; hierzu gehören z. B. die sogenannten »Blue Notes«, die den neutralen Terzen und Sexten der nordafrikanischen Musik entsprechen.

Die Rhythmik der afroamerikanischen Musik der USA ist – nach meiner, von der allgemein verbreiteten Ansicht abweichenden Meinung – nicht afrikanischen Ursprungs (für die Afrikaner ist z. B. der Jazz europäische Musik!). Der Jazzrhythmus ist als Ausdruck eines Zeitepochen-Stils zu begreifen, der sich allerdings bei den Afroamerikanern am frühesten durchsetzen konnte, weil dort nämlich die Bindung an eine Tradition, an Überlieferung, Brauchtum und eigene Musikkultur – ja sogar an die eigene heimatliche Sprache – am geringsten gewesen ist.

Bedeutendster Vertreter der afroamerikanischen Musik ist Louis Armstrong.

Euroamerikanische Musik zeigt ebenfalls Einflüsse vieler europäischer Völker. Englische Musik steht dabei weniger im Vordergrund als vielmehr irische. Folklore wurde in Amerika zunächst viel weniger gepflegt als sogenannte »hohe Kultur« europäischen Ursprungs. Volkslieder werden in den Schulen aus Büchern gelernt, nicht aus der mündlichen überlieferten Tradition. Die künstliche, kommerzielle Berfusfolklore, z. B. des Hillbilly, mit Fiedel, Banjo, Gitarre, Akkordeon und Baß, ist in dem Sinne keine überlieferte Volksmusik.

Eines der Vorbilder des späteren New-Orleans-Jazz ist die sehr eigenständige Blasmusik, wie sie vor allem Sousa mit seinen berühmten 6/8-Takt-Märschen komponierte. In ihm müssen wir wohl den ersten euroamerikanischen Komponisten mit eigenem Stil sehen.

Die gegenseitige Beeinflussung von euroamerikanischer und afroamerikanischer Musik geschieht in mehreren Etappen: der gegenseitigen Duldung, der gegenseitigen Karikatur, der gegenseitigen Bewunderung, der Adaption »schwarzer« Elemente in der euroamerikanischen und europäischer Elemente in der afroamerikanischen Musik.

Die Vertreter der eigentlichen, nun gewissermaßen Gesamtnordamerikanischen Musik sind die Komponisten George Gershwin, Cole Porter und Leonard Bernstein. Die Werke dieser Komponisten zeichnen sich vor allem durch die sinfonische Verarbeitung von Elementen des Jazz aus. Von diesem wird neben der Rhythmik häufig auch die sogenannte Riff-Technik übernommen. Unter Riff versteht man ein Motiv oder eine melodische Phrase, die ständig wiederholt, dabei aber harmonisch immer wieder neu beleuchtet, manchmal auch melisch verändert wird. Im Jazz ist die Riff-Technik besonders bei Count Basie ausgebildet; Bernsteins »I Love to Be in America« zeigt die Veränderungen eines Riff-Motivs durch eine Akkordfolge mit großer tonaler Ausschlagweite; Cole Porters »Begin the Beguine« ist aus einer einzigen melodischen Phrase gebildet, die bei jeder Wiederholung melisch verändert wird.

Der Einfluß europäischer Kunstmusik auf die nordamerikanische ist bemerkenswert und für die Herausbildung eines amerikanischen Musikstiles bedeutsam durch die Auswahl bzw. Bevorzugung einiger weniger europäischer Komponisten, nämlich: Puccini (vgl. »Porgy and Bess«), Ravel (vgl. »Rhapsody in Blue«), Dvořák (Westernmusik) und des früheren Strawinsky (Filmmusik).

Frankreich

Klangbeispiele
Pierre Boulez: »L'artisanat furieux« aus dem Zyklus »Le marteau sans maître«
Claude Debussy: »Les collins d'Anacapri« aus den »Préludes«
Sonate für Flöte, Harfe und Viola
Guillaume de Machault: Motette »Sil estoit nulz«
Darius Milhaud: Liederzyklus »Catalogue de fleurs«
Maurice Ravel: Klavierkonzert G-Dur

Die französische Volksmusik ist ausgesprochen syllabisch, kennt kaum melodische Ornamentik. Stets ist sie sehr stark mit dem Tanz verbunden. Groß ist die Tradition des oft sogar aus dem Stegreif heraus improvisierten aktuellen Liedes, des Chansons.

Einflüsse französischer Folklore finden sich in der kanadischen Musik, in derjenigen der Schweiz und auch auf Madagaskar. Im Gegensatz zu den Portugiesen, die ihre eigene Musik gewissermaßen in ihre Kolonien exportierten, so daß heute portugiesische Musik eigentlich weniger im Mutterland als außerhalb Europas zu finden ist, haben die Franzosen Anregungen aus Musik ihrer überseeischen Besitzungen in ihre eigene übernommen (besonders indische und indonesische Musik).

Nicht eigentlich zur französischen Musik – noch weniger aber zur spanischen – gehört die Volksmusik der Basken, eine Volksmusik von eigenartigem rhythmischem Reiz. Sie wird gesungen und gepfiffen, ist ebenfalls vorwiegend syllabisch, und ungerade Taktarten sind gebräuchlich. Höchste künstlerische Weltgeltung hat die baskische Musik durch Maurice Ravel erlangt.

Kennzeichen aller französischen Musik ist die außerordentliche Eleganz, die rhythmisch-betonte, beinahe tänzerische Melodik und der, möglicherweise auf den Klang der Sprache zurückzuführende, unterhaltsame, aber nie banal-triviale Schmelz. Wir finden ihn in den Motetten von Machault, bei Adolphe Adam, bei Claude Debussy, Darius Milhaud und sogar bei Pierre Boulez. Wesentlichen Anteil am Charakter der französischen Musik hat neben der Sprache auch der typische Rhythmus, der mit unglaublicher Präzision einsetzt, dessen scharfe, akzentuierende Schläge bewirken, daß man – wie Becking es einmal formulierte – französische Musik eigentlich nur aus dem hohlen Kreuz heraus singen und spielen kann. Becking bringt ein sehr charakteristisches Beispiel aus Aubers Oper »Die Stumme von Portici«, wobei er besonders auf die zweite Silbe des Wortes »gloire« hinweist, die sich musikalisch nur bei der französischen Sprache so ausführen läßt (vgl. NB 20b). Die beiden deutschen Textfassungen (wörtliche Übersetzung und gebräuchlicher deutscher Text) zerstören den Elan und die Eleganz des französischen Originals.

Italien

Klangbeispiele
Arcangelo Corelli: Concerto grosso g-Moll op. 6 Nr. 8
Luigi Nono: Opernszenen aus »Intolleranza«
   Kantate »Il canto sospeso«
Giovanni Battista Pergolesi: Opernszenen aus »La serva padrona«
Giacomo Puccini: Duett Linkerton/Butterfly »Und der Himmel voller Sterne« aus der Oper »Madame Butterfly«
   Ariette »Väterchen, liebes« aus der Oper »Gianni Schicchi«
Gioacchino Rossini: Arie des Figaro »Ich bin das Faktotum der schönen Welt« aus der Oper »Der Barbier von Sevilla«
Giuseppe Verdi: Arie des Herzogs »Freundlich blick' ich auf diese und jene« aus der Oper »Rigoletto«
   Arie des Manrico »Lodernd zum Himmel« aus der Oper »Der Troubadour«
Die heutige italienische Musik fußt auf griechischer, römischer und jüdischer Tradition. Sie ist gekennzeichnet durch

eine vorwiegend engschrittige Melodik, durch rhythmische Lebendigkeit und Heiterkeit; sie ist schwungvoll und hat einen eigenartig blühenden Klang. Der im Grunde immer vokale Charakter der Melodik – der »schöne Gesang« (Belcanto) – ist auch in der Violinmusik herauszuhören.

Die erste Konsolidierung des italienischer Stiles erfolgte im Gregorianischen Choral und dann einige hundert Jahre später durch Guido von Arezzo. Im 13. Jahrhundert ist deutscher und französischer Einfluß (durch Troubadour- und Minnegesang) nachweisbar. In der Musik Landinis und in der Madrigalkunst des 14. Jahrhunderts ist der italienische Stil bereits voll ausgebildet. Melodische Vitalität zeigen Gesualdo, Andrea und Giovanni Gabrieli. Gastoldis Balletti strotzen von Optimismus und Lebensfreude. Ausgesprochen italienische Instrumentalmusik finden wir in den Concerti grossi von A. Corelli.

Die eigentliche und stärkste Ausprägung findet die italienische Musik jedoch in der Oper: ein Meisterwerk bereits Monteverdis, leider nur unvollständig überlieferte »Arianna« und sein »Orfeo«; später die Buffo-Opern von Paisiello, die stark den Stil Mozarts beeinflußten, und Rossinis Werke, in denen die brillant-virtuose Arienkunst der Italiener einen Höhepunkt erreichte. Den Belcantostil (vor allem Bellinis »Norma«) nahmen sich alle nachfolgenden Komponisten Italiens zum Vorbild, er wurde weltweit nachgeahmt. Zwei Komponisten sind es vor allem, die dieser Stil zu einer schöpferischen Weiterentwicklung anregte: der Pole Chopin, der diese Art der Gesangsmelodik auf das Klavierspiel übertrug, und der nach Verdi bedeutendste Opernkomponist in Italien, Giacomo Puccini.

Den Höhepunkt der italienischen Opernmusik und vielleicht der italienischen Musik überhaupt bildet das Opernschaffen Giuseppe Verdis. Wie kaum einem anderen Komponisten gelang es ihm, alle Nuancen des Ausdrucks – von zartester Lyrik bis zur höchsten dramatischen Erregung – in der Gesangsmelodik einzufangen.

Die Ausdeutung des Textes in allen Einzelheiten, ein typisches Zeichen deutscher Musik seit Heinrich Schütz und dann besonders bei Gluck, Wagner, Hindemith und Schönberg, ruft immer eine gewisse Schwerfälligkeit hervor, stört das Fließen der musikalischen Linie. In der italienischen Musik steht immer der Schwung der Melodie vor der Ausdeutung einzelner Textstellen.

Relativ wenig bekannt ist ein großer Teil der Werke Donizettis, der als bedeutendster Vorläufer Verdis gewissermaßen das Bindeglied einer Entwicklung von Paisiello zu Verdi darstellt. Vor allem in seinen, leider kaum gespielten, tragischen Opern (z. B. »Anna Bolein«) erreichte er eine Ausdrucksdichte, die derjenigen Verdis durchaus gleichkommt, sie vielfach sogar vorwegnimmt.

Die Tradition der Opernmusik wird nach Verdi weitergeführt durch Puccini, und sie ist auch in modernsten Werken der heutigen italienischen Komponisten, vor allem bei Luigi Nono, zu finden.

Spanien und Portugal

Klangbeispiele
Isaac Albéniz: Suite española
    Tango aus »España«
Manuel de Falla: Danza del Molinero aus dem Ballett »Der Dreispitz«
    »Nächte in Spaniens Gärten«
David Padrós: Musik im Raum (für Kammerensemble)
Pablo de Sarasate: Zigeunerweisen
Francisco Tarrega: »Recuerdos de la Alhambra«

Die Musik auf der Iberischen Halbinsel wird vor allem durch die Spanier bestimmt. Die Portugiesen haben eine weitaus geringere Bedeutung in der Musik erlangen können; die sehr eigenartige und eigenständige Musik der Basken hat ihre größten künstlerischen Höhepunkte im Rahmen der französischen Musikkultur erreichen können und ist daher im Zusammenhang mit dieser besprochen worden.

In der spanischen Musik überlagern sich Einflußsphären aus verschiedenen Zeitepochen.

Von der ältesten Schicht, die der altindischen Musik der Sanskritzeit nahesteht, sind noch Relikte in der Musik der Zigeuner – vor allem in den abgelegenen Pyrenäendörfern – zu finden. Vor der Unterwerfung des Landes durch die Römer (durch die die lateinische Sprache allmählich zur Landessprache wird) bildeten die Iberer die größte Bevölkerungsgruppe, das Tanzen zum charakteristischen Klang der Kastagnetten ist hier aus dieser Zeit bereits belegt. Invasionen von semitischen und keltischen Stämmen, Besuche phönikischer Händler und griechische Einwanderer brachten weiteres Kulturgut ins heutige Spanien ein; die Sardana – ein immer noch sehr beliebter Reigentanz der Katalonier – gleicht z. B. hinsichtlich der Schrittfolge einem Reigentanz, wie er in Nordgriechenland und Südbulgarien getanzt wird.

Im 6. Jahrhundert erobern schließlich die Goten die Iberische Halbinsel, und mit der Einführung des christlichen Glaubens wird die Musik der katholischen Kirche im Land verbreitet; diese unterscheidet sich allerdings etwas von der Gregorianik, und zwar durch die Aufnahme ambrosianischer, byzantinischer und gotischer Elemente. Nach dem Eindringen der Araber, deren Toleranz den Christen das Beibehalten ihrer Religion gestattete, konnte sich diese liturgische Musik weiterentwickeln, sie nimmt nun noch arabische Anregungen auf und wird von da an als mozarabische bezeichnet.

Mit der Entdeckung Amerikas beginnt für Spanien auch auf musikalischem Gebiet ein neuer Zeitabschnitt. Zunächst dienen Kultbräuche der amerikanischen Ureinwohner – in völligem Mißverstehen des Anliegens – als Anregung zu neuen Tänzen. Das Wort Zarabanda war z. B. ursprünglich der Name für ein mexikanisches Flöteninstrument, nun aber wird es die Bezeichnung für einen von den spanischen Matrosen über Sevilla nach Europa gebrachten zügellosen und ausgelassenen Tanz. Im Laufe einiger Jahrzehnte verlangsamt sich dann das Tempo, und die Musik wird immer kunstvoller stilisiert, so daß der gleiche Tanz schließlich zu Beginn des 18. Jahrhunderts (erstmals wohl bei G. F. Händel) zum Symbol des formstrengen höfischen Zeremoniells der Spanier werden konnte.

Im 19. Jahrhundert beginnt die Kreolenmusik – die ihrerseits stark von der iberischen Musik inspiriert war – die spanische Folklore zu überlagern, wobei vor allem der Habanera-Rhythmus zu einem Kennzeichen der neuen volkstümlichen Musik der Spanier wurde (vgl. Albéniz' Tango). Volkslieder, Volkstänze (Fandango, Seguidilla, Zapateado) und die volkstümliche Musik bilden auch die Grundlage der seit der Mitte des vorigen Jahrhunderts in Mode kommenden Kompositionen »im spanischen Stil« (u. a. von Bizet, Chabrier, Delibes, Lalò, Liszt, Ravel, Rimski-Korsakow).

In der spanischen Folklore sind neben der Durtonart oft auch das Phrygische und Zigeuner-Moll

c – d – es – fis – g – as – h – c

anzutreffen. In rhythmischer Hinsicht ist die Durchdringung bzw. die Überlagerung von 3/4- und 6/8-Takt typisch. Dem Nichtspanier – vor allem dem deutschen Hörer – fällt besonders auf, daß die Sprachbetonung fast nie mit der musikalischen Betonung übereinstimmt.

In einigen spanischen Provinzen finden sich noch eigenständige Sonderformen der musikalischen Folklore: in Andalusien die Flamenco-Musik (Tanzlieder, bei denen rezitativischer und melodiöser Charakter rasch abwechseln), im spanischen Baskenland die Tanzlieder mit einem sehr harten Rhythmus von eigenartig bizarrem Aufbau (z. B. der Zortziko) und in Katalonien die Cobla-Musik (eine Blasmusik, in der volkstümliche Tenoroboen melodieführend sind).

Eine gewisse Sonderstellung nimmt in der spanischen Musik neben der neubelebten mozarabischen Kirchenmusik, neben Folklore und volkstümlicher Musik und der Kunstmusik die Gitarrenmusik ein, die auf Grund besonderer Spieltechniken (Schlagen auf das Holz, Schlagen auf die Saiten, zartes Anzupfen, bloßes Berühren, Gitarrentremolo) ein ganz eigenartiges unverwechselbares Kolorit erhält (vgl. Tarregas »Alhambra«).

Bedeutendster Vertreter der spanischen Kunstmusik ist Manuel de Falla; in seiner impressionistisch gefärbten Musik sind alle aus der spanischen Tradition überkommenen Anregungen eingefangen. Neben Madrid wird seit Beginn unseres Jahrhunderts in zunehmendem Maße Barcelona zu einem Zentrum der spanischen Musik (vgl. die Musik von David Padrós). Die Musik an der spanischen Mittelmeerküste (Katalonien) unterscheidet sich durch ihre freudige und leuchtende Farbigkeit von der gebändigt-leidenschaftlichen, etwas formstrengen Kunst der Madrider Schule.

In der *portugiesischen Musik* ist der arabische Einfluß stärker als in der spanischen. Elemente der ältesten Gregorianik finden sich relativ häufig. Modale Leitern und Zigeuner-Moll sind gebräuchlich. Gegenüber der spanischen Musik fällt die etwas irreguläre und dabei recht flexible Rhythmik auf.

Musik in Lateinamerika

In der Musik der Länder Mittel- und Südamerikas finden wir Elemente der Indianermusik, der afrikanischen und der europäischen Musik. Die Proportionen zwischen diesen Hauptbestandteilen der Musik Lateinamerikas sind allerdings in den einzelnen Ländern unterschiedlich.

Spanische Musik mit Einflüssen der Indianermusik (Gebrauch von Flöteninstrumenten/pentatonische Melodik) haben wir in den Ländern Bolivien, Kolumbien, Ekuador und Peru.

Fast rein spanische Musik finden wir in Chile (Volksmusik gibt es dort allerdins kaum). In der Gegenwart ist vor allem das politische Lied – Gesang mit Gitarrenbegleitung – in der ganzen Welt durch die Kompositionen von Viktor Jara bekannt geworden.

Unverfälscht spanische Musik ist in Venezuela zu finden.

Argentinien hat neben spanischem Einfluß viele Elemente der deutschen Musik aufgenommen. Der argentinische Tango mit seiner sehr charakteristischen, instrumental geprägten Melodik und der interessanten Rhythmik steht neben gesungenen Liedern, die in ihrer Harmonik und Melodik oft an volkstümliche Lieder des deutschen Erzgebirges erinnern.

Fast rein spanischen Charakter trägt auch die Musik der in geographischer Hinsicht nicht nach Südamerika gehörenden Philippinen: Einflüsse aus der Musik der indonesischen Kultur sind kaum noch erkennbar.

Durch einen Anteil afrikanischer Elemente zeichnet sich die Musik Brasiliens, Kubas, Jamaikas und Mexikos aus.

Die volkstümliche Musik der Latinos (in den USA lebende, vor allem aus Puertorico und Mexiko eingewanderte Lateinamerikaner) wird mit dem Begriff Salsa bezeichnet; durch Verschmelzen mit Jazz, Rock und Pop entstand eine besondere Form der nordamerikanischen Unterhaltungsmusik.

Brasilien

Klangbeispiel
Heitor Villa-Lobos: Préludes für Gitarre

In der brasilianischen Musik überwiegt eindeutig das portugiesische Element. Die portugiesische Musik hat hier — mehr als im Mutterland — Eigenständigkeit erreicht, und mit Heitor Villa-Lobos besitzt Brasilien einen der wenigen international bekannten lateinamerikanischen großen Komponisten, übrigens den einzigen weltbekannten schöpferischen Musiker portugiesischer Sprachzugehörigkeit. Neben der portugiesischen Musik sind vor allem italienische Volksmusik und deutsche Kunstmusik an der Ausprägung des brasilianischen Stiles beteiligt. Den größten Anteil jedoch hat die afrikanische Musik. Afrikanischer Einfluß ist vor allem in der Rhythmik zu finden, diese ist ohne sogenannten »off-beat«, aber sehr synkopisch; dabei überwiegt der 4/4-Takt. Hinsichtlich Tonalität, Harmonik und Melodik ist jedoch auch die Musik der Negergruppen Brasiliens völlig europäisch.

Die vielen, in den Urwäldern Brasiliens noch lebenden Indianerstämme haben eine eigenständige, vorwiegend pentatonische Musik, die jedoch nicht an der Ausbildung der brasilianischen Musik beteiligt ist. Der Klang der volkstümlichen brasilianischen Musik wird hauptsächlich durch den Gebrauch von Akkordeons und Gitarren geprägt.

Kuba

In der Musik Kubas und der westindischen Inseln (besonders Jamaikas) ist die Kopplung von spanischer Melodik und Harmonik mit afrikanischer Rhythmik besonders stark ausgeprägt. Die aus der afrikanischen Musik übernommene Polyrhythmik (vgl. NB 3a) ist hier wiederzufinden in der Überlagerung verschiedener Rhythmusfiguren und Metren (vgl. NB 3b). Zu dieser ursprünglich wohl nur getrommelten Polyrhythmik wurden dann zunächst kurze Melodiemotive gesungen, später kam es zu einer »Verklanglichung« der Rhythmen durch Harmonieinstrumente (Gitarre, Klavier, Akkordeon). Mit dem Aufnehmen größerer Melodiebögen wurde die ursprünglich im Vordergrund stehende Trommelrhythmik allmählich zur Begleitrhythmik. Auf europäischen Einfluß ist es zurückzuführen, daß diese Polyrhythmik nach und nach in das Korsett des 4/4-Taktes hineingepreßt wurde.

Für die kubanische Musik ist der harte Wort- bzw. Tonansatz und der abrupte Ausklang der Motive und Melodiephrasen typisch; die kubanische Musik ist gegenüber der spanischen härter und schroffer.

Mexiko
Klangbeispiel
Carlos Chavez: 2. Sinfonie (»Indiana«)

Einen eigenartigen Reiz hat die mexikanische Musik. Alte Musizierformen der Azteken wie die vokalisierte Rhythmik mit Trommelbegleitung sind heute noch anzutreffen; in der Volksmusik überwiegt die pentatonische Melodik, und die altmexikanischen Flöteninstrumente haben auch in der zeitgenössischen mexikanischen Musik ihren festen Platz.

Aus dem Spanischen kommt offensichtlich die Überlagerung von 3/4-Takt und 6/8-Takt, und nach afrikanischem Muster werden darüber auch noch 5/8- und 7/8-Takt-Figuren gelegt.

Neben afrikanischem und geringerem französischem sowie nordamerikanischem Einfluß sind es vor allem spanische Harmonik und Melodik, die den Stil der mexikanischen Musik bestimmen. Hervorzuheben wäre besonders die Zweistimmigkeit in Terzen und Sexten, jedoch ohne die aus der deutschen Folklore bekannten Hornquinten. Das harmonische Gerüst der meisten Lieder ist die Akkordverbindung Tonika mit großer Sept – Dominante mit Sept und None. Stärker als in der spanischen Musik ist in Mexiko die Übereinstimmung von Textbetonung und musikalischem Akzent; weibliche Endungen (Betonung der vorletzten Textsilbe) gelten als charakteristisches Merkmal.

Gibt es einen deutschen Nationalstil?

Älteste heute zugängliche Quellen über die Musik unserer Vorfahren sind die Berichte des römischen Historikers Tacitus über »wilde Gesänge«, über »Lieder oder Lärm« der Germanen:

»Vornehmlich wird Rauheit der Tongebung und ein ratterndes Brausen angestrebt, in dem sie gegen ihre Schilde singen, um mit der durch Widerhall volleren und wuchtigeren Stimme Furcht einzuflößen.«

Berichte anderer Schriftsteller des Altertums (Vegetius, Amianus, Venantius Fortunatius, Elias Salomons und Johannes Diaconus, vgl. die Zusammenstellung bei Mühe, 1961) lassen darauf schließen, daß das Klangideal der Germanen offenbar das gleiche war wie dasjenige der primitiven Tubenbläser in Australien, Melanesien, Brasilien und Südafrika: Verschleierung und Verschrecklichung der menschlichen Stimme.

Die Liebe zu großer Klangentfaltung, zu Lautstärke und Klangpracht einerseits und andererseits die Tatsache, daß musikalische Höhepunkte in der deutschen Musik fast immer mit einem Lautstärkeausbruch verbunden sind, weisen auf ein Musikideal hin, das offenbar auch unsere Ahnen, die Germanen besessen haben.

Die Mammutzähne, in die zunächst hineingegrölt wurde, waren auch Vorstufen von wichtigen Instrumenten der Bronzezeit, den Luren. Auch die Liebe der Deutschen zum Klang der Blechblasinstrumente ist somit wohl ein Relikt aus germanischer Vorzeit.

Fanfarenartige Melodik (aus 3. bis 10. Überblaston) hat gerade in der deutschen Volksmusik einen besonders starken Niederschlag gefunden; zweistimmige Fanfarenmelodik ist als sogenannter »Hornquintensatz« (NB 5h) ein wesentliches Merkmal der Intonation des deutschen Volksliedes geworden (vgl. Meyer, 1954).

Einen wichtigen Einfluß auf die Herausbildung eines spezifischen deutschen Musikstiles hatte auch die deutsche Sprache.

Der harte, oft mit sogenannten Knacklauten beginnende Wortansatz führt bei der Vertonung zu einer recht präzisen, aber auch relativ hart und scharf klingenden Rhythmik (Ausländer sagen: die Deutschen »bellen«). Der Wortausklang — bzw. in der Musik das Motivende — ist nicht abrupt, sondern allmählich (in der Musik mit langem Nachhall) verklingend.

NB 20a und NB 20b zeigen die Unterschiedlichkeit der deutschen Sprache als Melodievorlage im Gegensatz zur polnischen und französischen – »Käfer im Grase« statt »chrząszcz w trzcinie« / »Freude« statt »radość«; »schweben« bzw. »Ruhm« statt »gloire«.

Die starke Betonung einzelner Worte und Silben im gesprochenen deutschen Satz führt im musikalischen Bereich zu einer unterschiedlichen Gewichtigkeit der Töne auf den einzelnen Taktteilen; auch diese dynamischen Differenzierungen innerhalb der Motive und Melodiephrasen mögen als Charakteristikum deutscher Musik gelten.

Viele Ausländer halten den Marsch für eine typisch deutsche Musikform. Das ist wohl übertrieben, denn Marschmusik gibt es bei allen Nationen. Aber: Musik zum Marschieren fordert eine gewisse Regelmäßigkeit in Form und Rhythmik – und diese Neigung zu Symmetrie und Gleichmäßigkeit, oft auch Gleichförmigkeit, ist tatsächlich fast in jeder deutschen Musik zu finden.

Der Klang der Blasmusik stößt vielleicht bei deutschen Hörern auch auf mehr Sympathie als in anderen Ländern.

Das Merkmal, das jedoch den deutschen Marsch am stärksten von den Märschen anderer Völker unterscheidet, ist der eigenartige Rhythmus der Becken: Hier findet man die wohl deutlichste Umsetzung der sprachlichen Intonation ins Instrumentale – harter, »knalliger« Klangeinsatz, langes, nachhallendes Ausklingen, deutlich dynamische Abstufungen.

Eine weitere Besonderheit deutscher Musik scheint die Behandlung der Sprache hinsichtlich ihrer inhaltlichen Aussagen, hinsichtlich der Deutung durch die Musik zu sein. Von Heinrich Schütz über Gluck, Schumann, Wagner bis hin zu Schönberg und Hindemith ist die Ausdeutung des Textes in der Musik sowohl vom Inhalt her wie auch in der genauen Befolgung der sprachlichen Betonung ein wichtiges Anliegen der Komponisten. Das wirkt sich selbst im einfachsten Volkslied, im einfachsten Schlagerlied aus. Wie sorglos gehen für unsere Begriffe z. B. Spanier und Italiener mit der Betonung des Textes um! In unserer Musik müssen Textbetonung und musikalische Betonung stets übereinstimmen, Textaussagen und musikalische Aussage müssen identisch sein; ein Auseinanderfallen wäre in deutscher Musik – selbst für den Laien – undenkbar.

Das uns Deutschen nachgesagte »Leben aus der Theorie heraus« (so hat es Thomas Mann im »Dr. Faustus« einmal formuliert) und die damit verbundene gewisse Schulmeisterlichkeit, Schulmäßigkeit und Regelhaftigkeit, die sich natürlich auch in der Musik auswirkt, ist wohl weniger Veranlagung als vielmehr Tradition, möglicherweise erwachsen aus dem Versuch einer Anlehnung an das durch die deutsche Literatur aufgebaute Idealbild des »faustisch ringenden Menschen«.

Seit dem 18. Jahrhundert ist innerhalb der deutschen Musik eine gewisse Polarisation festzustellen; eine Polarisation zunächst in »Norddeutsche« und »Süddeutsche«, im 19. Jahrhundert dann in Preußen und Österreich.

Österreichische Musik

Der Charakter der österreichischen Musik wird in starkem Maße durch die Werke der österreichischen und deutschen Komponisten, die seit dem Ende des 18. Jahrhunderts in Wien wirkten (u. a. Mozart, Haydn, Beethoven, Schubert, Bruckner, Brahms) geprägt. Besonders die Musik von Schubert, Bruckner, Mahler und Berg zeigt in stilistischer Hinsicht eine gewisse Verwandtschaft, wohl vor allem durch die Aufnahme von Elementen der Volksmusik (vor allem der Steiermark, Kärntens und Tirols).

Das ganz spezifische Kolorit des Musiklebens der Stadt Wien wird wesentlich durch den Beitrag der Wiener Unterhaltungsmusik-Komponisten (u. a. Joseph Lanner, Johann Strauß, Johann Schrammel, Robert Stolz) ergänzt.

Deutsche Musik

Erste stilistische Unterschiede zwischen der norddeutschen Musik und derjenigen Süddeutschlands und Österreichs sind schon im 17. Jahrhundert festzustellen. Nicht unerheblich mag dazu die religiöse Spaltung beigetragen haben.

Im sich vorwiegend zum römisch-katholischen Glauben bekennenden Süden wird die Tradition der auf der Gregorianik fußenden Kirchenmusikpraxis weitergeführt. Im protestantischen Norden ist hingegen die Kirchenmusik einerseits zunächst traditionsloser und dadurch den Einflüssen relativ moderner Stilmittel offener, andererseits aber wurden durch die Unabhängigkeit (auch in finanzieller Hinsicht) von Rom schöpferische Kräfte geradezu herausgefordert. Fast jedes Dorf hatte seinen Kantor, der die benötigte Musik selbst komponierte – selbst komponieren mußte.

Von einer Abspaltung der deutschen Musik von der österreichischen kann man erst nach dem Ende des 1. Kaiserreiches sprechen (1806). Die bürgerliche Musik der reichen Städte (Frankfurt, Hamburg, Leipzig) wie auch die Musik an den Höfen der Könige von Bayern, Preußen und Sachsen und denjenigen der Fürsten und Herzöge Thüringens (Gotha, Meiningen, Weimar) zeugt von einem sehr vielseitigen kulturellen Leben.

Mit der zunehmenden politischen Macht des preußischen Staates, vor allem nach der Gründung des 2. Kaiserreiches unter preußischer Führung, wird Berlin zum Zentrum der deutschen Musikkultur; es behält diese Bedeutung über die Weimarer Republik hinaus bis zum Ende des zweiten Weltkrieges.

Das Lokalkolorit der Berliner Musik wurde ebenfalls – wie dasjenige der Wiener – durch Komponisten der Unterhaltungsmusik (Paul Lincke, Walther Kollo u. a.) mitbestimmt. Dem Wiener Walzer, den gemütlichen, weichen österreichischen Liedern im 3/4-Takt, stehen der preußische Blasorchester-Marsch (Piefke) und der schnoddrig-freche Berliner Gassenhauer – zumeist im 4/4-Takt – gegenüber.

Musik in der Deutschen Demokratischen Republik
Klangbeispiele
Paul Dessau: Melodram »Lilo Herrmann«
Hanns Eisler: Kantate »Die Teppichweber von Kujan-Bulak«
  Neue Deutsche Volkslieder
Fritz Geißler: 5. Sinfonie
Ottmar Gerster: Thüringische Sinfonie
Ulrich Gumpert: Jazz-Suite »Aus Teutschen Landen«
Siegfried Matthus: Violinkonzert
Ernst Hermann Meyer: Mansfelder Oratorium
Johannes Weyrauch: Kleine Klaviermusik
  Messe in C

Große soziale und ökonomische Umwälzungen wie die Errichtung eines sozialistischen deutschen Staates führen zu neuen ästhetischen Auffassungen und damit auch zu neuen künstlerischen Ausdrucksformen. Der stilistische Wandel in der Kunst vollzieht sich natürlich nicht abrupt, erst nach Jahrzehnten ist er zu bemerken. Blicken wir heute auf die Musikentwicklung der letzten vierzig Jahre zurück, so können wir sagen, daß besonders drei kulturpolitische Gesichtspunkte für unsere Republik von Bedeutung waren:

– die Pflege und Weiterführung aller fortschrittlichen humanistischen Traditionen der deutschen Kultur (vgl. die Werke von Gerster und Weyrauch) sowie die Aufgeschlossenheit gegenüber allen auf solchen Traditionen fußenden künstlerischen Tendenzen in der ganzen Welt (vgl. die Werke von Geißler und Matthus).

– die Betonung der Tradition des revolutionären Arbeiterliedes (vgl. die Werke von Eisler, Dessau und Meyer).

– die Idee, daß die Tanz- und Unterhaltungsmusik als echter und gleichberechtigter Bestandteil der sozialistischen Kultur zu gelten hat und nicht etwa ein Abfallprodukt oder Ersatz der sogenannten »wahren« Kunst ist (vgl. Aufnahmen der Rockgruppen »Pantha Rei« und »Karat« sowie die Jazz-Kompositionen von Gumpert und Schönfeld).

Darüber hinaus fanden einige Traditionslinien der deutschen Musik in unserer Republik eine sehr viel stärkere Resonanz als in der westdeutschen Bundesrepublik. Naturgemäß besteht in der BRD eine engere Bindung an die österreichische Kirchenmusik durch die starke Verbreitung des Katholizismus. Die Pflege protestantischer Kirchenmusik und allen damit verbundenen fortschrittlichen Gedankengutes trug in der DDR durchaus zu einer musikalisch-stilistischen Abgrenzung bei. Die Ausstrahlung des Schaffens von Heinrich Schütz (vor allem sein Beitrag zur Herausbildung eines Melodiestiles, der der deutschen Textdeklamation folgt) und des Wirkens solcher Meister wie Schein, Scheidt, Praetorius und J. G. Walther auf das musikalische Empfinden der Menschen ist nicht zu unterschätzen.

Als Folge der Kleinstaaterei entstanden besonders in Thüringen viele Hoftheater und Hofkapellen. Die Fortführung dieser örtlichen Musiktradition brachte es mit sich, daß die DDR – zumindest relativ gesehen – das theater- und orchesterreichste Land der Welt ist.

Auf die Bedeutung einiger Städte als Pflegestätten der Kunst (u. a. Dresden, Meiningen, Weimar) wurde schon hingewiesen. In Berlin und in Leipzig haben sich – über Generationen hinweg – Besonderheiten der musikalischen kompositorischen Arbeit herausgebildet, die in gewissem Sinne schon als Ansätze zu einem Regionalstil betrachtet werden können. Ausländer verweisen oft auf eine für sie frappierende Gemeinsamkeit in der Musik von Bach, Schumann, Reger und Leipziger Komponisten dieses Jahrhunderts (z. B. Weyrauch), in welcher eine Akkordfolge das Grundgerüst der gesamten kompositorischen Arbeit bildet.

Für das Musikleben Berlins waren die Musiker um den Preußenkönig Friedrich II. (C. Ph. E. Bach, H. Graun, J. Quantz), die Komponisten der Berliner Liederschulen (allen voran F. Reichardt) und der Gründer der Berliner Singakademie C. F. Zelter (dessen Ideen u. a. bei O. Nicolai und F. Mendelssohn Bartholdy weitergeführt werden) bedeutend.

Das bewußte Erkennen regionaler Besonderheiten unseres Musiklebens, das Wissen um die musikalischen Traditionen, die sich im Laufe von Jahrhunderten auf dem Gebiet unseres Staates herausbildeten und das Umsetzen der Kunstauffassungen, welche sich aus der Gesellschaftsordnung, in der wir leben, ergeben, wird uns helfen, charakteristische Stilmerkmale unserer Musik aufzufinden, die vielleicht schon vorhanden, aber von uns verständlicherweise zu befangenen Zeitgenossen noch nicht zu erkennen sind.

Die Funktion der Musik
als stilbildender Faktor

Die gesellschaftliche Funktion der Musik

Bei der Rolle, die die Musik allgemein im Leben der Gesellschaft spielt, werden folgende Aspekte wirksam (nach Kagan, 1971): der kommunikative, der bildende, der erzieherische und der hedonistische Aspekt. Innerhalb des Kunstwerkes bilden diese vier Aspekte immer eine Einheit, jedoch kann in einzelnen Werken der eine oder andere zuweilen überwiegen.

Auch in den verschiedenen Epochen der gesellschaftlichen Entwicklung ist das Überwiegen des einen oder anderen Aspektes festzustellen, dabei wird jeder immer stärker ausgeprägt und herausgebildet, so wie andererseits auch das Wesen der gesellschaftlichen Funktion der Musik immer deutlicher erkannt wird.

Zu diesen einzelnen Aspekten der gesellschaftlichen Funktion einige nähere Ausführungen:

Die kommunikative Funktion

Sie ist ein Mittel der Verständigung zwischen Künstler und Rezipient. Sie vermittelt Informationen über den Gegenstand des Kunstwerkes und über das Verhältnis des Künstlers zu diesem Gegenstand.

»Der Kommunikationsprozeß kann nur stattfinden, wenn Künstler und Hörer wenigstens ungefähr über den gleichen musikalischen Zeichenvorrat verfügen, wenn der Hörer also die vom Komponisten verwendeten musikalischen Zeichen und Symbole zu entschlüsseln versteht und nacherleben kann« (Boeck, 1974).

Die Erkenntnisse vermittelnde Funktion

Sie wird sowohl im musikalischen wie auch im außermusikalischen, gesellschaftlichen Bereich wirksam.

Auf musikalischem Gebiet kann der Hörer seine Werkkenntnisse erweitern, und durch die Erweiterung seiner Hörerfahrung kann er – bewußt oder unbewußt – neue Einsichten in musikalische Zusammenhänge und Gesetzmäßigkeiten gewinnen; er kann neue bzw. ihm bis dahin unbekannte musikalische Zeichen, Strukturen und Symbole kennenlernen, und schließlich erwirbt er durch die Zuordnung von Musik und Gesellschaft neue Kenntnisse um die musikhistorischen Fakten und Zusammenhänge.

Im außermusikalischen Bereich ist das durch die Musik ausgelöste Bildungserlebnis schwieriger zu erfassen. Es kommt aber u. a. darin zum Ausdruck, daß der Hörer Kenntnisse über den Künstler und dessen Reaktion auf die Wirklichkeit, dessen Verhältnis zur Realität des Lebens, das sich ja im Kunstwerk widerspiegelt, gewinnt.

Weiterhin wird aber der Hörer vor allem auch durch den ästhetischen und emotionalen Nachvollzug der im Kunstwerk ausgedrückten Gedanken, Gefühle und Empfindungen stark beeinflußt.

Die erzieherische Funktion

Soll die erzieherische Wirkung der Musik erfaßt werden, so ist das jeweilige Werk in seiner historischen und in seiner aktuellen Funktion zu betrachten und zu werten. Der Beitrag der Musik zur Persönlichkeitsentwicklung ist zu sehen in der Einflußnahme auf das Bewußtsein, das Gefühl, die Geschmacksbildung. Die erzieherische Funktion richtet sich auf die Erweiterung bereits anderweitiger entwickelter Emotionen, Auffassungen, Einstellungen und Überzeugungen des Hörers.

»Die erzieherische Kraft der Kunst wirkt gerade dadurch, daß sie erlebt, wird. Etwas erleben bedeutet, das betreffende Ereignis, die Erscheinung der Handlung seinem persönlichen Leben einzufügen (Kagan, 1971).

Die hedonistische Funktion (Genußfunktion)

Sie bringt den Hörer im allgemeinen dazu, die Musik überhaupt anzuhören. Je größer die musikalisch rezeptive Erfahrung ist, um so größer ist der Erlebniseffekt und damit die Unterhaltsamkeit der Musik.

Genießen der Musik ist demnach schon eine Form der Wertung. Musik, die nicht als unterhaltend empfunden wird, ruft Langeweile oder Überdruß hervor, wird nicht aufgenommen. Die Fähigkeit, Musikgenuß zu erlernen, hängt einmal von der künstlerisch-ästhetischen Qualität des Werkes ab, zum anderen aber auch stark von der Persönlichkeit des jeweiligen Rezipienten, von seinem musikalisch-ästhetischen Entwicklungsniveau.

»Unterhaltung und Unterhaltsamkeit bedeuten in marxistischer Sicht nicht Überbrückung der Langeweile, sondern immer Austausch mit dem Unterhaltungsgegenstand, ein Sich-Zu-Wenden zu diesem Gegenstand. Unterhaltung nimmt immer die Aufmerksamkeit in Anspruch und ist mit dem Erleben verbunden« (Boeck, 1974).

Da das Wesen der genannten vier Aspekte in ihrer Verschränktheit liegt, ist die Herausarbeitung bestimmter ihnen eigener Stileigentümlichkeiten außerordentlich schwierig. Deshalb wird oft versucht, diese Stilunterschiede mit der Analyse der stilistischen Unterschiede der verschiedenen Genres zu erfassen.

Die Spezifik
der musikalischen Genres

Der Begriff Genre bezieht sich auf die Kennzeichnung von inhaltlichen und aussagemäßigen Gemeinsamkeiten von Musikstücken sowie auf gemeinsame Grundhaltungen.

Die musikalischen Genres haben sich historisch entwickelt und sind dabei relativ fest mit bestimmten inhaltlichen Aussagen verbunden. Unterscheiden muß man jedoch zwischen ihren historischen und ihren aktuellen gesellschaftlichen Funktionen.

Als die wichtigsten gegenwärtigen Genres der Musik seien genannt:

Kammermusik

Sie ist eine intime Form der Widerspiegelung. Das individuelle Erleben, das aber trotzdem allgemeingültiges Erlebnis wird, stellt sich in sehr differenzierter Art dar. Die Rezeption von Werken dieses Genres stellt an den Hörer große Anforderungen und setzt auch spezielle Hörerfahrungen voraus. Zur Kammermusik gehören u. a.: die Klaviersonate, die Sonate für ein Soloinstrument und Klavier, das Klaviertrio, das Klavierquartett, das Streichtrio, das Streichquartett, das Bläserquintett, das vom Klavier begleitete Sololied.

Sinfonik

Auch sie stellt große Anforderungen an den Rezipienten und vermag einen bedeutenden Einfluß auf die Bewußtseinsbildung auszuüben, da sie umfassende und bedeutende Themen, der menschlichen Gesellschaft verallgemeinert vorzustellen vermag. Durch große Variabilität und großen Formenreichtum ihrer musikalischen Sprache kann sie sehr gedankentief Inhalte gestalten, die für die gesamte Gesellschaft von Belang sind. Durch ihre verallgemeinernde Widerspiegelung wirkt sie weit über den gegebenen Anlaß hinaus. Zur Sinfonik gehören neben der Sinfonie auch das Solokonzert, die sinfonische Dichtung und die sinfonische Ouvertüre.

Chormusik

Sie zeichnet sich vor allem durch ihre Massenwirksamkeit aus und hat im gesellschaftlichen Leben unserer Republik einen breiten Wirkungskreis. Durch die hier gegebene Chance der Zusammenarbeit zwischen Berufs- und Laienkünstlern ist es möglich, allen interessierten Musikliebhabern große Werke der Weltliteratur nicht nur hörend, sondern selbst aktiv musikalisch mitgestaltend zu erschließen. Die Palette reicht vom deutschen Volkslied über die Folklore aller Länder bis hin zum politischen Lied und anspruchsvollen Chorwerken wie Kantaten und Oratorien.

Tanz- und Unterhaltungsmusik

Sie hat bei uns die Funktion, die Menschen froh und unbeschwert zusammenzuführen, sie hat vor allem Gebrauchscharakter. Aber sie soll außerdem durch die musikalische Gestaltung wie auch durch den Text auf den Rezipienten ethisch und ästhetisch einwirken.

Tanz- und Unterhaltungsmusik lassen sich heute kaum noch voneinander trennen. Der größte Teil unserer Tanzmusik wird z. B. nicht tanzend erlebt, sondern nur hörend wahrgenommen; andererseits werden viele zunächst als Unterhaltungsmusik (im engeren Sinne) gedachte Titel oft zum Tanzen vorgetragen.

In stilistischer Hinsicht unterscheiden wir heute vor allem drei Gattungen innerhalb dieses Genres:

Beat bzw. Rock, Jazz und Schlager.

Ergänzend müßte noch gesagt werden, daß die Tanzmusik in anderen Gesellschaftsformationen auch kultische Bedeutung hat. In der bürgerlichen Gesellschaft trägt sie auch zur Manipulierung des Konsumenten bei, sie ist dort vor allem eine Ware und ein Mittel zum Erwerb von Profit.

Neben diesen hier aufgeführten Genres, die ziemlich eindeutig zu bestimmen sind, gibt auch andere:

Filmmusik, Musik in Verbindung mit optisch-szenischer Darstellung (Ballett, Oper, Operette, Musical, Rockoper), Chanson

Neben ihren eigenen, spezifischen Genre-Eigenschaften lehnen sich diese Formen in musikalisch-stilistischer Hinsicht an eines der obenerwähnten Genres mehr oder weniger stark an. Beispielsweise kann die Filmmusik durchaus einmal Kammermusik sein und in einem anderen Fall Tanzmusik, aber neben den Merkmalen der Kammermusik oder der Tanzmusik hat sie auch genrespezifische Eigenschaften, eben die der Filmmusik.

Eines sei mit allem Nachdruck hervorgehoben:

Alle Genres sind in unserer ästhetischen Auffassung gleichberechtigte und echte Bestandteile unserer Kultur. Alle Genres tragen, in unterschiedlicher Weise zwar, aber nicht mit unterschiedlichem Wert, zur ethischen und ästhetischen Bildung des Menschen bei. Höherwertige und gar minderwertige Genres gibt es nicht, Wertmaßstäbe werden ausschließlich innerhalb der einzelnen Genres gesetzt. Es gibt also gute und schlechte Sinfonik, gute und schlechte Tanzmusik usw., aber nicht prinzipiell bessere und schlechtere Genres!

Die Zweck- und Zielsetzung durch den Komponisten

Im Rahmen der zu Beginn dieses Kapitels erläuterten gesellschaftlich-ästhetischen Funktion kommt es zu unterschiedlichen Zielstellungen der Musik. Diese Zielstellung betreffen vor allem die Aussageabsicht des Komponisten; z. B.
- durch die Musik seine Gefühle auszudrücken, mit spezifisch musikalischen Mitteln dem Hörer seine eigenen Erlebnisse, seine eigenen Gedanken zu übermitteln;
- die Gedanken und Gefühle anderer zu kommentieren, mit seiner Musik dazu Stellung zu nehmen – bejahend, bezweifelnd, ironisierend usw.;
- Musik für einen ganz bestimmten konkreten Gebrauchszweck (z. B. Feiermusik, Marschmusik usw.) zu schaffen.

Diese unterschiedlichen Zielstellungen führen in musikalischer Hinsicht zu sehr ausgeprägten Stilen; auch wenn diese durch die verschiedenen Epochen der menschlichen Entwicklung modifiziert wurden, so lassen sich doch – zumindest in unserer europäischen Musiktradition – typische Gemeinsamkeiten feststellen.

Musik als Ausdruck

Wollte man versuchen, alle Gefühle und Stimmungen, also alle Affekte, die durch Musik ausgedrückt werden können, aufzuzählen, so würde man bald merken, welch verwirrende Fülle von Möglichkeiten uns die Musik bietet. Daher sollen zunächst nur die sogenannten Grundaffekte besprochen werden.

Was aber sind Grundaffekte, und was sind Stimmungen und Gefühle, die aus diesen Grundaffekten abgeleitet wurden oder aus Kombinationen verschiedener Affekte entstehen? Der Autor hat den Versuch unternommen, als musikalische Grundstimmungen diejenigen Affekte zu bezeichnen, die durch die Kombination ganz einfacher musikalischer Gestaltungsmittel innerhalb eines — etwa einem Motiv entsprechenden — kurzen Zeitraumes dargestellt werden können (sogenannte *Museme*).

Diese Gestaltungsmittel sind:
- aufwärtsgehende Melodik
- abwärtsgehende Melodik
- pendelnde Melodik

- schnelleres Tempo
- langsameres Tempo

- größere Lautstärke
- geringe Lautstärke

- Dur bzw. durähnliche Melodik und Akkordik
- Moll bzw. mollähnliche Melodik und Akkordik.

Die mathematisch mögliche Kombination dieser Ausdrucksmittel führt zu einer Reihe von Musemen, die mit einem ganz bestimmten Ausdruck behaftet sind, in einigen Fällen aber auch zu aussagemäßig indifferenten Gebilden. Durch eine Ergänzung der obengenannten Gestaltungsmittel, nämlich
- schneller werdendes Tempo
- langsamer werdendes Tempo
- anwachsende Lautstärke
- abnehmende Lautstärke
bekommen auch diese Museme Aussagekraft.

So ergeben sich schließlich aus der Verwendung einfachster musikalischer Gestaltungsmittel folgende Grundaffekte im Bereich der Musik:

Freude / Trauer und Klage / Aufbegehren / glückliche Zufriedenheit / Ernst und Würde / Spannung und Erwartung.

Zu den einzelnen Affekten einige Ausführungen:

Freude

Schnelles Tempo; in tonaler Musik meist durartige bzw. dur-ähnliche Melodik und Akkordik. Schattierungen dieses Affektes sind »freudige Tatkraft« – gespaart mit größerer Lautstärke – und »spielerische Heiterkeit«, die sich in geringerer Lautstärke äußert.

Steigende Melodik herrscht vor, es kommt jedoch auch zu pendelnder Melodik – letztere besonders bei geringer Lautstärke.

Klangbeispiele

Dmitri Schostakowitsch: 1. Satz der 9. Sinfonie

Wolfgang Amadeus Mozart: Ouvertüre zur Oper »Figaros Hochzeit«

Sergej Prokofjew: 1. und letzter Satz der »Klassischen Sinfonie«

Ludwig van Beethoven: 1. und letzter Satz der 2. Sinfonie
1. Satz der Violinsonate Nr. 1, D-Dur

Felix Mendelssohn Bartholdy: 1. Satz der »Italienischen Sinfonie« A-Dur

Johannes Brahms: letzter Satz des Violinkonzerts D-Dur

Krzysztof Penderecki: 2. Satz der Sonate für Violoncello und Orchester

Johann Sebastian Bach: »Jauchzet, frohlocket« aus dem Weihnachtsoratorium

Franz Schubert: »Mein« aus dem Zyklus »Die schöne Müllerin«

Trauer und Klage

Langsames Tempo; meist fallende Melodik; vorwiegend geringe Lautstärke, jedoch mit gelegentlichen Ausbrüchen bzw. an- oder abschwellender Dynamik; mollartige bzw. mollähnliche Melodik und Akkordik in tonartlich gebundener Musik.

Klangbeispiele

Wolfgang Amadeus Mozart: »Unglücksel'ge kleine Nadel« aus »Figaros Hochzeit«

Johannes Brahms: Intermezzo h-Moll, op. 119 Nr. 1

Krzysztof Penderecki: »Dies irae«, 1. Teil

Claudio Monteverdi: Arie der Arianna

Franz Schubert: »Fremd bin ich eingezogen« aus »Die Winterreise«

Johann Sebastian Bach: »Wir setzen uns mit Tränen nieder« aus der Matthäuspassion

Aufbegehren, Zorn
Mollartig bzw. mollähnliche Melodik und Akkordik; vorwiegend schnelles Tempo; vorwiegend große oder zumindest anschwellende Lautstärke. Differenzierung im Ausdruck als *Entschlossenheit, Groll, verhaltene Wut* bzw. *Drohung* (in diesem Fall mit geringerer Lautstärke und steigender mollartiger Melodik im schnellen Tempo).

Klangbeispiele

Ludwig van Beethoven: Hauptthema der »Egmont«-Ouvertüre

Igor Strawinsky: »Tanz der Jünglinge« aus »Sacre du printemps«

Ludwig van Beethoven: Klaviersonate f-Moll, op. 2 Nr. 1

Wolfgang Amadeus Mozart: letzter Satz der g-Moll-Sinfonie, KV 550

Johann Sebastian Bach: Konzert für zwei Klaviere d-Moll, 1. Satz

Joseph Haydn: 1. Satz der »Abschiedssinfonie«

Robert Schumann: »Aufschwung«

Johannes Brahms: Klaviersonate f-Moll, 1. Satz

Karlheinz Stockhausen: Klavierstück XI

Glückliche Zufriedenheit
Pendelnde Melodik; geringes Tempo; geringe Lautstärke; durartige bzw. durähnliche Melodik und Akkordik.

Klangbeispiele

Franz Schubert: Klaviertrio op. 99, langsamer Satz

Georg Friedrich Händel: »Air« aus der Wassermusik

Robert Schumann: »Glückes genug« aus den Kinderszenen op. 15

Joseph Haydn: langsamer Satz aus der Sinfonie »Die Uhr«

Ludwig van Beethoven: 6. Sinfonie, 1. Satz

Johannes Brahms: 2. Satz der Violinsonate A-Dur, op. 100

Franz Schubert: »Am Bach viel kleine Blumen steh'n« aus dem Zyklus »Die schöne Müllerin«

Ernst und Würde

Langsames Tempo; meist größere Lautstärke; steigende oder pendelnde – seltener fallende – Melodik; durartig oder durähnliche Melodik und Akkordik (bei *Pracht* und *Feierlichkeit*), mollartige bzw. mollähnliche Melodik und Akkordik (wenn *Tragik* oder *finstere Macht* sich mit Ernst und Würde verbinden).

Klangbeispiele
Georg Friedrich Händel: »Laß mich in Tränen« aus »Rinaldo«
Johann Sebastian Bach: Orchestersuite D-Dur, Anfang des 1. Satzes, BWV 1068
Sarabande aus der 1. französischen Suite d-Moll
Wolfgang Amadeus Mozart: Einleitung der »Zauberflöten«-Ouvertüre
Richard Wagner: »Meistersinger«-Vorspiel
Joseph Haydn: Einleitung zum 1. Satz der Sinfonie D-Dur »mit dem Dudelsack« Nr. 104

Erwartung

Dieser Grundaffekt erscheint in der Musik in vielfältigen Nuancierungen: als freudige Zuversicht, als Spannung, als Schwärmerei und Leidenschaft oder auch als Neugier und Angst.

Freudige Zuversicht wird ausgedrückt durch langsames oder allmählich schneller werdendes Tempo sowie aufsteigende, durartige Melodik in größerer Lautstärke.

Neugier und Angst zeigen bei langsamer werdendem Tempo und abnehmender Lautstärke steigende Melodik (Neugier mehr durartig, Angst mollartig).

Spannung wird musikalisch durch schnelles Tempo, steigende Melodik, jedoch abnehmende oder geringe Lautstärke, verbunden mit mollartiger Akkordik dargestellt.

Schwärmerei und Leidenschaft werden charakterisiert durch pendelnde Melodik, Anschwellen der Lautstärke, zunehmendes Tempo. Melancholische Schwärmerei hat dabei oft mollartige, Leidenschaft hingegen durartige Melodik und Akkordik.

Klangbeispiele (Schwärmerei)
Max Reger: Sonatine für Klavier e-Moll, 1. Satz
Felix Mendelssohn Bartholdy: Violinkonzert, 1. Satz
Claude Debussy: »Die Hügel von Anacapri« aus »Préludes«

Klangbeispiele (Leidenschaft)
Pjotr I. Tschaikowski: Seitenthema des 1. Satzes der 6. Sinfonie
Giuseppe Verdi: Ouvertüre zu »Ein Maskenball« (NB 15 a)
Albert Lortzing: »Du läßt mich kalt von hinnen scheiden«
aus der Oper »Der Waffenschmied«

Musik als Kommentar

Bei einer anderen möglichen Zielstellung der Musik will der
Komponist – zustimmend, ablehnend, ironisierend – einen
Kommentar zu einer literarischen Vorlage (Roman, philosophi-
sche Schrift, Gedicht, Drama usw.) geben (z. B. F. Schubert:
Liederzyklus »Die schöne Müllerin« / R. Strauss: sinfonische
Dichtung »Also sprach Zarathustra«).

Die Musik kann weiterhin Kommentar einer szenischen
Handlung (Bühnenmusik, Filmmusik, Oper, Operette, Musical,
Ballett) (z. B. W. A. Mozart: »Die Hochzeit des Figaro« nach
einem Lustspiel von Beaumarchais) oder kommentierende Ge-
mäldebetrachtung sein (z. B. M. Mussorgski: »Bilder einer Ausstellung« / M. Reger: »Böcklin-Suite«).

In Form von Adaptionen oder Variationen oder auch durch
Zitate von Melodien aus anderen Werken kann der Komponist
Kommentare zu musikalischen Gedanken anderer Komponi-
sten oder auch zu eigenen Komposition geben (M. Reger: Va-
riationen und Fuge über ein Thema von Mozart / P. Dessau:
Bach-Variationen / G. Mahler: 1. Sinfonie – nach seinem Zyklus
»Lieder eines fahrenden Gesellen«).

In der europäischen Musik werden zustimmende, ableh-
nende oder auch auf Distanz orientierte Kommentare vor allem durch die Mittel der Harmonik gegeben; eine Deutung
zum Lichten, Hoffnungsvollen, Positiven wird dabei meist
durch eine Wandlung der Vorlage von Moll nach Dur erreicht

(F. Schubert: letzte Strophe des »Leiermann« aus der »Winterreise« – »Fremd bin ich eingezogen«), die Wandlung bzw. Deutung zum Negativen, Unheilvollen hingegen meist durch eine Wandlung von Dur nach Moll (F. Schubert: Mittelstrophen des volksliedhaften »Lindenbaum« – »die kalten Winde bliesen«).

Distanzierung wird oft durch eine unabhängig von der Melodik erfolgende Harmonisierung erreicht (M. Reger: 7. Variation der »Mozart«-Variationen / D. Schostakowitsch: langsamer Satz der 11. Sinfonie).

Ironisierung und Verspottung wird erzielt durch extrem hohe oder extrem tiefe Register, vor allem durch die hohen Lagen der Holzblasinstrumente, seltener durch die besonders tiefen Lagen der Blechblasinstrumente (D. Schostakowitsch: Seitenthema des ersten Satzes der 9. Sinfonie), zuweilen auch mittels Durchsetzung der ursprünglichen melodischen Vorlage mit bewußt »falschen« Tönen (B. Smetana: Zirkusmarsch aus der Oper »Die verkaufte Braut«). Seltener ist die Darstellung von Ironisierung, Verspottung, aber auch Distanzierung durch das Auseinanderklaffen von Begleitrhythmus und Melodik (I. Strawinsky: Marsch aus der Suite »Die Geschichte vom Soldaten«).

Für den Begriff Distanzierung wird auch oft der aus der Theaterwissenschaft bzw. Literaturwissenschaft entlehnte Ausdruck »Verfremdung« verwendet.

Eine besondere Form der Verfremdung ist die Stilisierung. Es handelt sich dabei meist um Tanzrhythmen, die aber nicht mehr im Sinne der Tanzmusik gebraucht werden, sondern gewissermaßen diesen Tanz und die Atmosphäre dieses Tanzes symbolisieren sollen. Meist ist hier gegenüber dem ursprünglichen Tanzrhythmus eine deutliche Verlangsamung des Tempos zu bemerken sowie eine zunehmende harmonische Dichte in der Begleitung. Eine komplizierte Formstruktur ist ebenfalls festzustellen. Beispiele findet man in den französischen und englischen Suiten von J. S. Bach. Der ursprüngliche Tanzrhythmus – denn um Folgen von Tanzrhythmen handelt es sich ja bei diesen Suiten – ist hier oft durch kontrapunktische Führungen, Figurieren der Akkorde und durchaus nicht mehr einfacher, singbarer Tanzmelodik künstlich stilisiert.

Johann Sebastian Bach: Sarabande aus der französischen
Suite Nr. 1, d-Moll

Vgl. dazu aber noch

Georg Friedrich Händel: Sarabande aus der G-Dur-Suite
Bei Händel ist der Tanzrhythmus noch sehr deutlich herauszuhören; bei Bach erkennt man den Rhythmus eigentlich nur dann, wenn man den Tanzrhythmus sehr genau
kennt.

Auch das Ausdeuten des Textes durch die Musik ist in gewissem Sinne ein Kommentar. Hierzu bedient sich der Komponist
der Mittel der Tonmalerei und der Verwendung von Symbolen.
Die Umsetzung von sprachlichen Bildern in musikalische ist
dabei sehr häufig. So werden Geräusche durch Töne und
Klänge wiedergegeben, die als stilisierte musikalische Gestalten auftreten (J. Haydn: »Ach, das Ungewitter naht – schmet-
ternd krachen Schlag auf Schlag die schweren Donner ...« aus
den »Jahreszeiten«).

Manchmal wird die Sprachintonation imitiert (L. Janáček:
»Das schlaue Füchslein«; L. v. Beethoven: 9. Sinfonie, am Be-
ginn des Schlußsatzes wird in den Kontrabässen die Textstelle
»O Freunde, nicht diese Töne« imitiert).

Auch Bewegungsabläufe werden dargestellt, z. B. das Säu-
seln des Windes, das Wogen der Meereswellen; das Schreiten, Rennen und Laufen; das Langsamer- und das Schnellerwerden; die Bewegung von oben nach unten (Blitz) wie auch
von unten nach oben; das Steigen und Springen, das Sinken
und Fallen.

Die stilisiert wiedergegebene Darstellung von poetischen
Bildern in der Musik ist dabei sehr vieldeutig (Siegmund-
Schultze spricht in diesem Zusammenhang von der »vieldeuti-
gen Konkretheit der Musik«); die gleiche stilisierte Figur kann
ganz unterschiedliche literarische Bilder versinnbildlichen
(z. B. wird durch eine Begleitfigur des ersten Liedes aus
F. Schuberts Zyklus »Die schöne Müllerin« in den verschiedenen Strophen sowohl das Wandern, das Rollen der Räder, das
Poltern der Steine und auch das Rauschen des Wassers symbolisiert). Die Stilisierung solcher Bilder gilt dann als beson-

ders gelungen, wenn — wie hier — eine musikalische Gestalt gefunden wurde, die als formbildendes Motiv das ganze Stück zu umspannen vermag und nicht nur als aufgesetzter Effekt an einzelnen Stellen des Werkes erscheint. Nicht von Tonmalerei, sondern von musikalischer Symbolik spricht man, wenn Figuren verwendet werden, die aus der Tradition einer Musikkultur erwachsen sind. Das können bestimmte melodische Wendungen sein (wie z. B. bei J. S. Bach das sogenannte »Schlangenmotiv«) oder bestimmte Harmoniewendungen (z. B. in den Rezitativen der Opern des 18. Jahrhunderts), auch rhythmische Figuren, die symbolisch auf eine bestimmte Zeit oder auf eine bestimmte Gegend hinweisen (die Gagliarde als repräsentativer Tanz der Renaissancezeit, die Polonaise als Referenz vor dem nationalen Befreiungskampf des polnischen Volkes zu Beginn des 19. Jahrhunderts, die Mazurka hingegen als konkrete Bezeichnung der polnischen Landschaft usw.).

Auch einzelne Musikinstrumente werden oft symbolisch verwendet (z. B. die Trommel als Symbol für Militär und Krieg, die Orgel als Symbol der christlichen Religion). Zitate aus anderen Werken oder auch aus anderen Stellen des gleichen Stückes sollen Assoziationen erwecken und sind — vor allem in den Opern Richard Wagners als sogenannte »Leitmotive« — ebenfalls als Symbole zu verstehen.

Buchstaben- und Zahlensymbole werden dem Nichtfachmann in den meisten Fällen kaum bewußt (z. B. Motive aus den Tönen B-A-C-H/F-D-G-B-/ES-E-D usw.); bei der Analyse des Werkes ist ihre Kenntnis sehr wichtig, weniger jedoch für den Hörer. In seinem Roman »Dr. Faustus« bringt Thomas Mann dazu eine überaus treffende Bemerkung; auf die Frage nämlich, ob ein Hörer denn all diese Geheimnisse wohl auch bemerken würde, läßt er seinen Romanhelden antworten:

Wenn du unter »Hören« die genaue Realisierung der Mittel im einzelnen verstehst, ... nein, so wird man's nicht hören. Aber diese Ordnung wird oder würde man hören, und ihre Wahrnehmung würde eine ungeahnte ästhetische Genugtuung gewähren.

Weiterhin gibt es noch die sogenannten Intervallsymbole (z. B. fallende kleine Terz — Kuckucksruf; steigende Quarte — Alarmsignal; aufsteigende Sexte — Sehnsuchtintervall; fallende Sekundschritte — Seufzermotive usw.). Bei der Beurteilung derartiger Motive sollte man jedoch äußerst vorsichtig sein; größer als die Gefahr, daß der Komponist durch eine zu große Intervallsymbolik die Musik überlädt, ist die, daß der Analysierende und Hörende diese Intervalle als zu bedeutungsgeladen nimmt und sie einzeln verabsolutiert, nicht im Rahmen der gesamten musikalischen Bewegung sieht.

Schließlich gehört zur Ausdeutung des Textes auch noch die Darstellung — und zwar die bewußte, kommentierende Darstellung — von Gefühlen und Stimmungen, von denen im Text die Rede ist. Nur sehr selten stimmen Gefühlsausdruck des Textes und inneres Anliegen des Komponisten, diesen Text auszudeuten, ganz überein (G. Mahler: »Lieder eines fahrenden Gesellen«). Häufiger handelt es sich um eine Überlagerung verschiedener Stimmungen und Gefühle. Ein Musterbeispiel für derartige Überlagerungen und die Realisierung dieses musikalischen Kommentars findet sich in der Romanze des Pedrillo »Im Mohrenland gefangen saß« aus W. A. Mozarts Oper »Die Entführung aus dem Serail«. (Vergleiche den Text des Liedes im Anhang, S. 270.) Die Musik Mozarts drückt das Bangen um den Ausgang des Unternehmens aus, in dem Pedrillo seine Freundin aus dem streng bewachten Harem des Sultans befreit. Die Musik schildert weiterhin die Atmosphäre eines orientalischen Ortes, wie auch die Stimmung der mitternächtlichen Stunde. Aber diese Romanze soll gleichzeitig in der Opernhandlung das unverfängliche Signal sein, daß alle Vorbereitungen getroffen sind und die Flucht beginnen kann, auch diese Wirkung der Musik schwingt hier mit. Und schließlich kommen im Text dieses Liedes ebenfalls Emotionen zum Ausdruck: die Stimmung des traurigen, gefangenen Mädchens, die Haltung des stolzen und mutigen Ritters, der es befreit und die Zuversicht auf das Gelingen der Befreiung.

Tonmalerei und Symbolik werden, wie abschließend bemerkt werden muß, von einem Hörer, der nicht sehr fest mit der musikalischen Tradition, aus der solche musikalischen Gestalten letztlich erwachsen sind, vertraut ist, nur in geringem Maße verstanden werden. Hier sind oft einführende Worte, Erläuterungen, Erklärungen usw. zum richtigen Verständnis notwendig. Hören wir z. B. Smetanas sinfonische Dichtung »Die

Moldau«, so werden uns die musikalischen Schilderungen vom Entspringen der Quelle, den drohenden Stromschnellen, der Bauernhochzeit am Flußufer usw. wohl durchaus erkennbar und verständlich sein, und es genügt dem mit unserer Musiktradition vertrauten Hörer ein kleiner Hinweis darauf. Ob aber ein musikalisch begabter Nichteuropäer, der noch nie mit europäischer Musik in Verbindung gekommen ist, diese Tonmalerei ebenfalls heraushören würde, ist zu bezweifeln.

Musik zu bestimmten Anlässen

Zu allen Zeiten wurden Kompositionen für ganz bestimmte Anlässe geschaffen. Die Möglichkeiten nur aufzuzählen, würde viele Seiten beanspruchen. Man wird aber feststellen können, daß eine Reihe von Werken, die scheinbar für einen ganz konkreten Zweck geschaffen wurden, auch für andere Anlässe — oft sogar, wie es auf den ersten Blick scheinen mag, ganz konträre — genutzt werden können. Händels berühmtes Largo aus seiner Oper »Xerxes« ist eigentlich ein Liebeslied; aber jeder weiß, daß es nicht nur bei Hochzeiten, sondern beinahe noch häufiger bei Begräbnissen oder überhaupt bei feierlichen Anlässen gespielt wird. Es wurde daher im folgenden der Versuch unternommen, die verschiedenen möglichen Zweck- und Gebrauchsfunktionen der Musik hinsichtlich ihrer Gemeinsamkeiten zu größeren Einheiten zusammenzufassen (im oben erwähnten Beispiel also unter »Feiermusik«). Es ergeben sich folgende Gebrauchsfunktionen der Musik:
- Musik, die zu gemeinsamen Bewegungen stimulieren soll (Tanz, Sport, Arbeit)
- Musik, die zu heiterer Geselligkeit anregt
- Musik, die eine feierliche Stimmung erzeugt
- Musik, die eine intime, vertrauliche Atmosphäre hervorruft
- Musik, die den Hörer zu einer Identifikation mit bestimmten Haltungen stimuliert
- Musik, die zur geistigen Auseinandersetzung herausfordert

Musik, die eine größere Gemeinschaft zu gemeinsamen Bewegungen stimuliert, zur Arbeit, zum Tanzen, zu sportlicher Bewegung, zum Marschieren, aber auch zum hemmungslosen Sich-Austoben und zur Ekstase im kultischen Tanz hat folgende Stilmerkmale: starke Betonung des rhythmischen Elementes; besonderes Hervorheben des musikalischen Pulsschlages; schnelles Tempo oder allmähliches Schnellerwerden steigert auch das Tempo des Pulsschlages der Zuhörer, wirkt dadurch enthemmend; bei zunehmender Dynamik wirkt ein langsameres Tempo gegenüber dem menschlichen Pulsschlag spannungsstauend. Besonders erregend ist der häufige, unerwartete Wechsel des Tempos der Musik. Im Hinblick auf die Dynamik ist große Lautstärke oder zumindest das Anwachsen derselben charakteristisch; erregend wirkt auch hier der unregelmäßige Wechsel. Die Akkordik ist oft aggressiv dissonant.

Stimulierung zu harmonischer Bewegung (z. B. Sportmusik) ist stärker an den Rhythmus des menschlichen Pulses angelehnt, auch ist hier die klangliche Einbettung konsonanter, dem Hörer vertrauter.

Klangbeispiele
Maurice Ravel: »Bolero«
Igor Strawinsky: Schlußteil des »Sacre du printemps«
The Rolling Stones: »I Can't Get No Satisfaction«

Auch zur *Musik, die einen größeren Kreis von Menschen zu heiterer Geselligkeit stimulieren* soll, gehören Tanzlieder, wobei allerdings weniger der Rhythmus im Vordergrund steht als die einfache Melodik, die gemeinsames Singen ermöglicht. Trinklieder zählen ebenso dazu wie allgemein bekannte Volkslieder und auch Schlagerlieder.

Stilistische Charakteristika: Deutlicher, aber doch nicht aufdringlich wirkender Rhythmus bei sehr einfacher Melodik von geringem Tonhöhenambitus, so daß unterschiedlichste Stimmlagen die Melodie im Unisono mitzusingen vermögen; sehr geringe harmonische Dichte. einfachste Formstruktur; oft werden moderne Tanzrhythmen mit in stilistischer Hinsicht älteren, fast schon veralteten Melodiewendungen verknüpft.

Zur *Musik, die eine größere Gemeinschaft zu einer feierlichen Stimmung stimulieren* soll und gleichzeitig Ausdruck einer gewissen Repräsentation ist, gehören sowohl die Choräle wie auch die Mehrzahl der Nationalhymnen. Die Trauermusik gehört dazu ebenso wie die Hochzeitsmusik, wie bestimmte Werke der Sinfonik (meist nur einzelne Sätze) und auch besonders feierliche, festliche Tanzmusik, wobei hier der Tanz nicht hemmungsloses Sichaustoben und auch nicht heitere Geselligkeit sein soll, sondern eben in erster Linie Repräsentation einer bestimmten gesellschaftlichen Schicht.

Stileigentümlichkeiten: langsames bis mittleres Tempo, durartige bzw. durähnliche Melodik und Akkordik, glanzvolle Instrumentierung (mit Bevorzugung der hohen Lagen von Trompeten, Flöte und Oboe sowie dem Einsatz der Streichinstrumente vor allem in den Kreuztonarten); Akkordik meist in weiter Lage.

Klangbeispiele
Georg Friedrich Händel: Largo aus »Xerxes«
Felix Mendelssohn Bartholdy: Hochzeitsmarsch aus »Ein Sommernachtstraum«
Luigi Boccherini: Menuett aus dem Streichquintett E-Dur
Johann Strauß: »Kaiserwalzer«
Leoš Janáček: »Sinfonietta«

Bei *Musik, die in kleinerem Kreis eine intime Atmosphäre hervorrufen soll*, wären viele Formen der Hausmusik und der Kammermusik zu nennen; auch intime, zärtliche Tanzmusik, viele Titel aus dem Bereich des Cooljazz, wie auch vertraute Stücke älterer Sinfonik gehören dazu.

Das Element der Nostalgie, d. h. des Zurückgreifens auf ältere Stile, spielt hier eine wesentliche Rolle.

Häufig anzutreffende Stilcharakteristika sind: geringe Lautstärke; mittleres bis langsames Tempo; oft auch eine kompliziertere Rhythmik oder Formstruktur bei gleichzeitig relativ einfacher und vorwiegend vom Klanglichen bzw. von der Harmonik geprägter Melodik; konsonante und konkordante Akkorde, kaum Dissonanzen. Bevorzugen der engen Lage in den mittleren und tieferen Klangregionen.

Klangbeispiele
Johann Sebastian Bach: »Goldberg-Variationen«

Csesław Bartkowski: »Drum Dreams«

Robert Schumann: »Träumerei«, »Glückes genug«, »Von fremden Ländern und Menschen« aus »Kinderszenen«

Bei *Musik, die dazu beitragen soll, daß der Hörer sich mit bestimmten Haltungen und Einstellungen identifiziert*, sei an erster Stelle die Virtuosenmusik genannt; der Hörer soll in Bewunderung aufgehen, soll die Schwierigkeiten im Bewältigen schwerer Passagen hörend mitvollziehen und dabei das Gefühl bekommen, selbst diese große Anstrengung gemeistert zu haben. Auch im sogenannten Belcantogesang soll der Hörer das Gefühl haben, eine bekannte Melodie selbst — allein durch das Mitverfolgen der melodischen Linie — in schöner Form darzubieten.

Natürlich gehört auch der größte Teil der Opernmusik hier dazu, bei der sich der Zuhörer und Zuschauer durch die musikalische Personencharakterisierung leicht mit den entsprechenden Personen der Opernhandlung identifiziert.

Ganz wichtig ist die Rolle außermusikalischer Dinge. Das ist z. B. die Identifikation des Zuhörers mit dem Text, mit dem Interpreten bzw. mit den von diesem vertretenen gesellschaftlich-ästhetischen Idealen, mit seiner auf der Bühne dargestellten Haltung bzw. der dargestellten Handlungsweise oder dem durch ihn interpretierten Text bis hin zu Kleidung und Frisur.

Stileigenarten: Melodik auf der Basis von Harmonik mit geringer Dichte; der Durcharakter überwiegt; bei Instrumentalstücken ist fast immer Temposteigerung festzustellen — die Stücke enden hinsichtlich ihrer Formanlage meist in einer Stretta.

Klangbeispiele

Felix Mendelssohn Bartholdy: letzter Satz des Klavierkonzertes g-Moll

Carl Maria von Weber: Konzertstück für Klavier und Orchester f-Moll

Pablo de Sarasate: »Zigeunerweisen«

Gioacchino Rossini: »Ich bin das Faktotum der schönen Welt« aus »Der Barbier von Sevilla«

Adolphe Adam: Arie des Postillons von Longjumeau aus der gleichnamigen Oper

173

Musik, die herausfordert zur Diskussion, schließt viele Werke des zeitgenössischen Jazz, der modernen sinfonischen Musik, der Kammermusik und fast alle Werke der elektronischen Musik in sich ein. Der häufige Vorwurf, daß diese Musik sich snobistisch an einen nur kleinen Publikumskreis wende, ist ein Vorurteil, das bei gewissenhafter Nachprüfung fallengelassen werden muß; Ziel dieser Musik ist nicht die Befriedigung eines Bedürfnisses nach behaglichem Genuß, sondern die Konfrontation mit Problemen.

Stilistische Eigenschaften: dissonante Akkordik; komplizierte Formstruktur; manchmal sehr einfache, fast primitive, manchmal jedoch auch sehr komplizierte Melodik (oft wenig sangbar); die melodischen Motive haben meist einen sehr großen Tonhöhenumfang.

Klangbeispiele
Ulrich Gumpert: Jazz-Suite »Aus Teutschen Landen«
Krzysztof Penderecki: »Tren«
Karlheinz Stockhausen: »Gesang der Jünglinge«
Luigi Nono: »Il canto sospeso«
Hanns Eisler: »Die Teppichweber von Kujan-Bulak«
Anton Webern: Thema der Orchestervariationen op. 30

Die stilistischen
Besonderheiten
der Popularmusik

Die Tanz- und Unterhaltungsmusik in unserer Zeit

Die besondere Aufgabe, welche diese Musik zu erfüllen hat, legt eine Besprechung unter dem Stichwort »Funktionsstil« nahe. Andererseits ist der Stil dieser Musik so stark an die Gegenwart gebunden, unterscheidet er sich so grundlegend vom Stil der Tanzmusik anderer Zeitepochen, daß auch eine Besprechung unter historischem Aspekt denkbar wäre. Der bedeutende Einfluß des Jazz, der oft als »Volksmusik« der amerikanischen Neger bezeichnet wird, auf die heutige Tanzmusik und die Ausprägung, die der Jazz in den großen Industrieballungszentren der Erde gefunden hat, könnte sogar eine Einordnung in das Kapitel über die Regionalstile rechtfertigen.

Ausschlaggebend für die Behandlung der Tanz- und Unterhaltungsmusik in einem eigenen Kapitel sind jedoch die musikalischen Besonderheiten dieses Genres. Diese sind zu sehen in der bevorzugten Einbeziehung aller Klanggestaltungsmittel, die die moderne Elektronik bietet (in weitaus stärkerem Maße als in anderer zeitgenössischer Musik). Stilistische Eigenart zeigt auch die Harmonik — mit charakteristischer Bevorzugung bestimmter Akkordtypen und Akkordfolgen. Am ausgeprägtesten ist jedoch die besondere Art der Rhythmik bzw. der rhythmischen Mehrstimmigkeit.

Besonderheiten der Rhythmik

Im Gegensatz zur Tanzmusik der vorigen Jahrhunderte ist unsere heutige durch eine gewisse *Unabhängigkeit von Melodie- und Begleitrhythmik* gekennzeichnet. Diese Unabhängigkeit kommt in drei charakteristischen Abwandlungen zur Geltung:
- als »Offbeat-Phrasierung« der Melodie
- als Übereinanderlagerung verschieden langer, stereotyp wiederkehrender Rhythmusfiguren

176

– in der Nivellierung der metrischen Schwerpunkte, die dadurch entstehen, daß sehr langen melodischen Motiven (4–8 Takte) rhythmische Begleitfiguren von geringer Länge (1/2–1 Takt) zugeordnet werden.

Die *Offbeat-Phrasierung* der Melodiestimme spielt in der heutigen Tanzmusik eine außerordentlich große Rolle. Man versteht darunter eine rhythmische Gestaltung der Melodie, in der ein Zusammentreffen der Betonungsschwerpunkte von Melodie und Begleitung durch kleine rhythmische Verzögerungen bzw. Vorausnahmen möglichst vermieden wird.

Aus der lateinamerikanischen Musik ist uns die *Übereinanderlagerung verschieden langer Rhythmusfiguren* vertraut. Diese hat ihren Ursprung wohl in der Musik der westafrikanischen Neger. Hier werden in vollständiger Unabhängigkeit vom Gesang durch klanglich verschiedene Schlaginstrumente einzelne, an sich ziemlich einfache Rhythmusformeln unterschiedlicher Länge ausgeführt, deren Kombination jedoch außerordentlich kompliziert klingt (vgl. NB 3).

In Amerika trafen die Neger auf verschiedene Musikstile, mit denen sie sich im Laufe der Jahrhunderte auseinandersetzten. Als Folge dieser Auseinandersetzung mit der Musik der Weißen vollzog sich eine allmähliche Wandlung; dabei wurde zunächst das Verhältnis von Schlagrhythmik und Gesang umgekehrt, d. h. der Gesang erschien nicht mehr als Zugabe zur Schlagrhythmik, sondern die Schlagrhythmik wurde zur Begleitung des Gesanges. In einem weiteren Stadium wurde diese Begleitrhythmik schließlich durch harmonisch-melodische Instrumente (vor allem Zupfinstrumente) gewissermaßen »verklanglicht«.

Andererseits führt die Angleichung der Volksmusik der europäischen Einwanderer an diese nun bereits europäisierte bzw. europäisch beeinflußte Negermusik zum Entstehen der sogenannten *Kreolen-Musik*, die sich grundsätzlich der abendländischen Mittel von Harmonik und Melodik bedient, in ihrer Rhythmik jedoch afrikanisch beeinflußt ist. Die von den verschiedenen Schlag- und Geräuschinstrumenten ausgeführte oder auf Harmonieinstrumenten verklanglichte Polyrhythmik bleibt dabei bestehen.

Aber nicht der von den verschiedenen Schlaginstrumenten ausgeführte Lärm ist das charakteristische Merkmal dieser Musik, sondern deren polyrhythmische Faktur! Allerdings werden heute schon alle Figuren stilisiert und in die geläufigen europäischen Taktarten wie 3/4-, 4/4-, 2/4- und seltener auch 6/8-Takt hineingepreßt und zurechtgebogen (vgl. NB 3 c).

Es gibt auch eine typisch europäische *metrische Unabhängigkeit von Melodie- und Begleitrhythmik* in der Tanzmusik, die daraus resultiert, daß die melodischen Motive der Tänze im Laufe der letzten zweihundert Jahre immer länger wurden, hingegen die Begleitfiguren entweder ihre ursprüngliche Länge behielten oder sogar kürzer wurden.

Besonders deutlich läßt sich das an der etwa 200jährigen Geschichte des 3/4-Takt-Tanzes darstellen (Ländler, Walzer, Wiener Walzer, Moderner Walzer).

So zeigen die von Franz Magnus Böhme in seiner Sammlung »Geschichte des Tanzes in Deutschland« (Leipzig 1886) zitierten Ländler und Schnadahüpferln aus der Zeit von 1750 bis 1840 nur ein- oder zweitaktige Motive; in den Walzern der zweiten Hälfte des vorigen Jahrhunderts sind hingegen viertaktige Melodiemotive die Regel. Der heutige Walzer hat fast ausschließlich achttaktige Melodiemotive − wohlgemerkt bei einer seit 200 Jahren gleichgebliebenen Länge der eintaktigen Walzerbegleitfigur!

Selbstverständlich vollzog sich diese Entwicklung ganz allmählich, und Überschneidungen waren häufig (auch Weber schrieb neben dem zitierten eintaktigen Ländler schon viertaktige Walzer; andererseits gibt es auch heute noch viertaktige Walzer neben den achttaktig phrasierten).

Bei anderen Tänzen des vorigen Jahrhunderts wurden erst die Betonungen nivelliert bzw. die beiden Takte der Begleitfigur einander angeglichen, ehe die Erweiterung der Melodik zu vier- und mehrtaktigen Phrasen erfolgen konnte.

Dieser spezifisch europäische Beitrag zur Tanzmusikrhythmik unserer Zeit ermöglicht, daß in einer Reihe von Schlagerliedern die Melodie unverändert zu ganz verschiedenen, beliebig gewählten Tanzrhythmen bzw. charakteristischen Begleitfiguren gespielt werden kann.

In der gesamten Popularmusik der letzten zweihundert

Jahre ist eine *Verlagerung der rhythmischen Hauptakzente* auf immer kleinere Notenwerte festzustellen.

In der Tanzmusik der Bachzeit genügt eine Akzentuierung auf dem ersten Schlag jedes zweiten Taktes, durch eine dichtere Akzentfolge würde das natürliche Fließen der Melodie nur gestört.

In den Tanzmusikstücken zu Beginn des 19. Jahrhunderts, aber auch schon bei Menuetten des frühen Haydn, kommt eine kräftige Betonung zu Beginn jedes neuen Taktes. Die richtige Interpretation der Märsche des New-Orleans-Stiles erfordert schon zwei Betonungen in jedem Takt. Damit diese aber nicht als bloße Unterteilungen der ganzen Note verstanden werden, ist es nötig, die so scheinbar auf leichtem Taktteil stehenden Halben besonders zu betonen, erst dadurch kommt der charakteristische Schwung dieser Musik voll zur Geltung.

Im Swing liegt die Akzentuierung auf jedem Viertel; durch besonderes Hervorheben des zweiten und vierten Viertels wird vermieden, daß die einzelnen Viertelschläge als Unterteilungen der Ganzen empfunden werden. Die starke Akzentuierung der Viertel wird durch den Offbeat-Vortrag der Melodie unterstützt, da damit ein Zusammenfallen des Begleitrhythmus mit den aus Unterteilung hervorgehenden Viertelnoten der Melodik vermieden wird.

Im Big Beat sind bereits die Achtelnoten akzentuiert. Sie werden im Schlagzeug durch das Becken markiert; Akzente der kleinen Trommel und rhythmische Synkopierungen der Melodie unterstreichen die Wichtigkeit der Achtelschläge, die auf keinen Fall als Unterteilung der Viertel aufzufassen sind; akzentuierte Sechzehntel treten in der Rockmusik der siebziger Jahre auf.

Die Akzentuierungen können im realen Klangbild erscheinen und dabei sehr deutlich hervorgehoben oder auch nur leicht angedeutet werden, sie können aber auch vom Interpreten nur hinzugedacht werden.

Je nach der Gebrauchsfunktion der Musik ist die deutliche oder weniger deutliche Markierung unterschiedlich.

Je enger die Bindung zum Tanzen ist, um so stärker ist die Hervorhebung der Akzente; je lockerer diese Bindung wird, um so mehr werden diese — durchaus immer noch vorhande-

179

nen Akzente — vom Interpreten nur mitempfunden. Dem Schlagzeug, das in der Tanzmusik vor allem die Akzente verdeutlichte, werden in diesem Falle andere Aufgaben zugewiesen; es bringt nur gelegentlich rhythmische Impulse, es dient zur Klangfarbengestaltung.

Besonderheiten einiger Stile der europäischen Tanz- und Unterhaltungsmusik

In der europäischen Tanz- und Unterhaltungsmusik lassen sich vier Einflußsphären erkennen:
- die vom Jazz inspirierte Tanzmusik
- die von der lateinamerikanischen Musik beeinflußte Tanzmusik
- Tanzmusik, die überwiegend auf europäischen Traditionen fußt
- die durch Big Beat und Elektronik bestimmte Musik.

Jazz und vom Jazz beeinflußte Tanzmusik

Der Jazz wurde über viele Jahre hinweg als die Musik der Neger in den USA bezeichnet. Dem steht entgegen, daß in den Vereinigten Staaten an der Entwicklung des Jazz auch sehr viele weiße Musiker beteiligt waren, daß der europäische Jazz seit der Jahrhundertmitte immer mehr an Bedeutung gewinnt und an Qualität dem amerikanischen Jazz heute gleichgestellt werden kann.

Daß die amerikanischen Neger allerdings zu den ersten, wichtigsten Vertretern des Jazz gehörten, steht außer Zweifel. Ursache dafür ist aber nicht eine besondere rassische Veranlagung für diese Musik (dann hätte der Jazz vor allem wohl in Afrika und nicht in Europa so viele Anhänger finden müssen).

180

Vielmehr ist der Jazz musikalischer Ausdruck einer bestimmten Phase der zivilisatorischen Entwicklung. Seine Anfänge fallen zusammen mit der sogenannten ersten industriellen Revolution, mit dem Übergang von der manuellen zur maschinellen Produktion. Der Jazz als eine neue Art des Musikempfindens konnte besonders schnell unter denjenigen Schichten der Bevölkerung Fuß fassen und sich dort – ungebrochen durch überlieferte musikalische Traditionen – durchsetzen, wo die Bindung an Tradition und musikalische Überlieferung am stärksten geschwächt war: vor allem a so bei den ihrer schwarzen Heimat, ihrer Stammestradition, ihren Überlieferungen, ja sogar ihrer heimatlichen Sprache entrissenen Sklaven in den Südstaaten der USA.

Die im Leben des Dorfes verwurzelte europäische Folklore und die auf dieser Folklore fußende europäische Kunstmusik verzögerte den Beginn einer europäischen Jazzentwicklung. Diese beginnt eigentlich erst nach dem zweiten Weltkrieg; ein eigenständiger Jazz-Stil der DDR kristallisiert sich dann etwa seit 1960 heraus.

Der für den Jazz typische unmittelbare Kontakt der Interpreten mit dem Publikum ist die Ursache, daß der gleiche und oft schon viele Male gespielte Titel bei jeder Wiederholung anders – und wenn auch zunächst mit noch so kleinen Veränderungen – gespielt wird. Das mußte einfach dazu führen, daß sich nationale Besonderheiten sehr bald herausbildeten.

Hauptfaktoren dafür sind andere soziale Umweltbedingungen und damit verbunden andere ethisch-moralische Auffassungen, die wiederum neue ästhetisch-künstlerische Aspekte bedingen. Andererseits führen die unterschiedlichen Sprachen (mit jeweils 'charakteristischer Satzintonation, hartem oder weicherem Wortansatz oder Wortausklang usw.) auch zu andersartigen melodischen Diktionen. Einen weiteren wichtigen Faktor bilden die jeweiligen nationalen Traditionen, die – den meisten Musikern selbst ganz unbewußt – auf unterschiedliche musikalische Auffassungen einwirken.

In der Entwicklung des Jazz bis hin zum Cool-Stil waren die Jazzer in den USA und unter ihnen vor allem die Neger führend. Der für jeden heutigen Jazzmusiker notwendige und wichtige Nachvollzug der traditionellen Jazzstile wird in erster

Linie nach dem Vorbild international bekannter Originalaufnahmen aus der Frühzeit des Jazz erfolgen.

Je näher wir der Gegenwart kommen, um so mehr werden national eigenständige Jazzstile – als Ausdruck der Verbindung überlieferter Jazztradition, eigenem kulturellen Erbe und als Erlebnisausdruck unserer Gegenwart – in den Vordergrund treten.

Blues

Unter Blues wird in erster Linie der sogenannte City Blues der zwanziger Jahre unseres Jahrhunderts mit seiner charakteristischen Melodik (aus dem Material der Bluestonleiter), seiner Formanlage (a – a – b), der typischen Akkordfolge die sich im ersten Jahrzehnt unseres Jahrhunderts herausbildete und dem Bluesakkord (Durdreiklang mit kleiner Septime und hinzugefügter Mollterz) verstanden.

Die meist abwärts verlaufende Melodik ist ausdrucksvoll – emphatisch, bei aller Traurigkeit stets kraftvoll und ohne jegliche Anzeichen von Resignation. Die Bluestonleiter (NB 4c) – entstanden aus dem 6. bis 16. Überblaston der Partialtonreihe – enthält einige Töne (»Blue Notes«), die in unserem temperierten Tonsystem nicht vorhanden sind und die daher für die hauptsächlich am temperierten System ausgebildeten Sänger oft ziemlich schwierig zu intonieren sind. Die eigentümliche zwölftaktige Akkordfolge mit der charakteristischen Wendung von der Subdominante mit Sept zur Tonika wurde vom Blues zunächst auf den Boogie Woogie (mit seinen typischen rollenden Klavierbaßfiguren) übertragen; sie findet sich aber auch in vielen Werken der amerikanischen Bigband-Tanzmusik (Joe Garland »In the Mood«) und später im Rock'n' Roll (B. Haley »Rock Around the Clock«).

Eine Vorform des City Blues ist der vom Banjo begleitete Country Blues; die Weiterentwicklung zum Big City Blues bzw. Rhythm & Blues beeinflußte die Entwicklung von Hardbop, Rock und Beat.

Dixieland

Im Gegensatz zum Blues ist hier eher »weißer« als »schwarzer« Einfluß zu spüren.

Für die Anlage der Themen hinsichtlich Form (16taktig, a – a' – b – a') und harmonischer Bezogenheit (Teil b fast immer mit Ausweichung in die Subdominante) ist der »Alabama-Song« charakteristisch. In der instrumentalen Ausformung (z. B. B. Johnson: »And When the Saints Go Marchin'in) durch eine Rhythmusgruppe (mit Tuba, Banjo, Schlagzeug und – eventuell – Klavier) und eine Melodiegruppe (mit melodieführendem Kornett, umspielender Klarinette und Posaunen-Gegenstimme) kommen nach dem Vortrag des Themas Solovariationen (Chorusse) der einzelnen Instrumente; den Abschluß bildet meist eine dreistimmige Kollektivimprovisation über die dem Thema zugrunde liegende Akkordfolge.

Für die verschiedenen Stomp-Jazz-Stile im ersten Viertel dieses Jahrhunderts (»New Orleans«, »Chikago«, »Dixie«) wurde seit dem Revival gegen Ende der vierziger Jahre der Begriff Dixieland als Oberbegriff gebräuchlich. Im Europa wurden dann in zunehmendem Maße auch europäische Volkslieder, die in Form, Melodik und harmonischer Grundlage den amerikanischen Farmsongs ähnelten, als Dixie-Themen verwendet. Auch in der Country-&-Western-Musik ist der Einfluß des Dixieland unüberhörbar.

Swing

Der Begriff Swing wird hier als Oberbegriff der Jazz-Stile in den dreißiger und vierziger Jahren verstanden. Die musikalische Charakterisierung trifft fast unverändert auch auf die Schlagermusik (vor allem im Foxtrott-Rhythmus) zu. In den meist 32taktigen Themen (Formanlage a – a – b – a') zeichnet sich der Mittelteil (b) oft durch interessante Harmoniefolgen und unregelmäßige Phrasierung der Melodik aus; hingegen sind die der Melodie zugrunde liegenden Akkordfolgen des a-Teiles ziemlich stereotyp (vgl. B. Goodman: »Stompin' at the Savoy« / W. R. Heymann: »Liebling, mein Herz läßt dich grüßen«). Für die Big-Band-Musik ist Count Basies »Jumpin' at the Wordside« charakteristisch: unisono oder »im Satz« (d. h. in parallelen Akkorden) geführte Bläser, kurze trockene Akkordeinwürfe bei ausgehaltenen Melodietönen und der in Vierteln laufende, den durchgehenden Viertelbeat verklanglichende, gezupfte Kontrabaß sind die wichtigsten Merkmale.

Die Dur- und Molldreiklänge sind durch hinzugefügte Töne immer zu Strebeakkorden und milden Dissonanzen erweitert.

Modern Jazz

Der Modern Jazz umfaßt den Stil des sogenannten Bebop und den des Cool (mit seinen Abarten West Coast und East Coast).

Der *Bebop* hatte in den vierziger Jahren eine sehr kurze, dafür aber sehr intensive Blütezeit; groß war seine Nachwirkung im Free-Stil der sechziger Jahre. Typisch sind die oft skurrilen, nervösen Phrasen, die wie melodische Fetzen erscheinen; es sind weiterhin die alterierten Sept-, Nonen- und Undezimenakkorde und überhaupt die Ausweitung der Harmonik bis an die Grenzen des traditionellen tonalen Systems. Der Rhythmus wird mit dem Besen auf dem Becken geschlagen – Grundschlag ist die Achtelnote – die Trommeln bringen Gegenakzente. Aufnahmen von Ch. Parker, D. Gillespie und M. Davis aus den vierziger Jahren können einen guten klanglichen Eindruck vermitteln; bekannter dürften jedoch Aufnahmen von Ella Fitzgerald (»Lady Be Good to Me«) sein.

Der *Cool-Stil* ist gegenüber dem Bebop glatter und gefälliger; die ausschwingenden Melodien sind weniger leidenschaftlich (z. B. Thelonius Monk: »Round About Midnight«); Einflüsse der klassischen Musik (Fugentechnik, Sonatenform usw.) sind zu bemerken (»Modern Jazz Quartet«).

Artistik und Kunstfertigkeit arteten zuweilen zu belangloser Routine aus.

Hardbop

Der Hardbop ist eine Weiterentwicklung des Rhythm & Blues, d. h. der Musik des Negerproletariats der amerikanischen Großstädte. Die mit Trommelstöcken auf den Becken markierte Achtelbewegung, zu der große und kleine Trommeln (unterstützt von der elektronisch verstärkten Baßgitarre) harte und wuchtige Viertelakzente (Big Beat) bringen, die im Vergleich zu Swing und Modern Jazz wieder sehr geringe harmonische Dichte (harmonischer Wechsel nicht mehr von Halbtakt zu Halbtakt wie im Swing oder von Viertel zu Viertel wie im Modern Jazz) und die einfachere Akkordik (Dur- und Molldreiklänge ohne Zusatztöne) sind bereits in einem der ersten Titel dieses Stiles (Timmons: »Moanin«) festzustellen. Charakteristisch für den Stil ist auch die Bevorzugung der Subdominanten-Region sowie harmonische Wendungen, die in der melodischen Umsetzung modale Tonartlichkeit ergeben.

Problemjazz

Gleichzeitig mit dem Hardbop entwickelt sich in den sechziger Jahren eine Stilrichtung, die man – in Anlehnung an den Titel einer Komposition von Ornette Coleman – als Free-Jazz bezeichnet. Sie fordert vom Zuhörer ein hohes Maß an Konzentration; es ist keine Musik zum Tanzen oder zur Unterhaltung und die musikalischen Problemstellungen gleichen denjenigen der sinfonischen Musik. Ganz unterschiedliche musikalische Gestaltungstechniken wie die der motivischen Entwicklung (Gilmore: »Outer Nothingness«), des Vorstoßes in den freitonalen Raum (Coltrane: »Ogude«), der athematischen Formgestaltung (Coleman: »Mind And Time«), der punktuellen Technik und des Einsatzes von Clusterakkorden (Gumpert: »Kommt Ihr G'spielen«), des Einsatzes der Schlaginstrumente als Klangfarbengeber (Bartkowski: »Drum Dreams«) und auch aller Gestaltungsmittel der postseriellen Musik (Schönfeld: »Gipsy«) lassen den Oberbegriff »free« als zu eng erscheinen und rechtfertigen die Zusammenfassung dieser verschiedenen Richtungen unter dem Namen Problemjazz.

Aus dem Neudurchdenken der Funktion des Jazz entwikkelte Don Cherry (»A New Thing«) eine neue Form, die Folklore (vor allem außereuropäische), traditionellen Jazz und experimentelle neue Musik miteinander verknüpft, wobei alle diese unterschiedlichen Elemente durch eine wohldurchdachte Bühnenshow, die auch das Publikum ins Spiel einbezieht, zusammengefaßt werden.

Lateinamerikanischer Einfluß in der europäischen Tanzmusik

Über die iberische und lateinamerikanische Musik wurde an anderer Stelle (vgl. Kapitel Regionalstil) geschrieben. Ihr wesentlichstes Element ist die Rhythmik mit der Überlagerung verschiedener Figuren von unterschiedlicher metrischer Betonung und unterschiedlicher Länge. In der europäischen Tanzmusik ist der Prozeß der Verklanglichung, der in der Kreolenmusik sich anbahnt, weitergeführt, und die ursprüngliche Polyrhythmik wurde so weit vereinfacht, daß oft nur noch stereotype klavieristische Begleitfiguren übrigblieben – Begleitfiguren, die dann nachträglich wieder auf verschiedene Instrumente aufgeteilt werden.

Tango

Die verschiedenen Arten des Tangos mit ihren sehr charakteristischen Rhythmusfiguren:
- Tango *habanero* (G. Bizet: »Die Liebe von Zigeunern stammt« aus der Oper »Carmen«)
- Tango *bolero* (J. Lossas: »Tango bolero«)
- Tango *argentino* (A. Malando: »Ole Guapa«)
- Tango *milonga* (S. Yradier: »La paloma«)

mündeten ein im sogenannten *Tango*-Lied (L. Schmidseder: »Gitarren spielt auf«).

Kunstvolle instrumentale Ausformungen des Tangos (J. Rixner: »Blauer Himmel« / J. Gade: »Jalousie«) gibt es seit Isaac Albéniz (»Andalusischer Tango«). Die zunehmende Nivellierung und Angleichung der einst so eigenständigen Tangoarten ist zu bedauern.

Rumba

Die Rumba gilt als der wichtigste lateinamerikanische Tanz. In Europa wird dabei vor allem die langsame Art, die Beguine, bevorzugt (C. Porter: »Begin the Beguine«); die eigentliche Rumba – im mittleren Tempo – wie auch die schnelle Form, die Carioca, wirken auch für europäische Ohren eigentlich nur in der originalen Interpretation der Lateinamerikaner, d. h. im Zusammenspiel verschiedener Rhythmusinstrumente mit ihren jeweiligen Figuren.

Samba, Calypso, Cha-Cha-Cha und *Mambo* sind europäische Modetänze, die kaum noch etwas mit den lateinamerikanischen Vorbildern zu tun haben.

Der Einfluß der einzelnen Länder Lateinamerikas auf die Entwicklung der europäischen Tanzmusik ist unterschiedlich. Im Grunde ist es fast ausschließlich die kubanische Musik, die auf Europa ausstrahlte. In den letzten zehn Jahren trat auch die Musik Jamaikas – als Reggae-Musik – in den Vordergrund. Diese ist der kubanischen sehr ähnlich; die englische Sprache anstelle der spanischen als Amtssprache hat jedoch zu einigen Varianten geführt, auch die häufigere Verwendung von übergeordneten 6/8-Takt-Rhythmen (im Kubanischen ist stets der 4/4-Takt übergeordnet) könnte als englischer Folklore-Einfluß gewertet werden.

Europäische Traditionen in unserer Popularmusik

Charakteristisch für alle heutige Tanz- und Unterhaltungsmusik, die auf europäischen Traditionen fußt, ist die Annäherung bzw. Angleichung der Begleitrhythmen verschiedener europäischer Tänze des 19. Jahrhunderts aneinander bei gleichzeitiger Ausdehnung der Melodiemotive. Vejvodas »Rosamunde« ist ein sehr bekanntes und typisches Beispiel für diese Entwicklung; in der modernen Foxtrottbegleitung des Stückes sind unschwer Elemente der Marschmusik des 19. Jahrhunderts wie auch von *Ecossaise, Polka* und *Rheinländer* zu erkennen; der eintaktigen Begleitfigur stehen 4taktige Melodiemotive gegenüber.

Fast alle älteren Tänze im 4/4-Takt münden im Foxtrott ein, die 3/4-Takt-Tänze hingegen im modernen Swingwalzer.

Hinsichtlich des Formablaufs dieser Tanzmusik lassen sich drei Etappen unterscheiden. In der ersten überwiegt die sogenannte Bogenform: I − II − I (der Teil II, meist in der Subdominante stehend, wird als »Trio« bezeichnet). In der zweiten Etappe ist die Coupletform häufig: I − II − I − II − II (Teil I Verse, Teil II Refrain genannt). Seit 1950 wird die Form des Schlagercouplets bevorzugt: I − I − II − I.

Nur ein einziger europäischer Tanz, der *Wiener Walzer* bildete eine selbständige eigene Form heraus: die sogenannte Walzerkette (Introduktion/ mehrere, d. h. 3 bis 5 Walzer/Coda mit Wiederholung des ersten Walzers). Der sehr eigentümliche Rhythmus der Begleitfigur (bei dem das 2. Viertel immer um etwa eine 16tel Note eher gespielt werden muß als es die Noten angeben) hat wahrscheinlich dazu geführt, daß der Wiener Walzer als eigenständiger Tanz des 19. Jahrhunderts erhalten blieb und auch heute noch als gleichberechtigter Gesellschaftstanz neben modernen Tänzen unseres Jahrhunderts steht.

In der heutigen Schlagertanzmusik gibt es inhaltliche Gruppierungen, die in musikalischer Hinsicht an Stilrichtungen der populären Musik des 19. Jahrhunderts anknüpfen.

Es wären zu nennen:

- der sogenannte *Stimmungsschlager* im 3/4-Takt;
Fortführung der Tradition des *kölnischen Karnevalsliedes*
(»Wer soll das bezahlen« / »Kornblumenblau«)
- der *chansonhafte Schlager*, der oft mit schnoddrig-ironi-
schen Texten Probleme des Alltags aufgreift;
Fortführung der Tradition des Berliner Gassenhauers (»Wir
versaufen uns'rer Oma ihr klein' Häuschen« / »Lakomy's Ge-
schichten«)
- das gemütliche *Wiener Schlagerlied*;
Fortführung der Tradition Wiener Komödienlieder (»Sag
beim Abschied leise Servus«)
- das *marschartige* »*Heimatlied*«, das Motive der Folklore
und – noch mehr – der Pseudofolklore der deutschen Mit-
telgebirge aufgreift (»Rennsteiglied«)
- das *sentimentale* – »schnulzige« – *Schlagerlied*, in dessen
Worten die Sehnsucht nach einer – fast irrealen – Traum-
welt zum Ausdruck kommt:
Fortführung der Tradition der sogenannten »Lieder aus der
Küche« (»Mariechen saß weinend im Garten« / »Komm mit
mir nach Tahiti« / »Santa Maria«)
- Schlagerlieder, die *Elemente südeuropäischer Folklore*
(griechische, italienische, jugoslawische) verarbeiten, d. h.
Schlager im sogenannten »Adria-Sound« (»Tiritomba« / »Es
gibt keine Liebe mehr« / »O Maria Helena«)
- das chansonhafte Schlagerlied, das in musikalischer Hinsicht und auch vom textlichen Anliegen her an die Traditionen des französischen Chansons anknüpft (»Natalie« /
»Shalali-Shalala« / »Je t'aime«)
- die etwas verträumte englisch-amerikanische *Sweet-Music*;
rein europäisch in bezug auf Harmonik, Melodik und Rhythmik, in der Instrumentierung jedoch am Big-Band-Sound
des Jazz angelehnt (»A Sentimental Journey« / »White
Christmas« / »Der letzte Walzer«)

Der prozentuale Anteil der einzelnen Richtungen der Tanz-
und Unterhaltungsmusik ändert sich ständig. Heute liegt der
Anteil der im letzten Abschnitt erwähnten Tanzmusik, die auf
europäischen Traditionen fußt, etwa bei 20%. Am häufigsten

gespielt wird deutschsprachige Beatmusik (30 %), ihr folgt englischsprachiger Beat (25 %); Jazz und vom Jazz beeinflußte Tanz- und Unterhaltungsmusik (einschließlich der neurhythmisierten Fassungen älterer Musik) kommen auf 13 %, den geringsten Anteil hat zur Zeit lateinamerikanische Musik.

Rockmusik

Unter allen Genres der Popularmusik nimmt der »Rock« den größten Raum ein — nicht nur quantitativ, sondern auch von der Ausstrahlung her. Die beiden Wurzeln, aus denen sich diese Musizierform gegen Ende der fünfziger Jahre entwickelte, sind die amerikanische Country-Music und der Rhythm & Blues; beide Richtungen verschmelzen zum sogenannten Rock'n' Roll, der Anfang der sechziger Jahre in England zum Big Beat umgeformt wurde; und schließlich brachte die amerikanische Soulmusik noch einmal Elemente afroamerikanischer Tradition ein. Der sich seit Ende der sechziger Jahre über die ganze Welt verbreitende Stil der Beatmusik stellte zunächst einmal eine Zusammenfassung dieser Formen dar, deren Merkmale im folgenden aufgeführt sind.

Country Music ist die Bezeichnung für die sich im 19. Jahrhundert herausbildende Volksmusik der weißen Farmer in den USA, die in abgelegenen Dörfern noch bis in unser Jahrhundert als »Hillbilly«-(Hinterwäldler-)Musik lebendig war. Sie wurde seit etwa 1940 im Gefolge eines Rechtsstreites der Rundfunkanstalten mit den amerikanischen Schlagerkomponisten, die höhere Tantiemen forderten, als »tantiemenfreie« Musik durch die Rundfunksender, dann auch durch die Schallplattenfirmen, gefördert, nun von Berufsmusikern gespielt, zuweilen mit der Cowboy-Romantik verbunden und schließlich unter dem neuen Etikett Country & Western gesendet und verkauft. Das charakteristische Klangbild entsteht durch die eigentümliche Besetzung: Fiedel (Violine), Mandoline, Banjo (oder Gitarre), Zither, Baß (vgl. Elvis Presley: »Yellow Rose of Texas«).

Rhythm & Blues ist die aus der amerikanischen Bluestradition weiterentwickelte, professionell ausgeübte Tanz- und Unterhaltungsmusik der Afroamerikaner nach dem zweiten Weltkrieg. Zum Gesang und zur bluesverbundenen Melodik von Saxophon bzw. Trompete bringen Klavier, Baß (mit durchlaufendem Riff-Modell), Schlagzeug und elektrisch verstärkte Gitarre einen sehr harten Begleitrhythmus mit besonderer Betonung des zweiten und vierten Viertels (vgl. James Brown: »I'm Black And I'm Proud«).

Rock'n' Roll entstand aus der Nachahmung des Rhythm & Blues durch weiße Country-Musiker; dabei wurden — durch Berücksichtigen der Hörgewohnheiten des weißen Publikums — Harmonik und Melodik wesentlich vereinfacht, die Tongebung bzw. die Intonation glatter und gefälliger, sie verlor allmählich ihre Bindung zum Blues (vgl. Bill Haley: »Rock Around the Clock«).

Der englische *Big Beat* wurde durch zwei weltberühmt gewordene Gruppen geprägt: die Rolling Stones (z. B. »I Can't Get No Satisfaction«), deren Musik sich aus dem sogenannten »White Blues« (mit bluesverwandter Melodik, Harmonik und Rhythmik, aber vorwiegend europäischer Tongebung) entwickelte und den Beatles, die — vom Rock'r' Roll ausgehend — Anregungen aus der Harmonik der englischen Renaissance (Thomas Morley) und aus der Melodik irischer, englischer und schottischer Folklore verarbeiten (vgl. »I Want to Hold Your Hand« und »Please, Please Me« mit den für die spätere Beatmusik so typischen Ausweichungen in die Subdominantregion), hinsichtlich der Besetzung aber auf Traditionen des englischen »Do-It-Your-Self-Jazz« (Skifflemusik) zurückgreifen. Die typische Besetzung des nach ihnen genannten Liverpool-Sounds ist: drei elektrisch verstärkte Gitarren (Rhythmus-, Melodie- und Baßgitarre), Schlagzeug und Gruppengesang.

Soul ist die Sammelbezeichnung für einige Strömungen der afroamerikanischen Popmusik; die eine fußt auf den musikalischen Traditionen von Rhythm & Blues und Gospelmusik, ihre Kennzeichen sind Background-Chor, Bläser-Riffs, starkes Hervorheben der Bässe und das Ruf-Antwort-Schema der melodischen Formgebung (vgl. Aretha Franklin: »Chain Of Fools«).

Eine andere Richtung steht der weißen Country-Music nahe und ist als eine sehr volkstümliche Musik der Schwarzen noch in der Tradition der alten Plantagensongs verwurzelt (vgl. Otis Redding: »Respect«). Am wichtigsten aber wurde die in den Studios der Plattenfirma Tamla-Motown (Detroit) mit äußerster Präzision hergestellte »schwarze Musik für weiße Hörer« mit mehrstimmigem Gesang, Bläser-Riffs, typischen Pianofloskeln, Streicherklängen und sehr hartem Beat (vgl. Diana Ross And The Supremes: »Surrender«).

Beat wird ab Mitte der sechziger Jahre zum Sammelbegriff für einen Stil der Popularmusik, der gewissermaßen Rock'n' Roll, Big Beat und Soul in sich aufsaugt; in den siebziger Jahren kommt dafür der Begriff Rock bzw. Rockmusik auf.

Das bewußte Ansprechen bestimmter Zielgruppen von Hörern und Käufern begünstigte die Herausbildung von Merkmalen, die sowohl das ästhetische Anliegen als auch die Funktion dieser Musik verdeutlichen. Dem *Beat als Opposition* (Musik der Unterdrückten, Musik der Außenseiter der Gesellschaft, Musik des Undergrounds) wird der *Beat als Position* (Politrock, Religious Beat, National- oder Folkrock, der durch Einbringen von Melodik aus allen Gegenden der Welt das musikalische Geschehen bereicherte) gegenübergestellt.

Von der Funktion her unterscheidet man Rockmusik zum Tanzen (Disco Sound, Philly Sound), Rock als Unterhaltung (Soft Rock, Happy Rock) und Art Rock (Sinfonic Rock = Aufbau größerer Formabläufe, Verwendung von Kompositionstechniken der artifiziellen Musik, Adaptionen bzw. Bearbeitungen von Werken der Klassik, des Barock oder der Romantik).

Wichtigstes musikalisches Kriterium der Rockmusik wird in zunehmendem Maße das Ausloten von neuen Klangwirkungen. Es erfolgt zunächst durch die Darbietung in unterschiedlichen Besetzungsformen, die vom erwähnten Liverpool-Sound (Melodiegitarre, Rhythmusgitarre, Baßgitarre, Schlagzeug) ihren Ausgang nahmen.

Daraus entsteht die Grundformation der Beatmusik: Elektronisches Tasteninstrument, Gitarre, Baß, Schlagzeug.

Zur Grundformation können hinzutreten: Bläsersatz, ein Soloinstrument (Oboe/Violine/Trompete/Saxophon), Chor, Strechergruppe.

Die Klangfindung — auch vom Publikum als eines der wichtigsten Kriterien guter Rockmusik angesehen — wird durch das Einbeziehen der Elektronik, als Live-Elektronik (elektronische Tasteninstrumente, Verstärker, Verzerrer usw.) und als Studioelektronik, außerordentlich bereichert.

Zum Schluß dieses Kapitels soll auf drei Werke hingewiesen werden, die als Klangbeispiele eigentlich für die gesamte Popularmusik der Gegenwart stehen können.

Klangbeispiele
Pink Floyd: »The Wall«
Tomita: »Bilder einer Ausstellung« — elektronische Adaptionen nach Mussorgski
Andrew Lloyd Webber: »Bleib doch bis zum Sonntag«

Alle drei Werke haben eine hohe künstlerische Qualität und nehmen in dieser Hinsicht eine ähnliche Stelle ein wie es vor hundert Jahren die Walzer von Johann Strauß und die Melodien von Jacques Offenbach gegenüber Tausenden von ähnlichen Genrestücken (die heute mit Recht größtenteils vergessen sind) taten. Pink Floyds Schallplattenalbum kann geradezu als Kompendium der Rockgeschichte zwischen 1960 und 1980 angesehen werden. Tomitas Adaptionen zeigen in geschmackvoller Weise alle Möglichkeiten der modernen elektronischen Klangtechnik. Webbers Liederzyklus schließlich (neben seinem Musical »Cats« sein bisher bedeutendstes Werk) kann als Beispiel dafür dienen, wie die Rockmusik auf viele andere Bereiche der Popularmusik (Chanson/Schlager) ausstrahlt.

Der Personalstil

Umwelt und Persönlichkeitsstruktur

Die Untersuchung des Personalstils stand im 19. Jahrhundert und zu Beginn des 20. Jahrhunderts im Mittelpunkt aller Arbeiten über den Stil in der Musik, fast könnte man sagen, sie stand im Mittelpunkt aller musikwissenschaftlichen Untersuchungen überhaupt.

Das mag vielleicht erklären, warum uns der Personalstil der Komponisten des 19. Jahrhunderts in allen theoretischen Einzelheiten besonders vertraut ist; aber auch gefühlsmäßig erkennen wir die Stileigentümlichkeiten der Musiker dieser Zeit besser als z. B. diejenigen unserer eigenen Zeitgenossen oder diejenigen der Komponisten des 18., 17. oder gar 16. Jahrhunderts. Die Schuld daran suchen wir dabei meist bei uns, den Rezipienten, selbst. Aber vielleicht war der Personalstil der Komponisten anderer Zeitepochen gar nicht so ausgeprägt!

Je weiter wir nämlich in der Musikgeschichte zurückgehen, um so stärker tritt – zumindest für uns heute – die Funktion des Kunstwerkes als stilbestimmendes Merkmal in den Vordergrund. Die Herausbildung und immer stärkere Entwicklung des Individualstils fällt zusammen mit einer sich formierenden neuen Gesellschaftsordnung, die der im 19. Jahrhundert zur Macht kommenden bürgerlich-kapitalistischen Gesellschaft.

Der Gedanke liegt nahe, das Unterstreichen des subjektiven Elementes in der Kunst gewissermaßen als »Firmenzeichen« (je individueller der Ausdruck, um so größer der Marktwert) zu verstehen. Johansen schreibt z. B.:

»Die Kunstwerke werden zu dem, was man in der modernen Kaufmannssprache ›Markenartikel‹ nennt. Im Handel und Wandel wurde die ›Firmenmarke‹ – der Name des Künstlers – von größter Bedeutung.

In der Gotik ging das Streben des namenlosen Meisters darauf aus, sein Werk so auszuführen, daß es so vollständig wie möglich im Ganzen, zu dem auch er gehörte, aufging. Die Künstler der Renaissance wollten hingegen etwas ›Originelles‹ schaffen, das sich von allen anderen unterscheidet, etwas, das beachtet werden soll. Man strebte nach Berühmtheit, danach, sich ›einen Namen zu machen‹. Die Kunstgeschichte als eine Geschichte der Künstlerpersönlichkeiten kommt erst seit der Renaissance auf. Die nachfolgende Zeit hat die Neigung, die Riesengestalten vollständig die Epoche überschatten zu lassen ...« (Johansen, 1959).

Von Bedeutung ist aber auch der Umstand, daß gleichzeitig mit der feudalen Gesellschaftsordnung der Einfluß der christlichen Religion schwindet und bei der Suche nach einem Religionsersatz als ethisch-moralische Normative, als Leitbild an die Stelle eines Gottes die Persönlichkeit, die kraftvolle, selbstbewußte und sittlich gefestigte Persönlichkeit − der »Übermensch« tritt. Wie in der Philosophie und Literatur wurde auch in der Musik die starke Ausprägung des Subjektiven bei den großen Komponistenpersönlichkeiten besonders beachtet.

Unsere heutige Zeit ist demgegenüber objektiver und nüchterner. Wieder tritt die Funktion der Musik als Stilmerkmal in den Blickpunkt, und es hat sich auch im Vergleich zum vorigen Jahrhundert die Einstellung gegenüber den Komponisten von Grund auf geändert. Der Komponist wird gebraucht − nach wie vor wird er gebraucht − aber: nicht mehr als Philosoph, in »Bekenntnissen ohne Worte«, sondern in erster Linie als ein Meister seines Faches, als ein Meister, der in der Lage ist, für einen bestimmten Zweck (Feier, Filmuntermalung, Tanz) oder aber für einen bestimmten Personenkreis, stilistisch vorher bereits determinierte Musik zu schaffen. Dabei mag er sich als Komponist dann noch frei fühlen, wenn sein eigenes ästethisches Ideal der Stilauffassung eines bestimmten Hörerkreises, dem er seine Komposition liefert, entspricht.

Besonders deutlich wird die veränderte Einstellung der Öffentlichkeit gegenüber dem Komponisten in den verschiedenen Bereichen der Unterhaltungsmusik. Waren z. B. in den dreißiger und vierziger Jahren unseres Jahrhunderts noch die Schlagerkomponisten (Grothe, Mackeben, Jary usw.) die Repräsentanten der sogenannten leichten Musik, so sind es heute die Interpreten (der Komponist bleibt meist ungenannt und unbekannt im Hintergrund). Bei einer solchen veränderten Einstellung gegenüber den Komponisten kann demzufolge auch die Betrachtung des Personalstils in einer Musik-Stil-kunde heute nicht mehr in Vordergrund stehen.

Die Einhaltung bestimmter Relationen ist geboten. Beim notwendigen Zusammendrängen des Stoffes auf wenige Seiten kann im Grunde genommen jeweils nur ein Aspekt des betreffenden Personalstils angedeutet werden, und vielleicht sogar — zugegeben! — ein sehr subjektiv ausgewählter.

Die Betonung des Subjektiven hat bereits in den Kompositionen der großen Meister des 18. und 19. Jahrhunderts die Möglichkeit vielfältiger Auslegungen und Deutungen geschaffen. Seit der Erfindung von Schallplatte und Tonband gibt es beinahe von jedem Werk so viele, oft sogar völlig konträr angelegte, Interpretationen, daß es schwerfällt, auch nur einige davon als die richtigen zu bezeichnen. So mag auch meine Auffassung über den Personalstil einiger Komponisten als eine unter vielen anderen angesehen werden. Ich war jedoch bemüht, in den vorangegangenen Kapiteln möglichst viele objektive Merkmale der Stilbildung aufzuzeigen. Die Einbindung des Personalstils in diese objektiven Gegebenheiten von Zeit, Funktion, Territorium usw. dürfte ein Abgleiten ins Subjektivistische wohl verhindern. Große persönliche Leistungen können immer nur aus dem Zusammenwirken von Tradition, sozialer Umwelt und Persönlichkeitsstruktur entstehen.

Eine Objektivierung wurde weiterhin durch die Werkauswahl versucht; nur überall als bedeutend eingeschätzte Werke, und zwar aus der Zeit größter künstlerischer Reife des betreffenden Komponisten, werden zitiert.

Bei vielen Meistern steht der eigene, ausgeprägte Stil von Anfang an fest (z. B. bei Brahms), es gibt aber auch Komponisten, bei denen sich ein Personalstil erst ganz allmählich herausbildet (z. B. bei Haydn). Wenn ein neuer Stil entsteht, sind Subtilität und Vollendung meist noch nicht möglich, bevor er allgemein Fuß gefaßt hat. Auch Zeiten stilistischer Schwankungen sind meist kein guter Nährboden für die rasche Entwicklung eines persönlichen Stiles.

Becking schreibt z. B.:

»Wäre Haydn nach der 30. Symphonie gestorben, so würde es praktisch kaum möglich sein, von seiner Persönlichkeit ein umfassendes Bild zu gewinnen. Seine Werke müßten uns rätselhafte Zeugnisse bleiben. Keine Formanalyse könnte Aufschluß darüber geben, was an ihnen adäquate, was inadäquate Gestaltung ist. Einen fertigen Menschen vermochten wir aus ihnen zu erkennen, das reife Gesicht des Unfertigen nicht« (Becking, 1928).

In den folgenden Abschnitten sollen nun einige deutsche Komponisten aus der Zeit ausgeprägter Personalstile (also zwischen 1700 und 1950) besprochen werden. Außerdeutsche Komponisten wurden bei der Besprechung des Stiles der einzelnen Nationen (vgl. Kapitel Regionalstil) behandelt; denn im gleichen Maße wie der deutsche Nationalstil durch die großen Komponisten deutscher Nationalität mitgeprägt worden ist, so ist auch der Nationalstil anderer Völker ohne Einbeziehung ihrer weltbedeutenden Komponisten überhaupt nicht zu verstehen.

Es wird ausgegangen von einem Zitat des Komponisten über sein Werk bzw. von einem Zitat über ihn oder auch von einer durch ihn vertonten Textzeile. Anknüpfend an dieses Zitat soll auf bestimmte philosophisch-ästhetische Anschauungen, die sich in der Musik widerspiegeln, oder auch auf musikalische Besonderheiten (rhythmischer, melodischer, harmonischer Art) hingewiesen werden, die den Stil des betreffenden Komponisten von dem seiner Zeitgenossen oder seiner Landsleute unterscheiden.

Auf die Problematik einer derart subjektiven Stilbetrachtung wird am Schluß dieses Kapitels nochmals eingegangen.

Johann Sebastian Bach

Ob es mir nun zwar anfänglich gar nicht anständig seyn wollte, aus einem Capellmeister ein Kantor zu werden ...

Wenn diese Worte Johann Sebastian Bachs im Brief an seinen Freund Erdmann wahrscheinlich nicht ganz wörtlich zu nehmen sind, eines spiegelt sich auf jeden Fall darin: das Bewußtsein vom sinkenden Ansehen des Kantors im 18. Jahrhundert. Diese sich wandelnde geistige Einstellung, die hierin zum Ausdruck kommt, äußert sich auch im rein Musikalischen, in dem großen Stilumbruch in der europäischen Musik während des letzten Lebensjahrzehnts von Johann Sebastian Bach. Man sollte bedenken, daß zur gleichen Zeit, als Bach sein Lebenswerk zum krönenden Abschluß brachte, der junge Haydn bereits seine ersten Menuette schrieb; und welch eine Welt liegt doch zwischen diesen beiden Stilen!

Die Verwurzelung von Bachs Stil in der Vergangenheit läßt sich dabei an Folgendem sehen: Nimmt man z. B. die Harmonieauszüge (das harmonische Gerüst) Bachscher Werke und spielt diese Akkorde hintereinander (vgl. NB 9a/9b), so wird man feststellen können, daß die so entstandenen Akkordfolgen wie Choräle des 17. Jahrhunderts oder auch wie Tanzweisen des 16. Jahrhunderts klingen. Nun vergleiche man damit eine Harmoniefolge Joseph Haydns (vgl. NB 10a).

Beide Meister stellen ihre Kompositionen auf die harmonische Grundlage von Tanzweisen: Haydn auf solche seiner Gegenwart, Bach hingegen auf der Vergangenheit. Bachs Akkordfolgen erweisen sich dabei als stark genug, um »alles Alte noch und alles Neue schon« zu tragen. Auch modisch-moderne Wendungen sind über solche Akkordfolgen möglich, ohne daß die Komposition als Ganzes dadurch im Sinne der jüngeren Zeitgenossen Bachs »modern« wirken würde.

Grundlage Bachscher Melodik ist also eine Akkordfolge, die in ihrem Aufbau an Tanzlieder des 16. oder 17. Jahrhunderts oder an protestantische Choräle erinnert. Nach vorher festgelegtem Plan können über bestimmten Akkorden bzw. in bestimmten Abständen melodische Figuren gebracht werden.

Bei den stets dem harmonischen Geschehen untergeordneten melodischen Figuren überwiegt die Sekundenbewegung (Tonleiterausschnitte, Tonumspielungen), nächstwichtiges Intervall ist die Sexte, an dritter Stelle stehen Dreiklangsbrechungen. Septimensprünge treten bei Bach auf, wenn Sextenintervalle als Figuren über anderen Akkorden nachgeahmt werden, häufiger jedoch noch als Fortführung einer Tonleiterbewegung in einem anderen Oktavbereich (NB 9e).

In rhythmischer Hinsicht ist beachtenswert, daß der einzelne Pulsschlag sehr reich untergliedert ist.

Kanon-, Fugen- und Imitationstechnik sind nicht in erster Linie Stilmerkmale Bachscher Musik, sondern der ganzen Zeit; sie werden aber — z. B. bei Stilparodien — gern als zusätzliches Mittel der Charakterisierung verwendet.

Aus der Fülle Bachscher Musik sei dem interessierten Musikliebhaber empfohlen, hörend die Choräle der Bachschen Matthäuspassion miteinander zu vergleichen und sich danach dann die Passion als Gesamtwerk anzuhören. Es wird weiterhin die Beschäftigung — geistig und emotional — mit dem zweiten Satz der Triosonate c-Moll aus Johann Sebastian Bachs Spätwerk »Ein musikalisches Opfer« empfohlen. Die Formanlage dieses Satzes weist weit in die Zukunft. Es handelt sich um einen Sonatenhauptsatz: Das einzige Thema erscheint durch die jeweils veränderte Struktur der Nebenstimmen im Charakter eines Hauptthemas, einer Überleitung, eines Seitenthemas, einer Coda; die Anlage von Exposition, Durchführung und Reprise ist so deutlich herausgearbeitet wie nach Bach eigentlich erst wieder beim späten Haydn und bei Beethoven. So ist Bach also nicht nur als Vorbild, als Vollender, als letzter Höhepunkt einer jahrhundertelangen Tradition zu sehen, sondern auch als Bewahrender und Fortführender dieser Tradition. Seine Anregungen konnten allerdings erst nach dem vollzogenen Stilumbruch und nach der Festigung dieses neuen Stiles verstanden, aufgegriffen und weitergeführt werden.

Ludwig van Beethoven

Ich will dem Schicksal in den Rachen greifen, ganz niederbeugen soll es mich gewiß nicht …

Dieses Zitat ist Zeugnis einer kämpferischen Grundhaltung, die selbst in den »heiteren« Werken Beethovens (z. B. der 8. Sinfonie) zum Ausdruck kommt und sich musikalisch in den großen Orchestercrescendi mit ihrer Wandlung von Moll zu Dur — »durch Nacht zum Licht« — manifestiert (Schluß der »Egmont«-Ouvertüre, Übergang vom dritten zum vierten Satz der 5. Sinfonie in c-Moll).

Die Nackenschläge des Schicksals in Beethovens Leben, nämlich das Scheitern seiner Ehepläne, das Scheitern als Erzieher seines Neffen, der Widerspruch zwischen ursprünglicher Lebensfreude und zunehmender Krankheit und die immer weiter zunehmende Entfernung der politischen Wirklichkeit vom erträumten Gesellschaftsideal münden in Beethovens Musik aber niemals in Pessimismus und Düsterkeit. Siegeszuversicht steht am Ende aller seiner Werke; aber stets ist es ein Sieg (richtiger wohl noch: die Hoffnung auf einen Sieg), der schwer erkämpft werden muß.

Ein typisches Beispiel dafür ist u. a. die Arie des Florestan »Gott, welch' Dunkel hier« aus der Oper »Fidelio«. Selbst in düsterer Nacht noch Hoffnung und Zuversicht, wenn auch als Wahnvorstellung; aber die Musik Beethovens geht weit über den Text hinaus, überflügelt ihn: Sie drückt durchaus reale Hoffnung auf den Sieg der Gerechtigkeit, auf den Sieg der Freiheit aus.

Und noch etwas ist an dieser Arie typisch: der Traum Florestans vom künftigen Sieg wird im Orchester durch einen (polkaähnlichen) Volkstanz begleitet (Melodie der Oboe); und es ist festzustellen, daß fast alle Themen Beethovens — zumindest in der in seinen Skizzenbüchern zu findenden Urform — diese enge Bindung an den deutschen Volkstanz aufweisen. Solche Themen werden nun bei ihm aufgespalten in Motive, die Motive in Teilmotive, die dann schließlich auch noch mit kraftvoller Wucht »zertrümmert« werden. Häufig findet sich eine folgende Form:

Von den vier Motiven eines ursprünglich achttaktigen Themas werden nur die beiden ersten unverändert gebracht, das dritte Motiv wird zunächst einmal wiederholt und aus ihm wird dann ein Teilmotiv abgespalten, mehrfach (auch auf verschiedenen Tonstufen) wiederholt; daraus wird wieder eine Figur herausgelöst und diese schließlich über dem Dominantseptakkord — sich dynamisch kraftvoll steigernd — über mehrere Takte hinweg wiederholt; im Fortissimo setzt dann ein neues Thema ein.

Die dramatische Wucht eines solchen Formaufbaus kommt sogar zum Ausdruck, wenn man nur den Text einer Liedvorlage derart gestalten würde:

Kommt ein Vogel geflogen
setzt sich nieder auf mein' Fuß
Hat ein' Zettel im Schnabel
Hat ein' Zettel im Schnabel
ein' Zettel im Schnabel
einen Zettel,
einen Zettel,
Zettel, Zettel, Zettel, Zettel ...

Unter diesem Gesichtspunkt verfolge man einmal den ersten Satz der 8. Sinfonie Beethovens. Zuvor bemühe man sich, die volkstanzartigen Themenanfänge (vgl. NB 12) ganz schlicht und undramatisiert selbst zu Ende zu führen; die Technik der Dramatisierung einfacher Themen wird einem dann erst recht zu Bewußtsein kommen.

Ein weiteres Stilmerkmal Beethovens ist, daß alle seine Themen stets eine gewisse Schwere und Zähigkeit hinsichtlich des rhythmischen Flusses haben; daß ganz selten die heiter-unbeschwerte Anmut und Leichtigkeit Mozartscher Melodien erreicht wird. Der rhythmische Schlag ist bei Beethoven immer gepreßt. Fast scheint es, als ob sich die einzelnen Töne wehren würden und nur unter Aufwendung größter Kraftanstrengung zum Klingen zu bringen sind.

In harmonischer Hinsicht werden bei Beethoven kaum die Grenzen der Volkstanzharmonik überschritten. Die häufige Wendung (vgl. NB 12d), durch Umdeutung des Septakkordes in den übermäßigen Quintsextakkord in entferntere Tonarten zu gelangen, ist zwar für Beethoven sehr typisch – sie findet sich in fast allen größeren Werken an irgendeiner Stelle –, aber für die eigentliche stilistische Haltung doch unwesentlich.

Hauptform ist bei Beethoven die Sonate als Lösungs- und Entwicklungsform; Schwerpunkt ist immer das Finale, das die Lösung der aufgeworfenen Probleme bringt. Mögen die musikalischen Einzelheiten auch nicht von jedem erfaßt werden, die große, vornehm-ethische Grundhaltung Beethovenscher Musik dürfte sich wohl jedem Zuhörer mitteilen.

Johannes Brahms

Brahms hat die Melancholie des Unvermögens, er schafft nicht aus der Fülle, er dürstet nach der Fülle.

Diese Worte Friedrich Nietzsches sollte man recht verstehen. Nietzsche war Wagner-Anhänger und das bedeutete zu jener Zeit fast automatisch schon Brahms-Gegner. Weiterhin sollte klargestellt sein, daß mit Unvermögen eine geistig-ethische (auch politische) Haltung und nicht etwa die Unfähigkeit gemeint ist, seine Gedanken als Künstler ausdrücken zu können.

Das »Dürsten nach der Fülle« ist aber auf jeden Fall eine sehr richtige Beobachtung Nietzsches. Wenn Brahms oft als der Nachfolger Beethovens bezeichnet wurde (Brahms' 1. Sinfonie begrüßte man als Beethovens »Zehnte«), so ist eben doch gerade in diesem Dürsten nach Fülle auch der charakteristische Unterschied zu Beethoven zu sehen; denn nicht Siegeszuversicht, sondern Sehnsucht ist der Grundausdruck Brahmsscher Musik.

Was Brahms mit Beethoven verbindet, ist die saubere, tief humanistische, ethische Haltung, ist weiterhin die Liebe zu Volkslied und Volkstanz. Und es sind — in musikalisch-technischer Hinsicht — die ähnlichen, kraftvoll-pressenden rhythmischen Schläge, mit denen die Töne zum Klingen gebracht werden müssen. Aber im Gegensatz zu Beethoven ist nicht die Rhythmik und Metrik in erster Linie Triebfeder der Entwicklung in seiner Musik, sondern die Harmonik.

Die häufige Verwendung bestimmter Akkorde: Durdreiklang mit großer Septime; Durdreiklang mit großer Septime und kleiner None (häufig auf der Subdominante); die Verwendung des großen Nonenakkordes auf der erniedrigten siebenten Stufe der Tonleiter mit folgender Auflösung in den Tonikadreiklang; die Verschleierung der Hauptfunktionen durch Vorhalte und andere melodische Ausweichungen geben der sich darüber entfaltenden, meist diatonischen Melodik die für Brahms so typische elegische Besinnlichkeit, pathetische Melancholie und sehnsüchtige Verträumtheit (NB 15b). Die oben erwähnte, von Brahms häufig gebrachte harmonische Wendung ist übrigens musikalische Umsetzung der philosophischen Idee des

Dualismus. Der schon bei Goethe (in der Farbenlehre) gebrachte Hinweis, daß der Molldreiklang das Spiegelbild des Durdreiklanges sei, wurde spekulativ weitergeführt: Zum Dominant-Durdreiklang kann nach *oben* eine kleine und eine große Terz angefügt werden

in C-Dur: g − h − d − f − a,

zum Subdominant-Molldreiklang kann nach *unten* eine kleine und eine große Terz angefügt werden

in C-Dur: c − as − f − d − B

Auflösung in beiden Fällen nach C-Dur.

Bekannt sind von Brahms vor allem Orchesterwerke: die Variationen über ein Thema von Joseph Haydn mit der berühmten Schlußpassacaglia, die 1. und vielleicht noch mehr die 4. Sinfonie. Typischer sind aber einzelne Werke seiner Kammermusik, vor allem das Klaviertrio H-Dur op. 8 mit dem herrlichen, echt Brahmsschen, in parallelen Sexten verlaufenden Hauptthema des ersten Satzes und dem gespenstischen, im Mittelteil aber so sehnsüchtig-schwermütigen Scherzo; weiterhin das Horntrio und das Klavierquartett in c-Moll mit dem melodienreichen ersten Satz, dem knorrig-unwirschen Scherzo und dem tief-verträumten langsamen Satz.

Anton Bruckner

Scherzosätze ..., in denen der oberösterreichische Bauerntanz in unerhörtester Art durchbricht ...

Mit diesem Satz nimmt Franz Schalk auf die Bindung des Komponisten an seine Heimat Bezug. In der Literatur ist uns diese Landschaft besonders durch Peter Rosegger bekanntgemacht worden. In seiner Novelle »Das Ereignis in der Schrun« werden die majestätische Wildheit und prachtvolle Schönheit der Tiroler Alpen und die Empfindungen einfacher Menschen beim Absturz eines Bergsteigers geschildert. Die durch diese Erzählung heraufbeschworenen Bilder verbinden sich für den Autor immer mit den Klängen Brucknerscher Sinfonien. Die mythisch-feierlichen Klänge des schweren Blechs und die elementare Freude an der sinnlichen Pracht dieser Klänge, die zuweilen durchbrechende naiv-derbe Fröhlichkeit, sentimentale Einfachheit und Ursprünglichkeit in den Sinfonien Anton Bruckners sind eng verwurzelt in der österreichischen Landschaft und in der religiös-naturverbundenen Mentalität der einfachen Bewohner des Alpenlandes.

Für die Melodik Bruckners ist die häufige Wiederkehr einer rhythmischen Figur aus zwei Viertelnoten und einer Vierteltriole typisch. Diese Figur steht meist innerhalb einer viertaktigen melodischen Phrase, eines viertaktigen Motivs; innerhalb dieser so breit angelegten Motive kann dann neben der erwähnten Rhythmusfigur auch Bruckners wichtigstes Formgestaltungsmittel, nämlich die zu- oder abnehmende harmonische Dichte − meist verbunden mit langen Orchestersteigerungen − zur Wirkung kommen. Die Instrumentation der Brucknerschen Sinfonie entspricht fast der Registrierung eines Orgelwerkes; zweifellos mußte Bruckners jahrzehntelange Tätigkeit als Organist zu St. Florian seine kompositorische Vorstellungskraft beeinflussen − verwunderlich bleibt allerdings, daß er nichts für die Orgel komponiert hat. Diese orgelartige Gegenüberstellung der verschiedenen Instrumentengruppen in Bruckners Sinfonien bestimmt auch den Gegensatz zur Orchestrierung Richard Wagners, dessen Harmonik und Orchesterbesetzung Bruckner außerordentlich faszinierte, die er sogar nachzuahmen glaubte.

Einen besonderen Zugang zur Brucknerschen Musik findet man durch seine 5. und durch seine 4. Sinfonie.

In der 4. Sinfonie sei besonders aufmerksam gemacht auf die Fortführung und modulatorische Steigerung des Hauptthemas und auf die naive Lieblichkeit des Seitenthemas im ersten Satz, auf die »unendliche Melodie« der Bratsche im langsamen Satz, auf das Ländlertrio im dritten und auf die grandiosen, wuchtigen Blechbläser-Rezitative im vierten Satz.

Georg Friedrich Händel

... daß er den zärtlichen und schönen Melodien noch größere Züge des Ausdrucks hinzugefüget, da er zugleich dieselben mit der vollen starken Harmonie seines Vaterlandes zu vereinen wußte.

In diesen Worten von John Mainwaring wird auf zwei für den Stil Händels wesentliche Dinge hingewiesen: auf den monumentalen, sonoren Wohlklang mit seiner festlichen Diesseitigkeit einerseits, wie auch auf Händels meisterhafte Darstellung von Gefühlen und Affekten andererseits. Auch Johann Sebastian Bach verwendet die Figuren und Motive der Affektentheorie, aber er benutzt sie vorwiegend als Symbole, als Bausteine im musikalischen Formausbau; bei Händel wirken die gleichen Figuren und Motive naturalistischer, sie werden nicht als Symbole, sondern als schildernde Ausdeutung des Textes eingesetzt. Die Ähnlichkeit der Melodik Händels mit derjenigen seines Zeitgenossen Bach ist unüberhörbar: die gleiche rhythmische Vielgestaltigkeit als Unterteilung des Pulsschlages, die gleichen tonalen und rhythmischen Wendungen. Einiges aber ist doch anders: die harmonische Grundlage ist bei Händel »moderner«; nach je zwei bzw. vier Takten sind deutliche Einschnitte zu finden. Dadurch wirkt die Melodik Händels gegenüber der Bachs stärker und regelmäßiger gegliedert.

Händels Musik ist weiterhin von größerer rhythmischer Prägnanz; denn Höhepunkte werden nicht – wie bei Bach – mit kunstvoller Polyphonie, sondern durch homophone Passagen ausgedrückt. Dabei ist die Polyphonie bei Händel fast immer dem Klang untergeordnet; polyphone Stimmführung – z. B. in Fugen – mündet (vor allem in den Klavierwerken) oft in »griffige« Akkorde ein, die eine größere Klangfülle ergeben.

Die lapidare volkstümlichere Weltlichkeit der Händelschen Musik gegenüber derjenigen Bachs läßt sich sehr deutlich an zwei ähnlich angelegten Cembalo-Werken dieser beiden Komponisten heraushören: den »Goldberg-Variationen« von Bach und der »Chaconne G-Dur« von Händel.

Man höre sich die beiden Themen an und versuche dann, die den beiden Themen folgenden Variationen zu verstehen.

Joseph Haydn

Uns leite Deine Hand, o Gott,
verleih uns Stärk' und Mut!

Mit diesen Worten beginnt die Schlußfuge des Oratoriums
»Die Jahreszeiten« von Joseph Haydn. Diese Fuge ist eine der
erhabensten künstlerischen Widerspiegelungen edler humanistischer Gesinnung in der Epoche der bürgerlichen Aufklärung. Sie wird hier an den Anfang einer Betrachtung gestellt
über den Komponisten Joseph Haydn, der auch heute noch
oft als der naiv-kindliche »Papa Haydn« angesehen wird.

Die übernommene Fugentechnik weist — wie auch gewisse
Passagen des Textes — auf das Zeitalter Johann Sebastian
Bachs hin. In der stilistischen Umsetzung dieser Idee spiegelt
sich jedoch ein ganz neues Weltgefühl wider. Dies wird besonders deutlich an der rhythmischen Akzentuierung, jede einzelne Viertelnote des Pulsschlages wird rhythmisch kräftig
hervorgehoben. Johann Sebastian Bach z. B. hätte ein solches
Fugenthema rhythmisch viel weniger akzentuiert, so daß bei
ihm die einzelnen Notenwerte eher als Unterteilung des in halben und ganzen Noten verlaufenden rhythmischen Flusses erschienen.

Dieser feste, herzhaft zupackende Rhythmus Haydns hat
wohl seine bekannteste Manifestation in dem berühmten Paukenschlag des Andante der Sinfonie Nr. 94 in G-Dur.

Ein weniger bekanntes, dafür aber in seiner derben Natürlichkeit beinahe schon als Symbol des Geistes der Französischen Revolution aufzufassendes Beispiel findet sich in seinem 1. Klaviertrio in G-Dur, wo mitten in das höfisch-gefällige
Rokoko-Musizieren des letzten Satzes plötzlich eine deftige
Bauernpolka hineinbricht.

Die starke Verwurzelung von Haydns Melodik in den Bauern-
tänzen (neben deutschen vor allem kroatische, slowakische
und ungarische Folklore) ist unüberhörbar. Außer dem eigenartigen Rhythmus ist für Haydns Musik die zweitaktige Gruppierung der seinen Melodien zugrunde liegenden Akkordfolgen charakteristisch.

Eine Besonderheit des Haydnschen Orchestersatzes ist das

Mitspielen der Melodiestimme der 1. Violinen zwei Oktaven tiefer durch das Fagott. Neben den bereits erwähnten Werken empfiehlt sich die Beschäftigung mit der Sinfonie Es-Dur Nr. 103 »Mit dem Paukenwirbel«, wo der typische Stil Haydns vor allem im Menuett und im langsamen Satz deutlich wird.

Paul Hindemith

Ich habe den Übergang aus konservativer Schulung in eine neue Freiheit vielleicht gründlicher erlebt als irgendein anderer. Das Neue mußte durchschritten werden, sollte seine Erforschung gelingen ... Heute scheint es mir, als sei das Gebiet übersichtlich geworden, als sei die geheime Sprache der Töne erlauscht. Nicht von den Starrsinnigen, die durch einfaches Verharren in der ihnen gewohnten Unordnung Kraft vortäuschten, auch nicht von dem Tugendbold, der sich erst gar nicht in Versuchung begeben hat.

Diese Worte Paul Hindemiths aus seiner »Unterweisung im Tonsatz« kennzeichnen den Reifeprozeß, den Hindemith durchmachte, ehe er in seinen Meisterwerken die verschiedenen Einflußsphären und Triebkräfte seines Schaffens zu einem einheitlichen Stil bändigen konnte. Es sind dies die von der Hochromantik herkommende, an Bruckner und Reger orientierte Melodik über stark modulierenden Akkordfolgen, die konstruktive Strenge bei der Verarbeitung von Gregorianik und altem deutschen Volkslied, aber auch die von Bach inspirierte Kontrapunktik. Es ist die heitere Musizierlaune, der grotesk-konzertante Spieltrieb, die Freude an »dummen Musikantenstreichen«, wie sie z. B. in der Überschrift des letzten Satzes der Klaviersuite »1922« zum Ausdruck kommt:

Nimm keine Rücksichten auf das, was Du in der Klavierstunde gelernt hast.

Überlege nicht lange, ob Du Dis mit dem vierten oder sechsten Finger anschlagen mußt.

Spiele dieses Stück sehr wild, aber stets sehr stramm im Rhythmus, wie eine Maschine.

208

Betrachte hier das Klavier als eine interessante Art Schlagzeug und handle dementsprechend.

Die Lösung von der Tradition im Harmonischen und Akkordlichen geht bei Hindemith mit einer Bindung an alte überlieferte Formen vor allem aus der Zeit des Barock einher. Häufig finden sich bei ihm Fuge und Passacaglia, neben dem Lied der feierliche Marsch im 3/2-Takt, aber auch der grotesk-lustige 4/4-Takt-Marsch.

Grundlage der Hindemithschen Melodik ist die rhythmische Bewegung. Sie ähnelt derjenigen des Swing-Jazz: gleichmäßig akzentuierte schnelle Viertel-Pulsschläge; jedoch sind diese Schläge bei Hindemith weniger derb (die Mitbewegungen müßten nicht wie z. B. bei der zeitgenössischen Tanzmusik in Bauch- und Hüfthöhe erfolgen, sondern fast in Kopfhöhe). Neben Rhythmen im 4/4-Takt stehen bei Hindemith gleichrangig auch swingartige Rhythmen im 3/4-, 5/4- und 7/4-Takt.

Diese rhythmische Bewegung wird bei Hindemith mit einer von Sekundschritten und Quartsprüngen bestimmten Melodik, die sich über Akkordfolgen von großer harmonischer Dichte und großer tonaler Ausschlagweite bewegt, verklanglicht.

Hindemiths Bratschenkonzert »Der Schwanendreher« mit seiner Verarbeitung alter Volkslieder (»Zwischen Berg und tiefem Tal«, »Nun laube Lindlein, laube«, »Der Gutzgauch auf dem Zaune saß« und »Seid ihr nicht der Schwanendreher«) ist charakteristisch durch die typische Sekundschritt-Quartsprungmelodik seiner Themen, aber nicht so bekannt wie die Sinfonie »Mathis , der Maler« oder der Klavierzyklus »Ludus tonalis«. Als Einführung in den Stil der Hindemithschen Musik sei es jedoch besonders empfohlen.

Gustav Mahler

Wer hat denn dies schön-schöne Liedel erdacht?
Es haben's drei Gänse übers Wasser gebracht:
Zwei graue
Und eine weiße!

Ein von Gustav Mahler vertonter Text aus der Volksliedsammlung »Des Knaben Wunderhorn«. Idyllische Märchenwelt – Flucht aus den als nicht mehr lösbar erscheinenden Problemen des Alltags. Fast alle von Gustav Mahler vertonten Texte drücken diese Stimmung aus; und seine Instrumentalmusik ist als ausführlicherer Kommentar seiner Vokalmusik zu verstehen (vgl. z. B. die »Lieder eines fahrenden Gesellen« mit seiner 1. Sinfonie).

Die Neigung zum Märchen als einem Symbol des Lebens, wo Gut und Böse zwar hart aufeinanderprallen, das Gute aber dann doch irgendwie den Sieg erringen kann, ist für Mahler auch in rein musikalischer Hinsicht versuchte Bewältigung eines Lebensproblems. Der Sohn eines »Bierkutschers«, aufgewachsen mit trivialster Kneipenmusik, kommt nach Wien, der damaligen Weltmusikmetropole. Dort wird er konfrontiert mit den letzten und neuesten Raffinessen einer hochentwickelten, fast schon überzüchteten Musikkultur. Hochbegabt vermag er sich all das Neue, Interessante anzueignen, aber er kann es nicht einschmelzen in die musikalische Welt, aus der er selbst kommt. So wird dem Manne aus dem Volke von der großbürgerlichen Musikwelt die Plattheit und Trivialität vieler seiner Themen immer wieder vorgeworfen; die »einfachen« Menschen seiner Zeit aber empfinden die Verarbeitung der Themen bei Mahler mit modernen Kompositionstechniken, mit neuen und ungewohnten Harmonien als Verspottung und Verhöhnung ihrer Musik.

Die ästhetische Idee des Märchens vermag nun auch auf musikalischem Gebiet die heterogenen Elemente zusammenzubringen. Man höre sich unter diesem Aspekt einmal den ersten Satz der 4. Sinfonie Gustav Mahlers an: das humoristisch wirkende Klingen der Schellen, wenn »der Schlitten in den Märchenwald einfährt«; das märchenhafte, melancholisch-freundliche Hauptthema (NB 17 b) des Satzes und die kinderliedartigen Fanfaren am Schluß der Exposition; und dann achte man auf die geradezu gespensterhaften Klänge im Durchführungsteil dieses Satzes.

Aber Mahler schildert nicht nur (ganz im Gegensatz etwa zu Richard Strauss), man hat nie das Gefühl, daß er als unbeteiligter Beobachter daneben steht und nur seinen Kommentar zum Text bringt; man hat immer den Eindruck, daß er mitten in dieser Welt steht, daß er selbst eine Figur des von ihm erzählten Märchens ist. Man vergleiche den Anfang von Richard Strauss' »Till Eulenspiegel« (hier wird ganz bewußt geschildert, »das Märchen beginnt«, »es war einmal«) mit dem Anfang des langsamen Satzes von Mahlers 4. Sinfonie. Mahler sagt nicht, daß ein Märchen erzählt werden soll, die romantische Welt spricht aus ihm selbst.

Betrachtet man die Melodik Mahlers, so mag es auf den ersten Blick wohl erscheinen, als bestünde eine gewisse Ähnlichkeit mit derjenigen Joseph Haydns. Bei beiden Komponisten findet man einfache, diatonische Melodik; bei Mahler scheinbar ebenso wie bei Haydn auf einer einfachen, dem Volkstanz entlehnten Akkordfolge basierend. Das aber ist eine Täuschung. Mahler baut seine Themen nicht über einem harmonischen Gerüst, sondern – hierin ähnlich Mendelssohn und Mozart – über einem durchlaufenden rhythmischen Pulsschlag. Dieser Rhythmus hat nichts von der derben Robustheit Haydns, er ist zart, fast gebrechlich. Trotz der Gleichmäßigkeit des rhythmischen Flusses im melodischen Geschehen ist von Motiv zu Motiv wechselnd eine besondere Art der Agogik zu spüren, die durch die scheinbar so naive und volkstümliche Melodik besonders verdeutlicht wird. Im Wechsel der melodischen Motive findet sich – beinahe kaleidoskopartig – das ständige Aneinanderreihen von sehnsüchtigem Aufschwingen und resignierendem Zurückfallen.

Felix Mendelssohn Bartholdy

Res severa verum gaudium
(In den ernsten Dingen liegt die wahre Freude)
Dem Manne, der diese Sentenz Senecas als Motto seines Lebens wählte, wurde häufig eine kitschige, triviale Melodik (»von blöder Unbefangenheit« wie Richard Wagner formulierte) vorgeworfen; und irgendwie scheint das doch nicht recht zusammenzupassen. Die edle und vornehme Gesinnung

Mendelssohns, die ja nicht nur in obigem Zitat zum Ausdruck kommt, sondern die als ein Merkmal seiner gesamten Tätigkeit gelten kann, kann sich nicht in kitschiger Melodik niederschlagen. Untersucht man seine Melodien näher, so wird man bald feststellen, daß der Eindruck des Kitschigen fast ausschließlich durch eine falsche Interpretation hervorgerufen wird.

Die Verse des bekannten Frühlingsliedes
»Leise zieht durch mein Gemüt
himmlisches Geläute;
klinge kleines Frühlingslied,
kling hinaus ins Weite.«
spreche man zunächst einmal pathetisch und so gefühlsbetont wir nur irgend möglich; dann singe man die bekannte Melodie mit dem gleichen Ausdruck: sie klingt tatsächlich beinahe unerträglich schwülstig.

Dann aber spreche man den Text noch einmal; diesmal beinahe asketisch − »aus dem hohlen Kreuz heraus« −, den Rhythmus der Worte mit hartem Ansatz, bestimmt, aber sehr leise; fest, aber sehr behutsam und zart skandierend, jede gefühlsmäßige Deutung des Textes vermeidend. Singt man die Melodie nun in dieser Haltung (größte Zurückhaltung dabei besonders bei den Worten »Geläute« und »ins Weite«!), so spürt man, daß sich mit dieser Interpretation der Charakter der Melodie beinahe völlig geändert hat. Jetzt kommt der edle Schwung der Melodie zur Geltung; jetzt ergibt sich eine Beziehung zu dem Lebensmotto des Komponisten.

Hat man diesem für Mendelssohn so typischen inneren Rhythmus einmal erfaßt, dann bemerkt man, wie die unterschiedlichsten Thementypen Mendelssohns, z. B. das eigenartig schwebende Scherzo der Sommernachtstraummusik, das heiter-leichte Anfangsthema der Italienischen Sinfonie, die formvollendete, romantische Melodik des Liedes »Auf Flügeln des Gesanges«, die »geadelte Virtuosität und poetische Bedeutsamkeit« (so Robert Schumann) der Themen des Violinkonzerts, wie »gelehrte Musik« und Salonmusik (»für die Damen«), wie Konservativ-archaisches und Modernes bei Mendelssohn zu einem einheitlichen Stil verschmelzen.

Die immer kantable, formvollendete Melodik wird bei Mendelssohn »begleitet«. Die Begleitung steht stets im Hintergrund, ist Beiwerk, Zugabe.

Zugunsten einer durchsichtigen Stimmführung ist der Begleitrhythmus manchmal sogar ein wenig monoton; auch in der Harmonik finden sich stereotype Wendungen, die Melodie steht im Vordergrund.

Neben den Liedern, den Orchesterwerken und den virtuosen, gefälligen Konzerten (Klavierkonzert g-Moll, Violinkonzert e-Moll) mit ihren effektvollen Schlußwirkungen, verdienen unbedingt auch die wunderbaren Chorlieder Mendelssohns mit ihrem romantischen Wohlklang unsere Beachtung.

Wolfgang Amadeus Mozart

Mozart, kosmopolitisch erzogen und in allen musikalischen Nationalsprachen bewandert, hat durch die Hälfte seines Schaffens hindurch, bis zur Mannheim-Pariser Reise, vorzugsweise einer Art genialem Eklektizismus gehuldigt, hat sich gewandt den wechselnden Vorbildern und Bedürfnissen angepaßt und erst in der Mitte seines Weges die Wendung zur Freiheit einer ganz persönlichen Ausdrucks- und Gestaltungsweise genommen ... Für Mozart selbst und für seine Zeitgenossen war doch der größte Teil seines Frühwerks Routine, eleganteste und unheimlich gekonnte Routine, überschäumend von Einfällen, blitzend von Temperament und geleitet von einem unbeirrbaren Formgefühl, darin den gleichzeitigen Komponisten zweiten und dritten Ranges turmhoch überlegen, aber letztlich in der Substanz und in den Formen nichts unbedingt Eigenes ...

Das schreibt Friedrich Blume über den jungen Mozart. Das Assimilieren und Einschmelzen fremder Ideen in den eigenen Stil ist aber auch charakteristisch für den späteren Mozart. Es gibt kaum eine harmonische, kaum eine melodische Wendung, die vor Mozart nicht schon von einem anderen Komponisten gebraucht worden wäre. Die Fülle von übernommenen musikalischen Ausdrucksgesten kommt ihm natürlich in seinen Opern bei den Charakter- und Situationsschilderungen zugute, die kaum ein Komponist vor ihm und nur wenige Meister nach ihm so plastisch zu gestalten wußten.

Was Mozart jedoch nicht von anderen übernommen hat, was *von Anfang an* sein eigener stilistischer Ausdruck ist, das ist der Rhythmus. Durch ihn vermochte Mozart die unterschiedlichsten Einflüsse zu einem durchaus eigenen, organischen Stil zusammenzufügen.

Das Wesentliche an diesem Mozartschen Rhythmus sind dabei nicht bestimmte rhythmische Figuren, sondern nur der immanent durchlaufende Pulsschlag, gekennzeichnet durch elegant-schwingende, spitze Taktierschläge von sehr sorgsamer metrischer Schwereabstufung.

Wer diesen rhythmischen Fluß Mozartscher Musik nachahmen will, sollte vielleicht zunächst einige der bei ihm besonders häufigen »Manieren« anwenden: die unvorbereitet einsetzenden, sich nach oben chromatisch auflösenden Vorhalte; die diatonische, nach unten sich auflösenden Vorhalte an den Motivenden, die fast immer harmonisch ausgedeutet werden; die Dreiklangsbrechungen über dem Akkord der Subdominante oder der Subdominantparallele, die im folgenden Takt in einem großen Sprung nach unten auf den Grundton der Dominante geführt werden; die Umspielung der Haupttöne, und unbetonte, chromatisch abwärtslaufende Durchgangstöne am Motivausklang (NB 11 d/11 e).

Versucht man einige dieser Formeln hintereinander mit der obenerwähnten Akzentuierung des durchlaufenden Pulses zu spielen, dann wird man nach wenigen Takten schon vom Rhythmus fortgetragen, und beim Improvisieren über diesem Rhythmus stellen sich Wendungen »Im Stile Mozarts« beinahe von selbst ein.

Sollte aus der Fülle von Mozarts genialen Werken eines ausgewählt werden, das in knapper Form möglichst viele der wesentlichen Merkmale seines Stiles enthielte, so müßte man wohl die Registerarie des Leporello aus der Oper »Don Giovanni« vorschlagen.

Von seinen Instrumentalwerken schätze ich (das ist freilich ein sehr subjektives Urteil!) die Sinfonie Es-Dur KV 543 am höchsten; von den Opern ist »Die Hochzeit des Figaro« nicht nur im Schaffen Mozarts selbst, sondern — ebenfalls nach meiner Meinung — in dieser Formgattung überhaupt das Ideal eines vollkommenen musikalischen Bühnenwerkes.

Max Reger

Denken Sie an Mendelssohn, an Mozart, an Schubert, an Wolf!
Uns wird nicht viel Zeit gelassen, und ich muß mein Werk fertig haben.

In diesem Ausspruch von Max Reger kommt — wie auch in anderen Äußerungen des Komponisten — unterschwellig eine Auffassung zutage, daß der Komponist in erster Linie ein sehr fleißiger Handwerker sein müßte.

Zähe, harte Arbeit scheint auch mir das wesentliche Merkmal Regerscher Musik zu sein. Im Thema der Schlußfuge der Mozart-Variationen könnte man z. B. nach jeder beliebigen Note den melodischen Fluß unterbrechen und nach einer kleiner Pause an der gleichen Stelle wieder einsetzen. Rhythmik, Melodik, und Harmonik treiben nicht weiter, sondern der Komponist selbst muß in ununterbrochenem Bemühen die harmonische und rhythmische Entwicklung vor sich herschieben.

Auch Regers Melodik fließt nicht selbständig; dabei entspricht sie — wohl vor allem durch ihre zwei- und viertaktige Untergliederung — in der Anlage durchaus dem klassischen Melodietyp.

Der rhythmischen Einfachheit des melodischen Geschehens steht bei Reger eine überaus komplizierte Harmonik entgegen. Diese bewirkt, daß einfache, schlichte Themen, die oft als Vorlage von anderen Meistern übernommen werden, stark verfremdet erscheinen; sei es, daß zur Melodie chromatisch laufende Baßschritte ertönen und zwischen diesen beiden Stimmen alterierte Septakkorde bzw. Strebeakkorde klingen (wie z. B. in der siebenten Mozart-Variation); sei es, daß die in sich tonal-diatonisch harmonisierten Motive ständig mit anderen Motiven konfrontiert werden, die in sehr entfernten Tonarten stehen (wie z. B. in der D-Dur-Gavotte aus dem Zyklus »Aus meinem Tagebuch«); oder sei es auch, daß die Melodie sich ganz einer Akkordfolge anschmiegt, die durch große harmonische Dichte und große tonale Ausschlagweite gekennzeichnet ist.

Für den Orchestersatz Regers ist der eigenartige, silbrige Klang charakteristisch, der durch die Teilung der Violinen in vier Gruppen entsteht, wobei die 3. und 4. Violinen die Stimmen der 1. und 2. Violinen jeweils acht Töne höher »con sordino« (mit Dämpfer) mitspielen.

Neben den bereits erwähnten Kompositionen Regers ist zu empfehlen, die sehr intimen, fast impressionistischen, aber dabei doch sehr »regerischen« Sonatinen für Klavier (vor allem die ungemein anmutige erste in e-Moll) anzuhören.

Arnold Schönberg

Finstre, schwarze Riesenfalter töteten der Sonne Glanz.
Ein geschlossnes Zauberbuch, ruht der Horizont, verschwiegen.
Aus dem Qualm verlor'ner Tiefen steigt ein Duft, Erinnerung mordend!
Finstre, schwarze Riesenfalter töteten der Sonne Glanz.
Und vom Himmel erdenwärts
senken sich mit schweren Schwingen
unsichtbar die Ungetüme auf die Menschenherzen nieder
Finstre, schwarze Riesenfalter.

Dieser von Schönberg im Jahre 1912 vertonte Text, mit dem der zweite Teil des Liederzyklus »Pierrot lunaire« beginnt, drückt eine für die damalige Zeit wohl recht ungewöhnliche Stimmung aus. Noch mehr aber stellt hier die Musik eine prophetische Vorwegnahme des Grauens zweier Weltkriege dar. Die Atmosphäre von Schrecken, Vernichtung und Untergang (nach dem zweiten Weltkrieg in so vielen Kompositionen eingefangen) ist in diesem Lied bereits musikalisch so stark ausgeprägt, daß ein Hörer, der dieses Werk zum ersten Mal hört und nichts über den Komponisten wüßte, die Entstehungszeit dieser Komposition gewiß um wenigstens vierzig Jahre später angeben würde. Vorweggenommen ist hier der uns aus Paul Dessaus Melodram »Lilo Herrmann« bekannte Sprechgesang, die tonal unbestimmte Führung der Instrumente; und selbst die von Schönberg später verwendete Reihentechnik – hier allerdings ist das ununterbrochen gegenwärtige Modell noch keine Zwölftonreihe, sondern eine dreitönige Figur mit den Tönen E – G – Es, die in Transpositionen, Krebsgang und Umkehrung ständig wiederholt wird und die auseinanderfließende, expressive Harmonik und Melodik formal zusammenbindet.

Aber nicht nur in dieser Komposition Arnold Schönbergs, sondern eigentlich in allen seiner Werken finden sich Ausdrucks- und Gestaltungsmittel, die Jahre und Jahrzehnte später erst zu allgemein gebrauchten Bausteinen der Komponisten unserer Zeit wurden. Eigenartig ist aber, daß die von Schönberg verwendete neue Technik diskutiert und verbreitet wurde, seine Werke selbst aber im großen und ganzen auch heute noch weitgehend unbekannt geblieben sind.

Die Ausstrahlung Schönbergs über sein Werk hinaus wird besonders deutlich, wenn man versucht, charakteristische Eigenarten seines Stiles zu beschreiben. Das kompositorische Werk Schönbergs ist uns so wenig vertraut, daß wir eine Zwölftonmelodie oft schon als typisch für seinen Personalstil überhaupt ansehen.

Im Vergleich zu den beiden anderen führenden Vertretern der sogenannten neuen Wiener Schule (Alban Berg und Anton Webern) weisen Schönbergs Melodien folgende Besonderheiten auf: Sie klingen immer sehr sperrig; die chromatische Tonleiter (und nicht nur eine um chromatische Töne erweiterte Dur- oder Moll-Tonleiter) liegt ihnen zugrunde. Mit dieser Melodik geht aber bei Schönberg eine Melodierhythmik einher, die fast klassisch zu nennen ist, da sie sich kaum von derjenigen Schuberts oder Beethovens unterscheidet.

Wollte man umgekehrt versuchen, Melodierhythmen Schönbergs mit tonal-diatonischen Tonfolgen zu versehen, so erhielte man sehr überraschende Anklänge an Wiener Musik des 19. Jahrhunderts!

Einen Zugang zur Musik Schönbergs kann man sich über das 4. Streichquartett erwerben, mit seinem gespensterhaft-dissonanten Ländler im 3. Satz und der expressiven Strenge des 1. Satzes: danach befasse man sich mit seinem wohl bedeutendsten Werk, den »Variationen für Orchester« op. 31.

Die erregende und zutiefst humanistische Dramatik der Kantate »Ein Überlebender aus Warschau« op. 46 wird erst durch die Kenntnis der rein instrumentalen Tonsprache Schönbergs recht verstanden werden.

Franz Schubert

Kennen Sie eine lustige Musik? Ich nicht!

Diese Worte Schuberts entsprechen der leichten Schwermut und dem Hauch von Melancholie, der den meisten der liedhaften und dabei doch oft so eleganten, wienerisch-süßen Themen Franz Schuberts anhaftet. Nicht mehr Siegeszuversicht (wie bei Beethoven), sondern eine gewisse Wehmut, aber doch auch noch nicht Resignation (wie bei Mahler) und Pessimismus (wie bei Webern) ist der Grundzug Schubertscher Musik. Die Ursachen dafür sind wohl nicht in erster Linie in den politischen Ereignissen dieser Zeit (beginnende Restauration nach den Freiheitskriegen) zu suchen; denn die Melancholie ist auch schon im Frühwerk Schuberts enthalten. Es sind wohl vor allem Auswirkungen der sozialen Umwälzungen der ersten europäischen industriellen Revolution, die ihre Schatten auf die Konzeption der Werke Schuberts werfen.

Oft wird in den Texten Schubertscher Lieder die Schönheit des Dorflebens besungen; aber gerade an der Poetisierung und Romantisierung von Tradition und Brauchtum des Bauern- und Handwerkerstandes (vgl. vor allem die beiden großen Liederzyklen »Die schöne Müllerin« und »Die Winterreise«) läßt sich eher der Wunsch nach einem »Retten« und »Bewahren« des Überlieferten ablesen als eine wahre Schilderung; und spiegelt sich dieses »Wo bist Du, gold'nes Blütenalter der Natur?« nicht auch in den zahlreichen »feinsinnigen«, gar nicht mehr wie bei Haydn und auch noch Beethoven derb-kräftigen, Ländlerweisen wider? Interessant ist in diesem Zusammenhang die inhaltliche Konzeption der meisten Finalsätze im instrumentalen Schaffen Franz Schuberts. Diese sind nie — wie etwa bei Beethoven — triumphaler Sieg über die Nacht, sondern meist sind sie konzipiert als heiterer Kehraus (fast ausschließlich in Rondoform). Der Widerspruch zwischen der Schwermütigkeit der Themen und der formalen Anlage — für den Hörer oft recht unbefriedigend —, ist ein nicht unwesentlicher Stilfaktor Schubertscher Instrumentalmusik.

Es wird vielfach angenommen, die Harmonik bilde die Grundlage der Schubertschen Melodik; das ist jedoch ein Irrtum.

Die Harmonik ist für Schubert ein wichtiges Mittel, um in der Begleitung seiner Vokalmelodien den Text psychologisch auszudeuten. Die Harmonik ist weiterhin ein Mittel der Formbildung: mediantische Rückungen (vor allem die Umdeutung der Tonika-Terz in den Grundton einer neuen Tonart), das Oszillieren zwischen Dur und Moll, modulierende Akkordfolgen (über denen eine instrumentale Spielfigur durchgeführt wird), die als Fortführung der liedartigen Themen auftreten usw., sind bei ihm wichtige Mittel für den Aufbau großer Formen. Die Themen selbst (sowohl die vokalen wie auch die rein instrumentalen) leben jedoch ausschließlich von der sorgsam abgestuften Tonhöhenbewegung und der stets ausgewogenen Melodierhythmik (in welcher der Auftakt von drei Achtelnoten ziemlich häufig vorkommt). In enger Verbindung mit dieser ausgewogenen Rhythmik steht die relativ oft anzutreffende Verschleierung des Metrums durch Erweiterung der Motive von zwei auf drei Takte oder — noch öfter — der Satzglieder von vier auf fünf Takte. Auch Beethoven bringt bei an sich volkstanzartigen Themen oft Unregelmäßigkeiten, bei ihm wirkt jedoch die Zertrümmerung des »normalen« Aufbaus eines Themas als dramatische Zuspitzung. Schubert zertrümmert seine Themen nicht, er baut sie nur um, nimmt ihnen ihre Derbheit — verfeinert sie, macht sie eleganter.

Die Melodien Schuberts enthalten Akkordbrechungen, die meist durch akkordfremde Töne angereichert werden; diese

Zusatztöne treten als chromatisch von unten anspringende Nebentöne und als diatonische, betonte Vorhaltstöne von oben auf.

Besonders häufig findet sich bei Schubert eine melodische Wendung: Terz – Sexte – Quinte, in C-Dur also e – a – g.

Eine dritte bei Schubert oft anzutreffende Wendung zeigt bei abwärtssteigender Melodik auf relativ schwerem Taktteil die Wiederholung des letzten Melodietones auf metrisch leichterem Taktteil.

Unter den Werken Schuberts erfreuen sich einige besonderer Beliebtheit: die beiden erwähnten Liederzyklen »Die schöne Müllerin« und »Die Winterreise«, das sogenannte »Forellenquintett«, die große Sinfonie Nr. 7 in C-Dur und die zweisätzige achte Sinfonie in h-Moll (die »Unvollendete«). Für eines der schönsten Beispiele Schubertscher Instrumentalmusik hält der Autor das Klaviertrio op. 99 in B-Dur.

Robert Schumann

Ein Kritiker von damals rühmte dieser Musik »umfassende Weltanschauung« nach, was sehr nach unsachlichem Geschwätz klingt, und worüber denn auch die Klassizisten sich weidlich lustig machten.
Hatte aber doch seinen guten Sinn, da es die Standeserhöhung bezeichnet, die Musik und Musiker der Romantik verdanken. Sie hat die Musik aus der Sphäre eines krähwinkligen Spezialistentums und der Stadtpfeiferei emanzipiert und sie mit der großen Welt des Geistes, der allgemeinen künstlerisch-intellektuellen Bewegung der Zeit in Kontakt gebracht –, man sollte es ihr nicht vergessen.

Dies schreibt Thomas Manns Romanheld Adrian Leverkühn über eine Aufführung der 3. Sinfonie von Robert Schumann.

Die hier so begrüßte Verankerung der Musik im allgemeinkünstlerischen, geistigen und politischen Leben der Zeit wird mit Recht als ein wesentlicher Zug Schumannschen Musikverständnisses gewertet. Es liegt in einer solchen Haltung jedoch auch eine gewisse Gefahr, der dann vor allem die kleineren Meister des 19. und auch des beginnenden 20. Jahrhunderts oft erlegen sind: die Gefahr des Verphilosophierens der Musik, des Zurücktretens der Musik selbst hinter die Ideen, die sie darstellen will und kann. Auch Schumann selbst konnte sich diesem Trend nicht immer glücklich entziehen, und so finden sich bei ihm zuweilen doch recht trockene, strohige, musikalisch nicht recht überzeugende Passagen, ungeglückte – da zu sehr an die poetische Vorlage angelehnte – musikalische Abläufe.

Wenn Interpret und Hörer hier nicht die gesamte Gedankenwelt Schumanns – also nicht nur das rein Musikalische, sondern auch, oder sogar vor allen Dingen, das politische Zeitgeschehen zu Zeiten Schumanns in Deutschland und das literarische Schaffen dieser Zeitepoche (vor allem das Werk Jean Pauls) – miterleben und *mitdenken*, dann bleiben einige Werke Schumanns irgendwie unverständlich.

Robert Schumanns im Grunde diatonische und ausgesprochen vom Klavier her inspirierte Melodik, die ständig den Eindruck des Einfachen, des Volksliedhaften vorzutäuschen sucht, wird dabei getragen von einem durchlaufenden rhythmischen Puls, der zaghaft und zögernd-verhalten die dunkel gefärbten Schumannschen Akkorde vor sich herschiebt und seine Schwerfälligkeit selbst in Scherzosätzen kaum verliert. Innerhalb der oft komplizierten rhythmischen Faktur der Sätze treten häufig kurze, vorübergehende, und schnell wieder verschwindende Gegenmelodien innerhalb des Begleitmodells auf. Tanzrhythmen (vor allem Walzer und Polonaise) sind oft zu finden.

Im Klanglichen bevorzugt Schumann die mittlere Lage und die tiefen Register.

Die besondere Charakteristik des Stiles von Robert Schumann erschließt sich bei einem Vergleich mit der Musik seines Zeitgenossen Felix Mendelssohn Bartholdy.

Man vergleiche z. B. Mendelssohns Lieder »Auf Flügeln des Gesanges« und das »Frühlingslied« mit Robert Schumanns »Ein Jüngling liebt ein Mädchen« und »Im wunderschönen Monat Mai«. Bei Mendelssohn gefällige, abgerundete Melodik, die Begleitung steht im Hintergrund. Bei Schumann ist die Gesangsmelodik eigenartig verwoben in die doch recht komplizierte Struktur der Begleitung. Bei Mendelssohn ein Fließen des rhythmischen Pulses, bei Schumann ein schwerfälliges, fast gequältes Schieben der Schläge. Nie erreicht Schumann die strahlende Helligkeit Mendelssohns, alles wirkt düsterer — selbst die heitersten Stellen sind dunkel und schwerblütig.

Man höre sich den letzten Satz des Klavierkonzerts in a-Moll an: ein für Schumann freudiges und heiteres A-Dur-Thema; und nun, gleich darauf, den ebenfalls in A-Dur stehenden Anfang der Italienischen Sinfonie Mendelssohns.

Welche Unterschiede in der Klangfarbe!

Aber vielleicht tun wir Robert Schumann mit einem solchen Vergleich Unrecht; denn die Düsterkeit und verworrene Kompliziertheit gibt doch andererseits gerade z. B. dem bekannten Klavierstück »Träumerei« erst die notwendige Tiefe, unterscheidet dieses Stück so wohltuend von den vielen ähnlich betitelten Salonstücken dieser Zeit. Welche Wärme, welche Verinnerlichung erhalten dadurch auch die von Schumann musikalisch dargestellten Szenen aus dem Kinderleben (»Kinderszenen«).

Wieviel seelische Tiefe wird ausgelotet in den vielen Klavierstücken — vor allem in den beiden wunderbaren Zyklen »Papillons« und »Carnaval«! Auch die Dunkelheit kann und sollte besungen werden. Gibt es denn ein schöneres musikalisches Gemälde der Nacht als Schumanns Vertonung der Eichendorffschen »Mondnacht«?

Es war, als hätt' der Himmel
die Erde still geküßt,
daß sie im Blütenschimmer
von ihm nun träumen müßt.

Richard Strauss

Was für ein begabter Kegelbruder! Der Revolutionär als Sonntagskind, keck und konziliant. Nie waren Avantgardismus und Erfolgssicherheit vertrauter beisammen. Affronts und Dissonanzen genug, – und dann das gutmütige Einlenken, den Spießer versöhnend und ihn bedeutend, daß es so schlimm nicht gemeint war ... Aber ein Wurf, ein Wurf ... Diese Worte Adrian Leverkühns aus dem Roman »Doktor Faustus« von Thomas Mann wirken im ersten Augenblick schokkierend und sogar bösartig. Welch eine hohe und große Anerkennung jedoch in den letzten Wochen steckt, wird jeder Musiker empfinden, der sich näher mit dem Werk von Richard Strauss beschäftigt.

Die geniale Verknüpfung von eingängigster, fast trivialer Melodik mit harmonisch und rhythmisch äußerst kühnen und neuartigen Wendungen zu einem einheitlichen Ganzen findet man z. B. in der Szene der Überreichung der silbernen Rose aus der Oper »Der Rosenkavalier«. Die wunderschöne Gesangslinie, die silbrigen Akkorde der Celesta, das freundliche, lieblich-liebenswerte Oboenmotiv, die für den Fachmann interessante Vertonung der komplizierten langen Prosasätze in einer geschlossenen musikalischen Form, und die Ausdeutung der Worte durch die Orchesterbegleitung sind ein Paradebeispiel Strauss'scher Kompositionstechnik.

Stilistisch knüpft Strauss an die musikalische Sprache Richard Wagners an. Mit ihm verbindet ihn die große pathetische Geste seiner Melodien und die Klangfülle des Orchesters; von Wagner übernommen ist ebenfalls die Technik, instrumentale Figuren und deklamatorische Gesangsmelodik durch illustrierende Motive zu verbinden.

Durchaus eigenständig ist jedoch Strauss' Fähigkeit, längere Prosasätze in einem großen schönen Melodiebogen darzubieten. (vgl. die Vertonung des Textes: »Mir ist die Ehre widerfahren«, s. Anhang). Im Orchester wird dieser abgerundete Melodiebogen mit illustrierenden Motiven begleitet: die glitzernden Celestaklänge versinnbildlichen die silberne Rose; das Hornmotiv ist Symbol des werbenden Ritters von Lerchenau (durch Andeutung ungarischer Volksliedthemen wird hingewiesen auf die Besitztümer des Ritters in Ungarn); das Oboenmotiv deutet das Liebeswerben.

Typisch sind für Richard Strauss weiterhin virtuose Bläsermotive (vor allem Horn-, Flöten- und Klarinettenpassagen). All diese – im Gegensatz zu Wagner – durchaus vom musikalischen Einfall her inspirierten Motive und die Gesangsbögen kommen bei Strauss allerdings nie über eine bestimmte Länge (im Höchstfall 20 Takte) hinaus, sie sind so komprimiert, daß sie sich eigentlich auch nicht mehr musikalisch-logisch weiterentwickeln ließen; der jeweilige musikalische Einfall ist nach wenigen Tagen bei Strauss zu Ende geführt.

Das Geheimnis der Strauss'schen Kompositionstechnik liegt nun darin, daß es ihm gelingt, heterogene Elemente — naiv-derbe Themen, brillante Instrumentalpassagen und sentimentale Gesangslinien — zu einem in sich geschlossenen Ganzen zusammenzuschweißen, so daß das ganze Werk dann eben »ein Wurf« wird.

Die Untersuchung dieses Phänomens steckt noch in den Anfängen. Bestimmend für die wirklich einzigartige Gesamtwirkung Strauss'scher Musik ist höchstwahrscheinlich neben der klug disponierten Anlage großer tonaler Zentren in erster Linie die Klangfarbengestaltung.

Unter dem Gesichtspunkt eben dieser Klangfarbengestaltung höre man sich die sinfonische Dichtung »Till Eulenspiegels lustige Streiche nach alter Schelmenweise in Rondoform für großes Orchester gesetzt als Opus 28 von Richard Strauss« an, versuche, das Werk als ein geschlossenes Ganzes zu verstehen und nicht an Einzelbildern, an einzelnen Passagen — und seien sie auch noch so hinreißend — hängenzubleiben.

Richard Wagner

Diese Komposition war nämlich aus meinem Studium der Neunten Symphonie Beethovens ... erwachsen. Besonders hatte sich hierbei die mystische Bedeutung, welche ich dem Orchester gab, ausgebildet: dieses gliederte ich in drei unterschiedliche, sich bekämpfende Elemente. Ich ging damit um, das Charakteristische dieser Elemente dem Leser der Partitur sofort durch ein energisches Farbenspiel vor die Augen zu bringen ... Nur den Blechblasinstrumenten wollte ich nämlich die schwarze Farbe der Tinte belassen; die Streichinstrumente sollten dagegen rot und die Blasinstrumente grün geschrieben werden ...

Das Hauptthema des Allegros war viertaktiger Natur; nach jedem vierten Takt war jedoch ein gänzlich zur Melodie ungehöriger fünfter Takt eingeschaltet, welcher sich durch einen besonderen Paukenschlag auf das zweite Taktviertel auszeichnete. Da dieser Schlag ziemlich vereinzelt stand, wurde der Paukenschläger, welcher sich stets zu irren glaubte, befangen und gab dem Akzente nicht die in der Partitur vorgeschriebene Schärfe, womit ich, über meine Intention selbst erschrocken, ... recht zufrieden war. Zu meinem Mißbehagen zog jedoch [Musikdirektor] Dorn den verschämten Paukenschlag an das helle Licht und bestand darauf, daß der Musiker ihn stets mit der vorgeschriebenen Stärke zur Ausführung brächte ...

Die Ouvertüre begann: nachdem sich das Thema der »schwarzen« Blechinstrumente bedeutungsvoll kundgetan, trat das »rote« Allegro-Thema ein, welches, wie gesagt, mit jedem fünften Takte durch den Paukenschlag aus der »schwarzen« Welt unterbrochen wurde. Welche Wirkung das später hinzutretende »grüne« Motiv der Blasinstrumente und endlich das Zusammenwirken des »schwarzen, roten und grünen« Themas auf die Zuhörer machte, ist mir undeutlich geblieben, da jener fatale Paukenschlag, mit hämischer Brutalität produziert, eine so aufregende Wirkung hervorbrachte, daß ich hierüber alle weitere Besinnung verlor. Besonders die längere Zeit andauernde regelmäßige Wiederkehr dieses Effektes erregte bald die Aufmerksamkeit und endlich die Heiterkeit des Publikums. Meine Nachbarn hörte ich diese Wiederkehr im voraus berechnen und ankündigen: was ich, der ich die Richtigkeit ihrer Berechnung kannte, hierunter litt, ist nicht zu schildern. Mir vergingen die Sinne. Ich erwachte schließlich, als die Ouvertüre, zu welcher ich alle banale Schlußformen verschmäht hatte, ganz unversehens abbrach, wie aus einem unbegreiflichen Traum: alle Wirkungen des Hoffmannschen Phantasiestükkes auf mich erblichen gegen den sonderbaren Zustand, in welchem ich zu mir kam, als ich das Erstaunen des Publikums am Schlusse meines Werkes gewahrte. Ich hörte keine Mißfallensbezeigung, kein Zischen, kein Tadeln, selbst nicht eigentliches Lachen, sondern nahm nur die größte Verwunderung aller über einen so seltsamen Vorfall wahr, der jedem gleich wie mir wie ein unerhörter Traum vorzukommen schien.

Mit diesen Worten spottet Richard Wagner in seiner Autobiographie »Mein Leben« über sein Jugendwerk, die »Neue Ouvertüre« in B-Dur aus dem Jahre 1830; und wir sollten dieses Werk wohl gewiß nicht ernster nehmen als der Komponist selbst. Interessant ist hier lediglich die Einstellung eines jungen, angehenden Komponisten zur Musik; denn es geschieht doch wohl selten, daß bei einem Frühwerk nicht ein — und wenn auch noch so banaler — musikalischer Einfall den Ausgangspunkt bildet, sondern daß hier die Musik als ein Mittel betrachtet wird, eine Idee zu verwirklichen und auf die Zuhörer eine Wirkung auszuüben!

Diese Einstellung zur Musik ist aber nicht nur typisch für den angehenden Komponisten, sondern für den Musiker Richard Wagner überhaupt. Musik ist für ihn nicht Selbstzweck, sondern stets ein Mittel zur Verdeutlichung einer Idee; aus dem musikalischen Einfall heraus konzipierte Musik ist bei Wagner äußerst selten.

Will man stilistische Merkmale der Musik Wagners erkennen, so sollte man beachten, daß die Mehrzahl aller von Wagner komponierten Musik Vokalmusik, genauer: vertonter Text, ist. Pathetisch verkündet ein Sänger dem Theaterpublikum des 19. Jahrhunderts — stets auf Wirkung bedacht — die von Herrn Wagner verfaßten und in Musik gesetzten Worte.

Die Prinzipien der Sprachvertonung fußen dabei auf den Wagner durch Thomaskantor Weinlig vermittelten Regeln der musikalischen Deklamation und Poetik von Heinrich Schütz. Die Musik folgt der Intonation des gesprochenen Wortes; die Sinnakzente werden durch die Melodieführung unterstrichen. Die einzelnen, den Sprechgruppen angepaßten Melodieabschnitte sind bei Wagner sehr lang gezogen (keine Rezitative!). Das gibt dem Komponisten die Möglichkeit, in der Orchesterbegleitung erläuternde, den Text ergänzende, harmonisch determinierte *Leitmotive* zu bringen. Der charakteristische deklamatorische Melodiebogen vermag dabei begleitende Instrumentalmotive unterschiedlichster harmonischer Prägung durchaus zusammenhalten.

Wie genial dies geschieht, mit welcher musikalischen Inspiration, versuche man einmal durch Anhören der Arie des Wolfram »Blick ich umher in diesem edlen Kreise« aus »Tannhäuser« nach dem Studium des Textes zu verfolgen (vgl. Anhang).

Um die stilistische Vielfalt — bei aller Einheitlichkeit — seiner Musik zu erkennen, vergleiche man mit dieser Textvertonung den Anfang des »Tristan«-Vorspiels mit seiner kühn konstruierten Akkordik, die prachtvoll-pathetische C-Dur-Klanglichkeit des »Meistersinger«-Vorspiels und die naive musikantische Deftigkeit des Chores »Steuermann, halt die Wacht« aus dem »Fliegenden Holländer«.

Carl Maria von Weber

Nie hat ein deutscherer Musiker gelebt als du!
Wohin dich auch dein Genius trug, in welches ferne, bodenlose Reich der Phantasie, immer doch blieb er mit jenen tausend zarten Fasern an dieses deutsche Volksherz gekettet, mit dem er weinte und lachte wie ein gläubiges Kind, wenn es den Sagen und Märchen der Heimat lauscht!

Diese Worte Richard Wagners über Carl Maria von Weber berühren viele Menschen heute etwas eigenartig; es haftet ihnen ein Hauch von Deutschtümelei und Chauvinismus an.

Tatsächlich ist im vergangenen Jahrhundert und auch zu Beginn dieses Jahrhunderts Weber oft in diesem Sinne mißdeutet worden, und dies sehr zu Unrecht!

Webers Romantik, seine Liebe zur deutschen Sagen- und Märchenwelt, sein Bekenntnis für die deutsche Freiheitsbewegung am Beginn des 19. Jahrhunderts ist in gar keiner Weise zu trennen von seiner Bewunderung der Folklore und der Eigenart anderer Völker; sein Patriotismus ist nicht gegen andere Völker gerichtet, sondern er schließt die Solidarität mit den patriotischen Gefühlen anderer um ihre Freiheit und nationale Selbständigkeit ringenden Völker durchaus ein. Wohl kaum ein anderer Komponist hat in der Zeit nach 1815, als das polnische Reich vernichtet und aufgeteilt wurde, bewußt so oft Rhythmen der Polonaise, die zu dieser Zeit als Symbol des Polenreiches galt, verwendet. Daneben finden sich Tanzweisen der verschiedensten Völker (russische, spanische, norwegische, sizilianische).

Hauptcharakteristikum Weberscher Melodik — sowohl in den virtuosen Passagen seiner Klaviermusik mit ihren Oktavenglissandi, ihren Dezimengriffen und -sprüngen und den der Gitarrenmusik entlehnten Akkorden, wie auch in den schlichten und einfachen Chorsätzen — ist der pathetische Schwung, die Begeisterung, die den Hörer von der Erde fortreißt.

Wunderschön charakterisiert dies Gustav Becking:
»Die Melodik ist gewissermaßen in stetem Fluge begriffen. Kaum berührt sie festen Boden, so wird sie wieder aufgescheucht, Verweilen wird ihr nicht gegönnt; zwischen zwei Stützpunkten packt sie jeweils der Wirbel und reißt sie höher und höher, unklar die Bewegung, unbekannt das Ziel, verworren das Gewoge ...« (Becking, 1928).

Das Konzertstück für Klavier und Orchester in f-Moll, die beiden Klarinettenkonzerte, die »Freischütz«-Ouvertüre mit der — wie Thomas Mann es formulierte (»Doktor Faustus«) — »Dämonie der tiefen Klarinetten« und den den »deutschen Wald« symbolisierenden Hörnern sind wohl die für den Stil Carl Maria von Webers charakteristischen Beispiele.

Anton Webern

Kahl reckt der Baum im Winterdunst sein frierend Leben.
Laß deinen Traum auf stiller Reise vor ihm sich heben!
Er dehnt die Arme.
Bedenk ihn oft mit dieser Gunst,
daß er im Harme
daß er im Eise noch Frühling hofft.

Dieser Text von Stefan George wurde von Webern vertont,

und in fast allen von ihm vertonten Texten kommt eine ähnliche Haltung und Einstellung zum Ausdruck.

Ähnlich wie bei Gustav Mahler ist bei Webern die Flucht aus dem Alltag zu spüren – hier aber nicht mehr in eine Märchenwelt, sondern in die Natur. Doch ein beschauliches Betrachten der Natur ist kaum noch möglich; denn ständig dringen die schrillen Schreie der rauhen Wirklichkeit in diese Naturbetrachtung hinein.

Absichtlich wurde hier auf Gustav Mahler hingewiesen. Zwischen beiden Komponisten besteht eine geheimnisvolle Verwandtschaft. Die hörbare Ähnlichkeit bestimmter Ausdrucksformen der beiden Musiker – bei aller Unterschiedlichkeit des Zeitstiles – war Webern durchaus bewußt; in einem seiner Briefe äußert er sogar einmal, daß er sich zwingen müsse, nicht Mahlersche Themen noch einmal zu komponieren. Bestätigt wird dieser Eindruck durch Analysen der Rhythmik, die bei beiden Komponisten eine gewisse Übereinstimmung zeigt. Bei Webern wie auch bei Mahler ist typisch das kraftvolle Anlaufnehmen, das nachfolgende Zögern und danach das resignierende Zurückfallen, dem ein erneutes Aufbäumen folgt; bei beiden Komponisten von Motiv zum Motiv wechselnd. Während jedoch bei Mahler die innere wechselnde Agogik im Rahmen einer einheitlichen Taktart bleibt, schreibt Webern alle Nuancen des Vortrages rhythmisch genau aus, kommt so zu einem ständigen Taktwechsel. Wollte man den Stil Weberns imitieren, so brauchte eigentlich nur eine Melodie Gustav Mahlers mit starker Übertreibung des von Takt zu Takt wechselnden Accelerando-ritardando-Rubatos mit starker Übertreibung auch der dynamischen Schattierungen gespielt zu werden.

Jedes der durch größere Pausenwerte getrennten Motive hat bei Webern meist nur wenige Töne (drei, vier oder fünf); oft haben die Motive innerhalb einer Melodiezeile sogar die gleiche Tonanzahl.

Die Ausdehnung des melodischen Umfanges eines Motivs auf zweieinhalb Oktaven und die Verwendung der Zwölftontechnik sind im Vergleich zur Rhythmik nicht grundlegende, sondern zusätzliche Stilmerkmale.

Weberns Musik ist sehr kompliziert, aber keineswegs unverständlich. Sie erfordert vom Hörer allerdings eine große innere Bereitschaft zum Mitdenken und Mitfühlen. Eine Webernsche Melodie erschließt sich dem Hörer oft erst nach mehrmaligem bewußten und intensiven Anhören.

Man versuche, sich ganz bewußt die Melodie des Anfangs der »Variationen für Orchester« anzueignen und höre sich danach das Thema mehrfach an, hat man dieses Thema vollständig erfaßt — emotional und verstandesmäßig —, bemühe man sich um das Verstehen der ganzen Komposition.

Um sich in die eigenartige Klanglichkeit der Musik Weberns einzuhören, seien die »Fünf Sätze für Streichquartett« empfohlen.

Die für das Verstehen dieser Musik aufgewandte Mühe lohnt sich. Es ist eine Musik von eigenartiger Schönheit, die die Haltung eines Menschen widerspiegelt, der in der Zeit des Faschismus ein Übermaß des Grauens, Schreckens und Terrors mit ansehen mußte, sich voller Abscheu davon abwendet, aber doch nicht die Kraft in sich findet, mit dem Bösen nicht nur nicht zu paktieren, sondern ihm (z. B. wie Hanns Eisler) aktiven Widerstand entgegenzusetzen.

Subjektivität und Objektivität beim Beurteilen von Musik

Einige Schlußbemerkungen

Auf die Problematik von Subjektivität und Objektivität beim Beurteilen von Musik wurde bereits im ersten Kapitel dieses Buches hingewiesen.

Die gefühlsmäßige Aufgeschlossenheit, das — zunächst einmal — emotional gefärbte Interesse am genaueren Kennenlernen bestimmter Meisterwerke, am Vergleichen von Kompositionen usw., wurde als wichtige Voraussetzung für das objektive Erfassen von Stileigentümlichkeiten genannt.

In den folgenden Kapiteln habe ich dann den Versuch unternommen, objektive Stilkriterien unter den verschiedensten Aspekten aufzustellen.

Es erhebt sich aber nun die Frage, ob nicht bei der Wertung zu viele subjektive Urteile eingeflossen sind, denn bei jeder Kunstbetrachtung ist Subjektives und Objektives ineinander verschränkt.

Damit ist weniger die mitunter möglicherweise etwas zu knappe oder auch zu sehr vereinfachte Darstellung gemeint, die beim Leser zu Mißverständnissen führen könnte; denn die zu jedem Problem angeführte Literatur und die Texte auf den Plattenhüllen der in jedem Abschnitt empfohlenen Klangbeispiele sind stets als Ergänzung und nähere Erläuterung mitzudenken, sind in die Ausführungen gewissermaßen einzubeziehen, wodurch in dieser Hinsicht also wohl kaum die Gefahr von Mißdeutungen besteht.

Vielmehr dürften sich subjektive Einstellungen in der Akzentsetzung bei der Analyse von Kompositionen, in der Werkauswahl und vielleicht sogar in der Anlage des Buches bemerkbar machen.

Damit wird ein allgemeines Problem der Kunstkritik und Kunstanalyse angesprochen, das etwas näher erläutert werden muß.

So wird es z. B. unter den Musikwissenschaftlern kaum Meinungsverschiedenheiten darüber geben, ob Beethovens Klavierstück »Für Elise« oder seine 3. Sinfonie, die »Eroica«, das bedeutendere Werk ist. Es könnte jedoch unterschiedliche Auffassungen dazu geben, ob das Streichquartett op. 18 Nr. 4

(c-Moll) oder das Streichquartett op. 18 Nr. 3 (D-Dur) charakteristicher für den Stil Beethovens sei. Ich halte das erstere für typischer, die in diesem Quartett zum Ausdruck kommenden Haltungen empfinde ich auch in stilistisch vielschichtiger angelegten größeren Werken als wesentlich. Es kann geschehen, daß in einem größeren Kreis von Fachkollegen die Mehrzahl gleicher Meinung mit mir ist, dann ist meine Anschauung (scheinbar) objektiv untermauert. Wie aber, wenn die Mehrzahl sich nicht meiner Auffassung anschließen kann? Dann müßte ich entweder eine Interpretation vorstellen, die meiner eigenen Auffassung widerspricht, oder ich müßte diese meine Auffassung ausführlicher darlegen und verteidigen, würde dann aber allein schon durch den Umfang des Kommentars einen unbeabsichtigten und ebenfalls nicht vertretbaren Akzent setzen.

Ich bin mir also bewußt, daß in vielen Fällen meine Deutung nur eine unter möglichen ist. Wird der Leser nun mit solchen anderen Auffassungen konfrontiert, möge er sich dadurch nicht irritieren lassen, sondern die unterschiedlichen Interpretationen als Denkanstoß betrachten, als eine Herausforderung, sich durch den Vergleich verschiedener Auffassungen selbst eine Meinung zu bilden und dadurch seine ästhetische Aneignung von Musikwerken zu vertiefen.

Unter dem genannten Gesichtspunkt sollte auch die Auswahl der im Kapitel Personalstil behandelten Komponisten betrachtet werden. Ich bin der Auffassung daß jede Nation eine eigene, im Reigen der Völker durchaus gleichwertige Musikkultur besitzt. Daß ich trotzdem nur deutsche Komponisten besprochen habe, wird man mir wohl nicht als chauvinistische Überheblichkeit auslegen; es scheint natürlich, daß ein Autor die Musiker seines eigenen Volkes besser kennt und also mehr hervorhebt als diejenigen anderer Nationen. Es gibt eine Reihe ausländischer Komponisten, deren Stil mir genauso vertraut ist wie derjenige der erwähnten deutschen Komponisten (Chopin, Penderecki; Dvořák; Schostakowitsch, Strawinsky, Tschaikowski; Bartók, Liszt; Debussy). Das sind Musiker, die für die Kunst ihrer jeweiligen Länder durchaus repräsentativ sind. Aber neben ihnen gibt es andere Komponisten, die für die Kultur des betreffenden Landes eine gleiche Bedeutung haben.

Auch hier hätte ich durch das Herausgreifen mir vertrauter Künstler den vorsichtig formulierten Ausführungen des Kapitels über Regionalstile etwas von der beabsichtigten Objektivität genommen.

Abschließend einige Bemerkungen zu der oft gestellten Frage, ob es eine Methode gibt, das hinsichtlich des Stiles richtige Einordnen eines Musikstückes zu erlernen. Sie werden mit Bedacht ebenfalls unter der Überschrift dieses letzten Kapitel gebracht.

Ich selbst gehe folgendermaßen vor:

Durch Feststellen der instrumentalen Besetzung, dem Versuch, Besonderheiten der Instrumentation, harmonische Eigenarten (Dissonanzgrad der Akkorde, tonale Ausschlagweite) auszumachen, kann — unter dem Aspekt der gesamten Klanglichkeit — das noch unbekannte Werk einer bestimmten Zeitepoche zugeordnet werden.

Wenn das Klangkolorit keine besonderen Merkmale aufweist, die auf eine bestimmte Region hindeuten, sollte auf melodische Wendungen geachtet werden. Hat man die Musik auf Grund der Klanglichkeit bereits einem Zeitstil zuordnen können, werden sich besonders im melodischen Bereich stilistische Abweichungen von der Schreibweise desjenigen Komponisten der Epoche ausmachen lassen, der einem besonders vertraut ist.

Durch Analyse der Formgestaltung und der Rhythmik wird man dann bei einiger Übung wohl auch den Personalstil bedeutender Komponisten erkennen.

Und wenn dies trotz aller Bemühungen nicht gelingt?

Dann hat man sich durch eine intensive Beschäftigung mit einem unbekannten Musikstück, die weit über ein bloß unverbindliches Zuhören hinausgeht, ein neues Werk ästhetisch angeeignet. Das dadurch mögliche vertiefte Erleben der Kunst ist ein noch größerer Erfolg als das Erraten eines Komponisten. Als Wegweiser zu diesem vertiefenden Musikverstehen möge die ganze vorliegende Arbeit gewertet werden!

Anhang

Übersichten

Instrumentalbesetzungen, die bei maximaler Nutzung der gegebenen Möglichkeiten eine bestimmte Stilepoche repräsentieren

Tenorlied	Singstimme, 2 Instrumente	15. und 16. Jahrhundert
Bläser-(Turm)-Musik	4 bis 5 Blechblasinstrumente	16. Jahrhundert
Generalbaßlied	Singstimme, Cembalo oder Clavichord	1600–1750
Continuo-Orchester	Streichorchester, Cembalo-Continuo	1650–1750
Triosonate	2 Melodieinstrumente, Baßinstrument, Cembalo-Continuo	1650–1750
Bläserquintett	Flöte, Oboe, Klarinette, Horn, Fagott	1780–1830
kleines Sinfonieorchester	24 Streicher, 4 bzw. 6 Holzbläser (doppelt Holz), 2 Trompeten, 2 Hörner	1770–1805
Sinfonieorchester	48 Streicher, 12 Holzbläser (dreifach Holz), 3 Trompeten, 4 Hörner, 3 Posaunen, Pauken, Harfe	1800–1860
großes Sinfonieorchester	64 Streicher, 16 Holzbläser (vierfach Holz), 18 Blechbläser, Harfe, Schlagzeug, Pauken	1870–1950
Streichquartett	2 Violinen, Viola, Violoncello	1770–1950
Klaviertrio/-quartett	Klavier, 2 bzw. 3 Streichinstrumente	1780–1890
Sonate mit Klavier	1 Soloinstrument, Klavier	1800–1960
Kunstlied	Singstimme, Klavier	1800–1950
Blasorchester	Grundbesetzung: 2 Flügelhörner, 1 Tenorhorn, Bariton, 2 Waldhörner, Posaune, 2 Klarinetten, Trommel (Erweiterung durch andere Blasinstrumente bis zu 50 Mann)	19. Jahrhundert

Big Band	5 Saxophone, 5 Trompeten, 5 Posaunen, Klavier, Baß, Gitarre, Schlagzeug	seit 1930
modernes Sinfonieorchester	kleines, mittleres oder großes Sinfonieorchester zuzüglich einer Gruppe von Schlag- bzw. Geräuschinstrumenten (in der Anzahl etwa den jewe- ligen Holzbläsern entspre- chend)	20. Jahrhundert
Beatformation	Orgel, Gitarre, Baßgitarre, Schlagzeug (zu dieser Grund- besetzung können weitere In- strumente hinzutreten)	seit 1960

Kompositionen, die die Ausdrucksmöglichkeiten bestimmter Soloinstrumente in aller Breite und Vielfalt zu zeigen vermögen

Flöte	Jacques Ibert, Sonate für Flöte und Klavier
Oboe	Georg Philipp Telemann, Konzert für Oboe d'amore, Streichorchester und Continuo
Klarinette	Wolfgang Amadeus Mozart, Klarinettenkonzert
Fagott	Carl Maria von Weber, Konzertstück für Fagott und Orchester
Horn	Richard Strauss, Hornkonzert
Trompete	Joseph Haydn, Trompetenkonzert
Violine	Johannes Brahms, Sonate für Violine und Klavier A-Dur
Viola	Paul Hindemith, Bratschenkonzert »Der Schwanen- dreher«
Violoncello	Edvard Grieg, Violoncellokonzert
Klavier	Carl Maria von Weber, Konzertstück f-Moll für Klavier und Orchester

Stimmtypen der europäischen Sänger

Koloratursopran	Arie der Rosine »Frag' ich mein beklommen Herz« aus der Oper »Der Barbier von Sevilla« von G. Rossini
dramatischer Sopran	Szene und Arie der Leonore »Ach endlich! Dank, o Himmel/Mutter der reinsten Gnade« aus der Oper »Die Macht des Schicksals« von G. Verdi
lyrischer Sopran	Szene und Arie der Marie »Er schläft! Wir alle sind in Angst und Not« aus der Oper »Der Waffenschmied« von A. Lortzing
Mezzosopran	Lied der Carmen »Draußen am Rand von Sevilla« aus der Oper »Carmen« von G. Bizet
Spielalt	Arie der Irmentraud »Welt, du kannst mir nicht gefallen« aus der Oper »Der Waffenschmied« von A. Lortzing
Tenorbuffo	Romanze des Pedrillo »Im Mohrenland gefangen« aus der Oper »Die Entführung aus dem Serail« von W. A. Mozart
lyrischer Tenor	Arie des Belmonte »Oh, wie ängstlich« aus der Oper »Die Entführung aus dem Serail« von W. A. Mozart
Heldentenor	Arie des Tannhäuser »Dir, holde Minne, soll mein Lied ertönen« aus der Oper »Tannhäuser« von R. Wagner
Spielbariton	Arie des Figaro »Ich bin das Faktotum der schönen Welt« aus der Oper »Der Barbier von Sevilla« von G. Rossini
Charakterbariton	Arie des Don Carlos »Nennt mich ruhig den schwarzen Studenten« aus der Oper »Die Macht des Schicksals« von G. Verdi
Baßbuffo	Arie des van Bett »O santa justitia« aus der Oper »Zar und Zimmermann« von A. Lortzing
seriöser Baß	Arie des Sarastro »In diesen heil'gen Hallen« aus der Oper »Die Zauberflöte« von W. A. Mozart

Kompositionen, die durch ihre Tonalität Gemeinsamkeiten aufweisen

C-Dur

W.A.Mozart: Jupitersinfonie, KV 551, Thema des 1.Satzes

J.S.Bach: Präludium und Fuge C-Dur, Wohltemperiertes Klavier I

F.Schubert: »Guten Morgen, schöne Müllerin«, aus »Die schöne Müllerin«

R.Schumann: Melodie, aus »Album für die Jugend«

R.Wagner: Thema des Vorspiels zur Oper »Die Meistersinger von Nürnberg«

c-Moll

J.S.Bach: Invention und Sinfonia c-Moll

L.v.Beethoven: Streichquartett, op.18 Nr.3, Thema des 1.Satzes

L.v.Beethoven: Klavierkonzert c-Moll, Thema des 1. und 3.Satzes

F.Schubert: Klaviertrio, op.100, Thema des langsamen Satzes

Cis-Dur/Des-Dur

J.S.Bach: Präludium und Fuge Cis-Dur, Wohltemperiertes Klavier I

F.Chopin: Prélude Des-Dur (Regentropfen), op.28 Nr.15

D-Dur

J.Haydn: Klaviersonate D-Dur, 1780, Thema des 1.Satzes

J.S.Bach: »Jauchzet, frohlocket«, Eingangschor aus dem Weihnachtsoratorium

W.A.Mozart: »Schöne Donna«, Arie des Leporello aus der Oper »Don Giovanni«

d-Moll

J.S.Bach: Die Kunst der Fuge, Thema

W.A.Mozart: Fantasie d-Moll, KV 379

L.v.Beethoven: Klaviersonate, op.10 Nr.3, Thema des 2.Satzes

Es-Dur

W.A.Mozart: Ouvertüre zur Oper »Die Zauberflöte«

J.Haydn: Klaviersonate Es-Dur, 1789/90

L.v.Beethoven: 5.Klavierkonzert, Anfang des 1.Satzes

E-Dur

L.v.Beethoven: 3.Klavierkonzert, 2.Satz

R.Schumann: »Mondnacht«, op.39 Nr.5

F.Mendelssohn Bartholdy: Notturno aus »Ein Sommernachtstraum«

e-Moll

W.A.Mozart: Sonate für Violine und Klavier, KV 304, Thema des 1.Satzes

F.Mendelssohn Bartholdy: Violinkonzert, Thema des 1.Satzes

M.Reger: Sonatine Nr.1 für Klavier, Thema des 1.Satzes

F-Dur

L.v.Beethoven: Sonate für Violine und Klavier, op.24, (Frühlingssonate), Thema des 1.Satzes

R. Schumann: »Träumerei«, aus »Kinderszenen«
R. Strauss: »Till Eulenspiegel«, Anfang

f-Moll
J.S. Bach: Invention und Sinfonia f-Moll
L.v. Beethoven: Klaviersonate, op.2 Nr.1, Thema des 1.Satzes
J. Brahms: Klaviersonate f-Moll, op.5, Anfang des 1.Satzes
F. Chopin: Nocturno f-Moll, op.55 Nr.1

Fis-Dur/Ges-Dur
J.S. Bach: Präludium und Fuge Fis-Dur, Wohltemperiertes Klavier
L.v. Beethoven: Klaviersonate Fis-Dur, op.78
A. Bruckner: 4.Sinfonie, Trio des Scherzos

G-Dur
L.v. Beethoven: 4.Klavierkonzert, Anfang
F. Schubert: »Ich hört ein Bächlein rauschen«, aus »Die schöne Müllerin«
G. Mahler: 4.Sinfonie, Anfang des 1. und des langsamen Satzes

g-Moll
J.S. Bach: Invention und Sinfonia g-Moll
W.A. Mozart: Sinfonie, KV 550, Thema des 1.Satzes
F. Schubert: Sonatine für Violine und Klavier, Anfang des 1.Satzes

As-Dur
F. Schubert: Impromptu, op.142 Nr.2
G. Mahler: 2.Sinfonie, Thema des 2.Satzes

A-Dur
F. Chopin: Polonaise A-Dur
F. Mendelssohn Bartholdy: Italienische Sinfonie, Anfang des 1.Satzes
J. Brahms: Sonate für Violine und Klavier, op.100, Anfang des 1.Satzes

a-Moll
J.S. Bach: »O Haupt voll Blut und Wunden«, Choral aus der Matthäuspassion
R. Schumann: Klavierkonzert a-Moll, Anfang des 1.Satzes
N.W. Gade: Erste der Noveletten für Klaviertrio

B-Dur
J.S. Bach: Invention und Sinfonia B-Dur
F. Schubert: Klaviertrio, op.99, Thema des 1.Satzes
A. Bruckner: 5.Sinfonie, Thema des 1.Satzes

H-Dur
F. Chopin: Nocturno H-Dur, op.32 Nr.1
J. Brahms: Klaviertrio, op.8, Anfang des 1.Satzes

h-Moll
J.S. Bach: Invention und Sinfonia h-Moll
P. Tschaikowski: 6.Sinfonie, Anfang des 1.Satzes

Tänze,
deren Rhythmusfiguren einen bestimmten Zeitstil repräsentieren

Gagliarde – 16. Jahrhundert
(z. B. John Dowland: Pavane und Gagliarde)

Sarabande – 17. Jahrhundert
(z. B. Georg Friedrich Händel: Sarabande aus der Oper »Almira« –
Tanz der spanischen Damen und Herren)

Gavotte – Mitte des 18. Jahrhunderts
(z. B. Johann Sebastian Bach: Gavotte aus der Orchestersuite Nr. 3,
D-Dur, BWV 1 068)

Menuett – Ende des 18. Jahrhunderts
(z. B. Wolfgang Amadeus Mozart: Menuett aus »Eine kleine Nacht-
musik«, KV 525)

Contretanz – Anfang des 19. Jahrhunderts
(z. B. Ludwig van Beethoven: Thema der »Eroica-Variationen«)

Walzer – 19. Jahrhundert
(z. B. Johann Strauß: »Kaiserwalzer«)

Tango – Anfang des 20. Jahrhunderts
(z. B. Isaac Albéniz: »Andalusischer Tango« aus »España«)

Foxtrott – Mitte des 20. Jahrhunderts
(z. B. Benny Goodman: »Stompin' at the Savoy«)

Das Netz der Akkordverwandtschaften

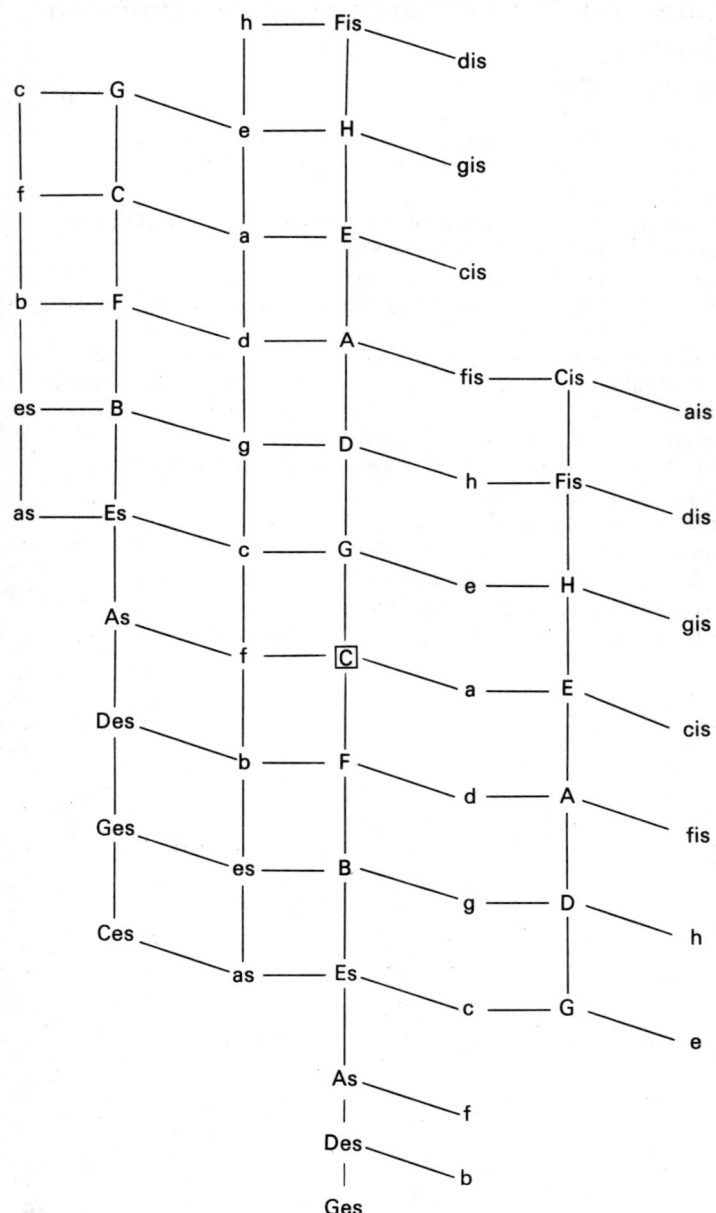

Grundmodell der Sonatenhauptsatzform

1. Exposition	A	Thema bzw. Hauptthema geschlossene oder offene Form
	B	Entwicklung Steigerung oder auch Zurücknahme; harmonisch meist in die Dominante modulierend; oft keine scharfe Abgrenzung vom Hauptthema
	C	Lyrische Episode bzw. Seitenthema
	D	Codetta / kleinere Coda oft auch ein »nach vorn offenes« Thema; oft keine klare Abgrenzung zum Seitenthema

2. Wiederholung der Exposition

3. Durchführung	E	Steigerung meist mit Verwendung von Motiven aus einzelnen Teilen der Exposition
	F	Ausbruch oder freies Fantasieren ebenfalls meist mit Motiven aus den Teilen der Exposition
	G	Hinführung Überleitung zum Hauptthema; harmonisch oft auf dem Orgelpunkte der Dominante einmündend

4. Reprise	A′	Hauptthema oft leicht verändert, als glanzvoller Höhepunkt des Satzes oder auch unter Weglassung der Anfangstakte
	B′	Entwicklung gegenüber dem B-Teil der Exposition stark verändert, vor allem in harmonischer Hinsicht, da die Modulation in die Dominante entfällt
	C′	Lyrische Episode bzw. Seitenthema Wenig verändert in der Struktur, aber jetzt in der Haupttonart stehend
	D′	Coda Ausgedehnter als in der Exposition

Bei größeren Sonatenhauptsatz-Formen kann vor der Exposition noch eine Introduktion stehen. Vor dem Teil D′ in der Reprise ist dann in der Regel noch eine zweite, kleinere Durchführung eingeschoben, diese geht unmittelbar in die ausgedehnte Coda (mit Stretta) über.

Notenbeispiele und Erläuterungen

1

Einige Melodien von Völkern, deren Zivilisation derjenigen der Steinzeit entspricht.

a Lied der Bergpapua auf Neuguinea. Nachahmung der helleren und dumpferen Töne primitiver Schlaginstrumente (zitiert nach F. Bose »Musikalische Völkerkunde«).

b Kinderlied der Jabim. Nachahmung der Überblasintervalle Oktave und Quinte (zitiert nach U. Schmidt-Ernsthausen in der Vierteljahresschrift für Musikwissenschaft VI/1890).

c Lied der Tehuelche in Patagonien. Nachahmung der Melodik primitiver Saiteninstrumente (zitiert nach E. Fischer in »Anthropos« III/1908).

2

Rhythmusmodelle

a, b und c Drei bulgarische Rhythmen. Der 3schlägige, 2schlägige und 4schlägige Takt wird durch Dehnung des jeweiligen letzten Schlages zum 7/8-, 5/8- und 9/8-Takt.

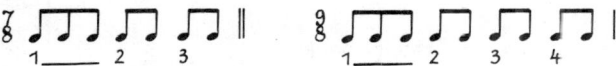

d und e Zwei griechische Rhythmen. Im Gegensatz zur bulgarischen Rhythmik wird hier oft der erste Schlag gedehnt.

f und g Zwei finnische Rhythmen. Durch Wiederholung des jeweils letzten Viertels in doppeltem Zeitmaß entsteht ein 5/4- bzw. ein 7/4-Takt.

h Überlagerung von 3/4-Takt und 3/2-Takt im tschechischen Furiant.

i Rhythmusfigur des Scotch Snap.

j Anustubh, ein Rhythmusmodell der indischen Musik.

3

Polyrhythmik in Afrika und Lateinamerika.

a Westafrikanische Polyrhythmik. Die drei unterschiedlich langen Rhythmusfiguren werden ständig wiederholt und geben in der Überlagerung immer neue Varianten des Zusammenklangs.

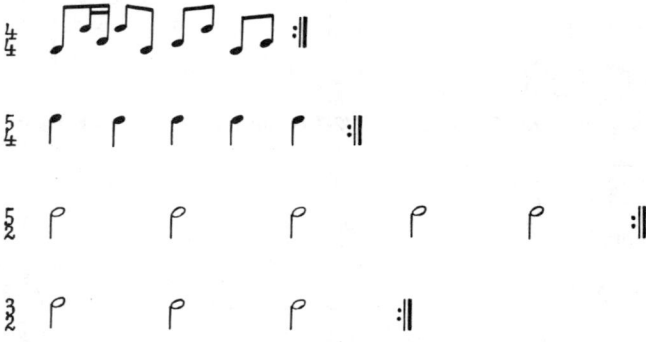

b Vier übereinandergeschichtete Rhythmusfiguren unterschiedlichen Metrums in der kubanischen Musik.

c Die gleichen Figuren wie im vorhergehenden Beispiel, diesmal aber in das Korsett eines durchgehenden 4/4-Taktes gezwängt, in dieser Form in den »lateinamerikanischen Gesellschaftstänzen« Europas zu finden.

246

4
Einige besondere Tonleitern

a In Cent-Werten (in unserem Tonsystem beträgt der Abstand von Halbton zu Halbton jeweils 100 Cent) sind dargestellt:

Temperierte chromatische Tonleiter

1	c	cis	d	dis	e	f	fis	g	gis	a	b	h	c
	0	100	200	300	400	500	600	700	800	900	1 000	1 100	1 200

Salendro; 5stufige indonesische Tonleiter

2	c	d/es	f^-	g^+	a/b	c
	0	240	480	720	960	1 200

Pelag; 7stufige indonesische Tonleiter

3	c	d^-	es/e	f^+	g^-	gis/a	ais^+	c
	0	171	343	514	685	857	2 028	1 200

Arabische Material-Tonleiter

4	c	d	es/e	f	g	cis/a	b	c
	0	199	348	498	702	851	1 009	1 200

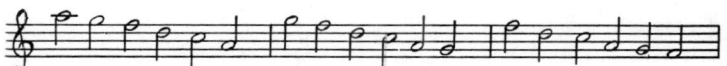

b Die pentatonische Materialleiter. Innerhalb der Gesamtskala kann jeder Ton Grundton sein. Es kann der ganze Tonumfang, es können aber auch nur Ausschnitte daraus verwendet werden.

c Die Bluestonleiter, hier abgeleitet aus der Reihe der Partialtöne (16. bis 6. Ton), die beim Überblasen der Kesselmundstück-Instrumente entstehen.

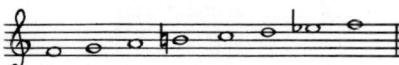

d Góralen-Tonleiter der slawischen Bergbewohner. Häufig auch im modernen Jazz verwendet (hier auch Hindu-Tonleiter genannt).

5

Häufig anzutreffende Melodiewendungen in der Volksmusik einiger Länder

a türkisch

b griechisch

c ungarisch

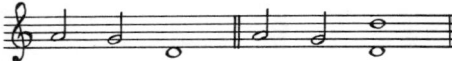

d russisch

e norwegisch

f italienisch

g mexikanisch

h sogenannter Hornquintensatz (aus den Überblastönen der Blechblasinstrumente), typisch für die deutsche Volksmusik des 18. und 19. Jahrhunderts.

Früheste Beispiele der europäischen Musikkultur

pu – er na – tus est no – bis

pu – er na – tus est no – bis

a Zwei ältere Fassungen und die neuere – nach 650 entstandene –
eines Gregorianischen Chorals. Letztere zeigt »die konsequente und
systematisch durchgeführte plastische Ausprägung, klassische Aus-
balancierung der melodischen Linie in ihrem Auf und Ab, sinnvolle
Verteilung von Syllabik und Melismatik und rationale Herausarbeitung
der Tonart ...« gegenüber der Mailänder (oberste Zeile) und der altrömischen Version (mittlere Zeile) (zitiert nach B. Stäblein, Artikel »Choral« in MGG).

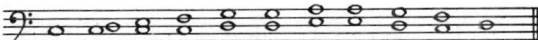

b Organum aus der »Musica Enchiriadis« (9. Jahrhundert), erste bewußt konstruierte europäische Mehrstimmigkeit.

Con – gau – de – ant ca-tho-li- ci

c Um 1150 entstandenes Organum. Weiterentwicklung der in der
»Musica Enchiriadis« gebrauchten Technik. In der kolorierten Ober-
stimme (vorletzte Silbe) sind Einflüsse weltlicher Spielmannsweisen
zu bemerken (zitiert nach H. Husmann, Artikel »Organum« in MGG).

d Instrumentale Tanzmelodie (Rotta) aus einer Handschrift des 13. Jahrhunderts. Die sinnenfreudigen weltlichen Tanzweisen der Spielleute bilden einen starken Gegenpol zu der oft noch recht abstrakt konzipierten kirchlichen Musik.

Die typischen Streichinstrumentenfiguren (Takt 13 und 14) weisen auf arabischen Einfluß (zitiert nach J. Wolf, »Die Tänze des Mittelalters«).

7
Musik der Renaissance

a »Qui sedes ad dextram patris« aus der V. Missa paschalis von Ludwig Senfl. Polyphone Kunst der Frührenaissance: imitierender Einsatz der Stimmen; Selbständigkeit der Stimmen bei genauer Regelung der Folge aller Zusammenklangs-Intervalle.

b Echo-Lied von Orlando di Lasso. Zwei vierstimmige Chöre werden im Kanon geführt. Höhepunkt der Choralpolyphonie der Renaissancezeit.

c Aus einem Madrigal von Baldassare Donati (»Wenn wir hinaus-
zieh'n«). Klangpracht, Lebensfreude und tänzerischer Schwung in den
Chorsätzen der italienischen Spätrenaissance.

8
Musik des 17. Jahrhunderts

a Tanzsatz von Melchior Franck. Die geradezu schwerfällige Rhythmik
wie auch die Melodik stehen ganz unter dem Einfluß der Akkordik; die
Melodik — so formulierte es Rameau — »schreitet auf dem Rücken der
Akkorde«.

252

b Arie der Arianna aus der gleichnamigen Oper von Monteverdi. Hier – zu Beginn des sogenannten Generalbaßzeitalters – werden die Zusammenklänge nicht mehr durch die Intervallbeziehungen zwischen den einzelnen Tönen bestimmt, sondern deutlich als auf den Baßton bezogene Akkorde empfunden. Auf dem zweiten Schlag des ersten Taktes finden wir wohl einen der frühesten Belege für die Neapolitanische Wendung (a-Moll nach B-Dur).

c Heinrich Schütz: »Die beiden Blinden« aus »Symphoniae sacrae III«. Man beachte die neue Art der Textausdeutung und die Befolgung der Wortdeklamation in den beiden vom Generalbaß begleiteten Gesangsstimmen.

9
Johann Sebastian Bach

a Harmonieauszug der 3stimmigen Sinfonia g-Moll (b). Allein vorgetragen wirkt die angegebene Akkordfolge wie ein Tanzsatz aus dem 17. Jahrhundert.

b Wie sehr viele Werke Bachs stellt auch diese Sinfonie gewissermaßen eine figurierte Akkordfolge dar. Bachs Polyphonie ist eine ausgesprochene Akkordpolyphonie. Nicht der großartige Zusammenklang, sondern die Selbständigkeit der einzelnen Stimme innerhalb dieses Zusammenklangs ist das Wunder der Bachschen Musik.

c Thema des zweiten Satzes der Triosonate c-Moll aus »Ein musikalisches Opfer«. Typisch das ununterbrochene Fließen der Melodie.

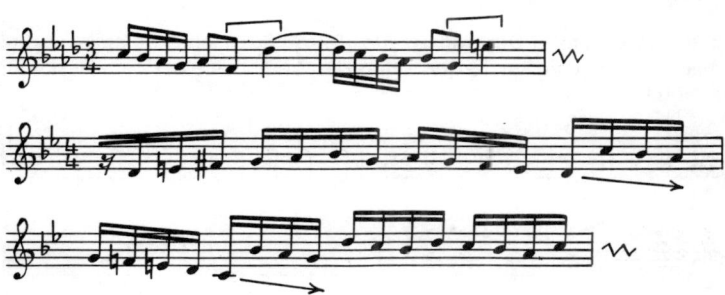

d und e Motive aus der 2stimmigen Invention f-Moll und der 2stimmigen Invention g-Moll. Charakteristische Sexten- und Septimensprünge in einer Melodik, die vorwiegend aus Sekundschritten besteht. Oft erscheint der Septimensprung als Oktavversetzung einer abwärtslaufenden Tonleiterbewegung.

10
Achttaktige Themen in der Musik der Aufklärung

a Gavotte D-Dur von Gossec. Zierlich-galante Heiterkeit der Rokokozeit.

b Klaviersonate G-Dur von Haydn. Derb-bäuerische Melodik; rhythmisch fester und herzhafter, ohne die Zierlichkeit der Gossecschen Melodik.

c Aus der Ouvertüre zur Oper »Die Hochzeit des Figaro« von Mozart. Festigkeit und Natürlichkeit gepaart mit Eleganz und heiterer Anmut.

Haydn und Mozart

a Dur-Thema aus dem langsamen Satz der »Sinfonie mit dem Paukenwirbel« von Joseph Haydn. Kraftvolle Erdgebundenheit der volksliedhaften Melodik. Hornquintensatz.

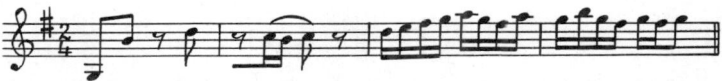

b Ein Polkarhythmus in einem Kammermusikwerk, das vor Adligen
aufgeführt wurde. Vorwegnahme der Französischen Revolution in der
Haydnschen Musik? Letzter Satz der Klaviertrios G-Dur von Joseph
Haydn.

c Aus der g-Moll-Sinfonie (KV 550) von Mozart. Anmut auch in der
Trauer, das »Lächeln unter Tränen«, ein ästhetisches Gestaltungsprin-
zip bei Mozart.

d und e Typische Melodiewendungen – in unzähligen Werken vor-
kommend – bei Mozart: Nonensprung über der latenten Akkordverbindung Subdominante – Dominante; unvorbereiteter, sich chromatisch
nach oben auflösender Vorhalt.

a, b und c Drei Themen aus dem ersten Satz des Streichquartetts c-Moll op. 18 Nr. 4. Optimistisch, aber kämpferisch und nicht elegant-anmutig wie bei Mozart schon das Hauptthema (a). Aufgreifen der Tradition der Revolutionsmusik b und des Volksliedes c (»Es waren zwei Königskinder«). Die Themenfindung Beethovens geht noch vom Achttakter aus, doch setzt die Verarbeitung des harmonisch gegliederten achttaktigen Themas und die Aufspaltung in Motive und Teilmotive meist schon im Thema ein.

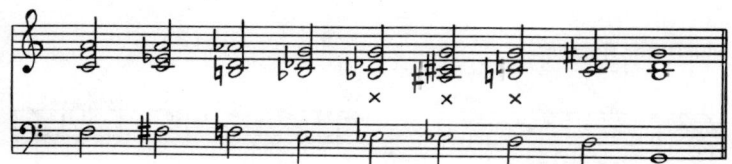

d Charakteristische Harmoniefolge: nach mehreren verminderten Septakkorden wird ein Dominantseptakkord (hier Es-Dur) in einen übermäßigen Quintsextakkord umgedeutet und in den Quartsextakkord einer anderen Tonart (hier G-Dur) aufgelöst.

13
Stilisierte Volkstänze

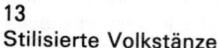

a Eine Ecossaise von Beethoven (Thema der Eroica-Variationen);

b Melodie der Mazurka B-Dur von Chopin. Festigkeit und Selbstbewußtsein bei Beethoven; romantische Versponnenheit, Sehnsucht nach dem Landleben in der Melodie von Chopin. Ausdruck unterschiedlicher ästhetischer Haltungen.

a Andante-Thema aus der 7. Sinfonie, der »großen« C-Dur-Sinfonie von Schubert. Scheinbar ganz volksliedhaft, aber durch Vermeidung der im deutschen Volkslied üblichen 2- und 4-Takt-Gliederung dieses doch künstlerisch überhöhend. Elegische Schwärmerei. Man beachte den bei Schubert sehr häufig anzutreffenden »marschierenden« 2/4-Takt.

b Hauptthema des ersten Satzes aus dem a-Moll-Klavierkonzert von Schumann. Schwärmerische Innigkeit; Sich-Verlieren der rhyth-

mischen Festigkeit schon nach wenigen Takten; auch hier das Streben
nach Volkstümlichkeit.

c Präludium Des-Dur von Chopin. Elegische Eleganz der Melodik mit
dem spezifischen polnischen Rubato.

d »Frühlingslied« aus den »Liedern ohne Worte« von Mendelssohn
Bartholdy. Auch ein wenig schwärmerisch, aber doch intim, zurückhal-
tend; von vornehmer Eleganz.

15
Leidenschaft und Sehnsucht in der Musik des 19. Jahrhunderts

a Aus der Ouvertüre zur Oper »Ein Maskenball« von Verdi. Typische
Melodiewendungen der italienischen Opernmusik des 19. Jahrhunderts im Takt 1 und Takt 7.

b Thema des langsamen Satzes aus dem Klavierquartett c-Moll von
Brahms. Die blühende, doch recht schwermütige Melodik ist nicht nur

261

für Brahms, sondern für die gesamte deutsche Kammermusik dieser Zeit typisch.

c Thema des ersten Satzes aus dem Klaviertrio H-Dur von Johannes Brahms. Schwärmerisches Blühen der in parallelen Sexten geführten Melodik.

d »Solveigs Lied« aus der Musik zum Schauspiel »Peer Gynt« von Edvard Grieg. Man beachte die für die norwegische Musik charakterischen Motiv-Enden: fallende Dreiklänge oder abwärtsgehende Terzen.

16
Beispiele für die Harmonik im letzten Drittel des 19. Jahrhunderts

a Aus dem ersten Satz der 6. Sinfonie von Pjotr Tschaikowski. Der leidenschaftliche Ausdruck der Melodik wird hier durch die Harmonik intensiviert. Ausdrucksstarke Strebeakkorde, die durch chromatische Vorhaltstöne noch verstärkt werden.

b Vorspiel zur Oper »Tristan und Isolde« von Richard Wagner. Das klassische Prinzip der Auflösung eines Strebeakkordes in einen reinen Akkord wurde im Laufe des 19. Jahrhunderts immer mehr aufgeweicht, indem die Strebeakkorde selbst schon als Auflösung des vorangegangenen Akkordes erscheinen. Im Tristan erreicht dieses Prinzip seinen Höhepunkt: Jeder Zusammenklang ist hier ein Strebeakkord und jeder von ihnen löst sich im folgenden auf. Damit wird die Tonart zerstört; die romantische Harmonik erreicht — wie es Ernst Kurth formuliert — ihre Krise.

c Bläserthema aus dem letzten Satz der 5. Sinfonie von Anton Bruckner. Große tonale Ausschlagweite und große harmonische Dichte bei gleichzeitiger Verwendung nur konsonanter Akkorde.

d Aus der 7. Variation der »Variationen und Fuge über ein Thema von Mozart« von Max Reger. Das einfache, diatonische Thema von Mozart wird durch Strebeakkorde über einer chromatisch verlaufenden Baßlinie verfremdet. Versuch einer Bändigung der die Tonalität sprengenden Tristan-Harmonik.

e Aus den Préludes von Claude Debussy (»Die versunkene Kathedrale«). Milde Dissonanzen, die in parallelen Rückungen (ohne kadenzierende »Auflösung«) geführt werden.

17
Melodiemotive zu Beginn des 20. Jahrhunderts

a Thema aus der sinfonischen Dichtung »Till Eulenspiegels lustige Streiche nach alter Schelmenweise in Rondoform für großes Orchester gesetzt als opus 28 von Richard Strauss«. Weltmännische Geste; virtuoser Glanz. Diatonische Melodik, die nur gelegentlich durch chromatische Durchgangstöne erweitert wird.

b Anfangsthema aus dem ersten Satz der 4. Sinfonie von Gustav Mahler. Märchenstimmung, kindliche Naivität, sehnsüchtiger Aufschwung und Resignation in wenigen Takten. Sorgsam ausgefeilte Phrasierung. Ebenfalls — wie bei Strauss — eine diatonische, durch Chromatik gelegentlich angereicherte Melodik, aber von der Haltung her doch eine ganz andere Welt.

c »Sehr langsam« — Thema des vierten Satzes der »Fünf Stücke für Streichquartett« von Anton Webern. Die Ähnlichkeit mit der rhythmischen Gestaltung bei Mahler, auf die Webern selbst hinwies, ist hier unüberhörbar.

Bei Strauss das Erzählen eines Märchens, bei Mahler das Erleben eines Märchens, bei Webern schließlich das Träumen eines Märchens, für das in der realen Wirklichkeit kein Platz mehr ist.

18
Beispiele zur Melodik des 20. Jahrhunderts

a Aus dem ersten Akt der Oper »Das schlaue Füchslein« von Leoš Janáček. Eigenartige modale Wendungen, die die in Terzen geführte Melodik verfremden. Federnde Rhythmik, die dem Duktus der tschechischen Sprache entspricht; musikantische Spielfreudigkeit.

b Thema des ersten Satzes aus dem Violinkonzert von Béla Bartók. Moderne Melodik, die rhythmische und melodische Wendungen der ungarischen Volksmusik aufgreift.

c Thema der Orchestervariationen von Arnold Schönberg. Einfache, volksliedartige Gliederung; atonale Melodik, die durch eine Zwölftonreihe gebunden wird.

d Interludium aus dem »Ludus tonalis« von Paul Hindemith. Melodik in freier Tonalität über einem lebendig pulsierenden Rhythmus; deutliche Bevorzugung der Quart- und Sekundschritte (melodische Modulation durch die Folge kleine Sekunde-Quarte).

19
Vom Rhythmus beeinflußte Melodik

a »Tanz der Jünglinge« aus »Le sacre du printemps« von Igor Strawinsky. Harte, dissonierende Akkorde (E-Dur und Es-Dur mit Sept übereinandergeschichtet) verklanglichen den aggressiven Rhythmus, dazu eine diatonische, jazzverwandte einfache Melodie.

b »Le sacre du printemps«, Schlußteil »Danse sacrale«. Ständiger Taktwechsel mit aufpeitschender, rhythmischer Wirkung. Die Melodie verschwindet fast unter den durch dissonante Akkorde verstärkten Rhythmusschlägen.

c »Devotion«, als Jazzthema in Anlehnung an indische Folklore von John McLaughlin konzipiert. Über der Rhythmusvorlage des orientalischen 9/8-Taktes (Gliederung 2 + 2 + 2 + 3) ertönt eine geheimnisvoll schwebende Melodie, die das pentatonische Grundgerüst mit Halb- und Vierteltönen umspielt.

♭ Erniedrigung um einen 3/4-Ton
♩ Erniedrigung um einen 1/4-Ton
♯ Erhöhung um einen 1/4-Ton

20
Beispiele für den Einfluß der Sprache auf die Melodiebildung

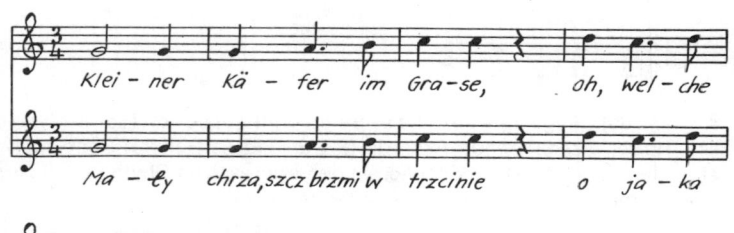

Klei - ner Kä - fer im Gra-se, oh, wel - che

Ma - ły chrza,szcz brzmi w trzcinie o ja - ka

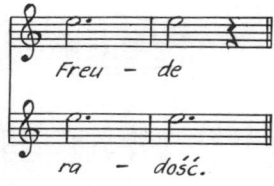

Freu - de

ra - dość.

a Die gleiche Melodie – einmal mit deutschem, einmal mit polni-
schem Text. Im zweiten Takt ist beim Singen eine unterschiedliche Ar-
tikulation erforderlich: präziser und harter Einsatz in der deutschen
Fassung, weicher und verschwommener Ansatz (polnisches Rubato!)
in der polnischen. Im letzten Takt im Deutschen ein allmähliches Ver-
klingen, im Polnischen hingegen ein Vibrieren auf dem Wort radość
(gesprochen: radochjtch).

Ho - neur, ho - neur et gloi - re, ho - neur

Ja Eh - re, ja Eh - re und Ruhm, ja Eh - re

Laßt Dank zum Him - mel schwe - ben, laßt Dank

b Melodie aus der Oper »Die Stumme von Portici« von Auber mit
französischem Text, mit der wörtlichen deutschen Übersetzung und
mit der auf unseren Bühnen gebräuchlichen Textfassung. Nur im französischen Original bekommt das d'' im vierten Takt den richtigen mu-

268

sikalischen Akzent; die beiden deutschen Fassungen klängen bei einer entsprechenden »schneidigen« Interpretation völlig lächerlich durch die geradezu dumme Wortbetonung; eine Berücksichtigung der deutschen Worte nimmt der Melodie ihren Schwung, macht sie sentimental.

Texte, auf deren Vertonung aufmerksam gemacht wurde

Romanze des Pedrillo aus der Oper »Die Entführung aus dem Serail«
(Mozart/Stephani)

Im Mohrenland gefangen war
ein Mädel hübsch und fein,
sah rot und weiß, war schwarz von Haar,
seufzt Tag und Nacht und weinte gar,
wollt gern erlöset sein.

Da kam aus fremdem Land daher
ein junger Rittersmann,
den jammerte das Mädchen sehr,
ha, rief er, wag ich Kopf und Ehr,
wenn ich sie retten kann.

Ich kommt zu dir in finstrer Nacht,
laß, Liebchen, husch, mich ein;
ich fürchte weder Schloß noch Wacht,
holla, horch auf, um Mitternacht
sollst du erlöset sein.

Gesagt, getan; Glock zwölfe stand
der tapfre Ritter da,
sanft reicht sie ihm die weiche Hand,
früh man die leere Zelle fand,
fort waren sie hopsasa!

Arie des Wolfram aus der Oper »Tannhäuser« (Wagner)

Blick ich umher in diesem edlen Kreise,
welch hoher Anblick macht mein Herz erglühn:
so viel der Helden, tapfer, deutsch und weise,
ein stolzer Eichwald, herrlich, frisch und grün.
Und hold und tugendsam erblick ich Frauen,
lieblicher Blütendüfte reinsten Kranz.
Es wird der Blick wohl trunken mir vom Schauen,
mein Lied verstummt vor solcher Anmut Glanz.
Da blick ich auf zu einem nur der Sterne,
der an dem Himmel, der mich blendet, steht.
Es sammelt sich mein Geist aus jener Ferne,
andächtig sinkt die Seele im Gebet.
Und sieh', mir zeiget sich ein Wunderbronnen,
in den mein Geist voll hohen Staunens blickt,
aus dem er schöpfet gnadenreiche Wonnen,
durch die mein Herz er namenlos erquickt;
und nimmer möcht ich diesen Bronnen trüben,
berühren nicht den Quell mit frevlem Mut,

in Anbetung möcht ich mich vor ihm knieen,
vergießen froh mein letztes Herzensblut.

Ihr Edlen mögt in diesen Worten lesen,
wie ich erkenn der Liebe reinstes Wesen.

»Überreichung der silbernen Rose« – Ausschnitt aus der Oper
»Der Rosenkavalier« (Strauss/Hofmannsthal)

Mir ist die Ehre widerfahren,
daß ich der hoch- und wohlgeborenen Jungfer Braut
in meines Herrn Vetters Namen,
dessen zu Lerchenau Namen,
die Rose seiner Liebe überreichen darf!

Zweiter Teil der Messe – »Gloria«

Gloria in excelsis Deo!
Et in terra pax hominibus bona voluntatis.
Laudamus te.
Benedicimus te.
Adoramus te.
Glorificamus te.
Gratias agimus tibi propter magnam gloriam tuam.

Deus, Rex coelestis, Deus Pater omnipotens.
Domine Fili unigenite, Jesu Christe.
Domine Deus, Agnus Dei, Filius Patris.

Qui tollis peccata mundi, miserere nobis.
Qui tollis peccata mundi, suscipe deprecationem nostram.
Qui sedes ad dextram Patris, miserere nobis.

Quoniam tu solus sanctus.
Tu solus Dominus.
Tu solus Altissimus, Jesu Christe.
Cum sancto Spiritu in gloria Dei Patris.

Amen.

Literaturverzeichnis

Literatur zu Fragen des Stils

Adler, Guido: Der Stil in der Musik. Leipzig 1911
Assafjew, Boris Wladimirowitsch: Die musikalische Form als Prozeß. Moskau 1948; dt. Berlin 1976
Baier, Hans: Stilkunde (Bildende Kunst). Leipzig 1976
Becking, Gustav: Der musikalische Rhythmus als Erkenntnisquelle. Augsburg 1928
Danckert, Werner: Personale Typen des Melodiestils. Kassel 1933
Haußwald, Günter: Musikalische Stilkunde. Wilhelmshaven 1973
Johansen, Rudolf Broby: Kunst und Umwelt. Kopenhagen 1943; dt. Dresden 1959
Lippman, Edward, A.: Stil. In: Die Musik in Geschichte und Gegenwart, Bd. XII, Kassel 1965
Łobaczewska, Stefania: Style Muzyczne. Kraków 1961
Moser, Hans Joachim: Musiklexikon, 4. Auflage, Hamburg 1955
Riesel, Elise: Abriß der deutschen Stilistik. Moskau 1954
Schering, Arnold: Historische und nationale Klangstile. In: Peters-Jahrbuch XXXIV, Leipzig 1927
Siegmund-Schultze, Walther: Stil. In: Musiklexikon, hrsg. von Horst Seeger, Leipzig 1966

Andere im Buch erwähnte Literatur

Blume, Friedrich: Mozart. In: Die Musik in Geschichte und Gegenwart, Bd. IX, Kassel 1962
Boeck, Erich: Studienmaterial zur marxistisch-leninistischen Musikästhetik an Instituten für Lehrerbildung im Wahlfach Musikerziehung. Berlin 1974
Böhme, Franz Magnus: Geschichte des Tanzes in Deutschland. Leipzig 1986
Bose, Fritz: Musikalische Völkerkunde. Freiburg im Breisgau 1953
Büttner, Manfred: Klima und Musik. Diss. Münster 1958
Fischer, E.: Patagonische Musik. In: Anthropos III, 1908
Hindemith, Paul: Unterweisung im Tonsatz. Mainz 1937
Husmann, Heinrich: Organum. In: Die Musik in Geschichte und Gegenwart, Bd. X, Kassel 1963
Kagan, Moissej: Vorlesungen zur marxistisch-leninistischen Ästhetik. 2. Auflage, Berlin 1971
Mainwaring, John: Memoirs of the Life of the Late G F H. London 1760 dt. von Matheson als
Georg Friderich Händels Lebensbeschreibung. Hamburg 1761. Reprint Leipzig 1976

Mann, Thomas: Doktor Faustus, Berlin 1952

Meyer, Ernst Hermann: Zur Intonation des deutschen Volksliedes. Artikelserie in: Musik und Gesellschaft 1954

Mühe, Hansgeorg: Der Einfluß der Instrumentalmusik auf die Entwicklung der musikalischen Harmonik. Diss. Leipzig 1961

Mühe, Hansgeorg: Harmonik — ein Lehrbuch zur Musiktheorie. Leipzig 1986

Mühe, Hansgeorg: Musikanalyse, 2. Auflage, Leipzig 1987

Schmidt-Ernsthausen, U.: Über die Musik der Eingeborenen von Deutsch-Neuguinea. In: Vierteljahresschrift für Musikwissenschaft IV, 1890

Stäblein, Bruno: Choral. In: Die Musik in Geschichte und Gegenwart, Bd. II, Kassel 1952

Wagner, Richard: Mein Leben. München 1911

Wicke, Peter und Ziegenrücker, Wieland: Rock, Pop, Jazz, Folk — Handbuch der populären Musik. Leipzig 1985

Wolf, Johannes: Die Tänze des Mittelalters. In: Archiv für Musikwissenschaft I, 1918/19

ISBN 3-370-00290-6

1. Auflage
© VEB Deutscher Verlag für Musik Leipzig 1989
Lizenznummer 418-515/A14/89
Printed in the German Democratic Republic
Gesamtherstellung: Offizin Andersen Nexö,
Graphischer Großbetrieb, Leipzig III/18/38
Gestaltung: Wolfgang Lenck, Leipzig
LSV 8396
Bestellnummer 518 571 5
01600